He yu Zhan de Jueze

中华史学丛书

和与战的抉择

战后国民党的东北决策

汪朝光 著

中国人民大学出版社
·北京·

目　录

序　言

七十年前，我还是一个高中学生的时候，曾经在梁启超《中国历史研究法补编》中读到一段话："大概替一人做年谱，先须细察其人受了时事的影响多大？其人创造或参与的时事有几？……我们看李瀚章做的《曾文正公年谱》，实在不能满足我们这种欲望。因为他只叙谱主本身的命令举动，只叙清廷指挥擢黜谕旨，其余一切，只有带叙，从不专提。使得我们看了，好像从墙隙中观墙外的争斗，不知他们为什么有胜有负。"

这段话，特别是"从墙隙中观墙外的争斗"这个比喻，给我留下很深的印象，至今不忘。因为他所说的，不只是对某一本书的具体评论，甚至也不只是对某个历史人物如何评价，而是涉及历史研究中一个重要的方法论问题。那就是历史发展的进程，总是充满不同社会力量和意志的较量。由于各种力量之间的相互制约和相互作用，有时便造成这种局面：事情发展的具体过程和结局，和双方最初的设想并不完全相同。恩格斯把这种历史现象称作"无数个力的平行四边形'融成的'一个总的合力"作用的结果。

中国古人语：知己知彼，百战不殆。如果只知其一，而不知其二，乃至其三其四，便不可能对如此复杂的历史有完整的了解，也难以对事件为什么会这样一步一步发展有更深刻的理解。

抗战胜利后的东北战局，是人们十分重视和关注的。正如本书作者所说，它不仅关系到国共双方在东北的发展，而且牵动双方的全盘战略部署，并由此影响到战后中国政治的走向及其大结局。这又是一个国内事件和外交关系交织在一起的异常复杂的问题，中间出现过不少事前难以预料的反复和变化。国共双方的决策也不断随形势的变化而有所变化。正由于它的重要性，也由于它的复杂性，这些年对战后东北问题的研究成果相当丰富，但大多侧重对中共决策和部署的论述，而对国民党当局的决策和部署的研究，显得相对薄弱，缺少比较系统而细致的剖析。

汪朝光同志新著《和与战的抉择：战后国民党的东北决策》，一个突出的优点，在于以更广阔的视野，不仅认真考察了中国共产党战后东北决策的演变，又以很大的精力，对国民党的战后东北决策做了比前人更加深入细致的研究，将两者进行对照，比较其中的得失和缘由，并且处处从国共苏美三国四方的大背景和历史曲折发展的全过程中进行考察。这是本书的重要特点。

要做到这一点，首先需要对头绪纷繁、浩如烟海的有关原始资料进行搜集、梳理和剖析，力求做到从广泛的事实纪录中得出自己的结论。作者说："历史是过往发生的事实，故历史研究首重实证，唯有回到历史的现场，了解历史的事实，方可在此基础上探悉历史的真相，分析历史的缘由，认识历史的本质。"作者正是本着这样的原则，以"上穷碧落下黄泉"的精神，尽量利用海峡两岸以及国外收藏的原始资料，包括一些比较少见的档案资料，去粗取精，由表及里，著成这本书，确实付出了艰辛的努力。这需要有一股不想走取巧的捷径、不吝惜时间和精力的"傻劲"。别人看起来也许是辛苦而枯燥的事情，自己却乐在其中。此中甘苦，大概即古人所说："如鱼饮水，冷暖自知。"

总之，全书主题鲜明，材料扎实，分析细腻，思路清晰，是一部很有学术价值的专著。自然，由于这段历史的极端复杂性，不少地方几乎是拓荒性的探索，难免会有见仁见智的不同意见。这也有助于对这个问题的进一步思考。

写下这些，作为本书的读后感。

金冲及

2016 年 4 月 19 日

序　论

一、写作缘起

毋庸置疑，东北在抗战结束后中国历史演进的过程中扮演了特殊而重要的角色，也是战后初期国共争夺以至整个中国政治军事形势演进发展的焦点所在。[①] 国共双方对东北的争夺，不仅关系到双方在东北的发展及对东北的掌控，而且牵动双方的全盘战略部署，在战后中国从和平走向战争的进程中，起着至关重要的作用，并由此而影响到战后中国的政治走向及其大结局。

其实，早在战时，东北的重要性即已在国共双方的洞见之中。抗战后期，双方都开始考虑如何在战后争取掌控东北。蒋介石认为："国民党命运在东北，盖东北之矿产、铁路、物产均甲冠全国，如东北为共产党所有，则华北亦不保。"[②] 这无疑将东北置于非常重要的战略地位。的确，国民党如据有东北，不仅可以占有东北的丰富资源，而且可以自北向南，与其占据优势的长江以南地区自南向北相配合，对中共的主要根据地华北地区构成合围之势，战略上将占据极大的优势。

同理，中共及其领袖也十分关注东北。在决定战后方针的中共七大上，毛泽东多次提及东北。他说："从我们党，从中国革命的最近将来的前途看，东北是特别重要的。如果我们把现有的一切根据地都丢了，只

① 本书所称之"战前""战时""战后"的概念，系以中国抗日战争的全面爆发至彻底胜利（1937.7—1945.8）为战争时期（"战时"），此前为"战前"，此后为"战后"，这也是目前学界研究中的通行概念。

② 刘武生主编：《从延安到北京——解放战争重大战役军事文献和研究文章专题选集》，88页，北京，中央文献出版社，1993。

要我们有了东北，那末中国革命就有了巩固的基础。”[①] 毛将东北的重要性提高到“特别重要”的地位，甚至可以为此不惜丢掉其他根据地，可见其对东北之重视。

虽然如此，战后东北局势的发展仍然出乎许多人包括国共两党领袖的意料，其间包含着某些不可知的因素，如日本的迅速投降；也包含着某些可以预期的因素，如苏联与国民党的不合作；但关键仍在于国共双方的不同战略构想尤其是战术运思与实施。国共双方的东北决策，其目的同一，都是通过争夺对东北的控制权，进而争夺对全国的控制权，进而可以最终压倒对手。但是，当中共十万大军在战后不久即浩浩荡荡开向东北，中共东北最高领导机构已经在东北工作了一个月之时，国民党接收大员才姗姗来迟，其军队则因种种阻扰不得其门而入，实际已经预示了国共相争的最终结果。如果以曲线表示，国民党东北决策走出的曲线是低—高—低，中共则是高—低—高，这也表示了双方战略与战术运用的差距。

学界对战后东北问题的关注并不始于今日，对其在战后中国政治演进中的重要意义其实也并无分歧。或正因为如此，学界对战后东北问题的研究却不如应有之丰富，已有研究也多集中在中共方面，而对国民党方面的关注并不多。本研究的目的，就在于以国际冷战和中苏关系、中美关系为大背景，以国共关系和国共对东北的争夺为研究基点，观察和讨论国民党的战后东北决策及其实施过程和利弊得失，并以此分析何以国民党最终失去了东北，也因此而失去了中国大陆的执政权。

二、研究概况

与东北问题在战后中国历史上的重要性相比，迄今为止的相关研究似乎并不充分。在中国大陆，由于 1919 年以后的中国历史长期被划入中国现代史的范畴，而关于中国现代史的研究，因为资料缺乏等原因，并在评价上受到不断变动的政治环境的影响，基本上只能作为中共革命成

---

① 《关于第七届候补中央委员选举问题》，1945 年 6 月 10 日，见中共中央文献研究室编：《毛泽东文集》第 3 卷，426 页，北京，人民出版社，1996。

功的宣传论证，而并不被作为纯学术研究对待，几乎没有相关研究论著的发表和出版，只有一些关于东北国共战争的回忆录，使读者依稀可见当年国共对垒的烽火硝烟。① 直到1978年以后，学术研究随着改革开放政策的实施和国家政治环境的变化而逐渐步入正轨，关于战后东北问题的研究也开始进入学者的研究视野，其中最早的研究主要集中在中国共产党对于战后东北争夺的决策及其实施。朱建华的《东北解放战争史》（哈尔滨，黑龙江人民出版社，1987），是较早全面叙述中共在战后争夺东北历史的著作。其后，东北辽宁、吉林、黑龙江的地方党史编纂部门，在其陆续编纂的地方党史中，都或多或少论述了中共在战后争夺东北的历史。自1980年代起始，有关论文主要集中在研究战后中共经略东北的战略方面，计有《抗战胜利后我党向北发展向南防御的战略决策》（姚旭，《党史研究资料》1980年第12期）、《略述解放战争初期向北发展向南防御的战略方针》（王宗荣，《中州学刊》1985年第5期）、《试论开辟东北根据地的发展阶段及其历史背景》（陈炎，《军事历史研究》1989年第2期）、《关于建设东北根据地方针的认识》（丁晓春，《中共党史研究》1990年第2期）、《解放战争初期东北革命根据地的建立及其历史特点》（杨国东，《辽宁师大学报》1993年第2期）等。1992年在锦州召开了“全国解放战争与东北”学术讨论会，出版了论文结集《解放战争与东北》（邢安臣、白俊成主编，沈阳，辽宁大学出版社，1993），收录的数十篇论文主要讨论了中共在战后争夺东北时期的政治、军事、经济、地方历史。上述研究，虽然水准参差不齐，运用资料亦有限，但毕竟作为开拓者，推动了战后东北问题进入学界的研究领域。②

---

① 关于中共革命功绩，多见之于革命回忆录系列，如《红旗飘飘》（北京，中国青年出版社，1957—1962）和《星火燎原》（北京，解放军出版社，1958—1963）。关于国民党在战后东北所为的回忆录，多见之于《文史资料选辑》（全国政协文史资料委员会编，北京，中华书局，1960—1965）和各地方出版的文史资料选辑。因为政治环境的影响，这些回忆录内容的真实性与可靠性不可一概而论，有些真实地反映了当年的历史，有些则不无夸张与虚构，未必完全合乎史实，利用时似须谨慎对待。

② 关于中共与东北解放战争关系的研究综述，可见郭永学：《东北解放战争史研究综述》，载《中共党史研究》，1991（2）；刘信君：《东北解放战争史研究述评》，载《社会科学战线》，1997（3）。

值得提出的是，也是自 1980 年代起始，与中共战后东北决策直接相关的领导人毛泽东、周恩来、刘少奇、朱德、陈云、彭真的年谱和传记，由中共中央文献研究室编写，中央文献出版社陆续出版（见书末参考文献），为研究者提供了十分宝贵、难得一见的出自中央档案馆的中共高层决策档案文献资料，并对战后中共的东北决策有周详的叙述和独到的分析。

随着档案文献的不断公布，对于战后中共东北决策的研究也有相当的进展。金冲及的《较量：东北解放战争的最初阶段》（《近代史研究》2006 年第 4 期）比较全面地讨论了战后初期的中共东北决策，可谓 1980 年代以后相关研究的总结性和集大成之作。而在战后中共东北决策中，得到较多讨论的主题之一是四平战役，从 1990 年代起始，不少研究者在讨论四平战役军事意义的同时，还着重讨论了其蕴含的政治意义，如丁晓春的《四平保卫战的评价值得重新研究》（《龙江党史》1990 年第 1 期）、胡哲峰的《关于四平保卫战的一些问题》（《党史研究资料》1996 年第 9 期）、《试论四平保卫战中的毛泽东和林彪》（《军事历史研究》1996 年第 4 期）、毕健忠的《对四平保卫战的沉思》（《军事历史》1996 年第 3 期）、刘喜发的《四平保卫战是解放战争时期时局发展的枢纽》（《中共党史研究》1998 年第 5 期）等，着重讨论四平战役对中共的军事政治意义。邓野的《东北问题与四平决战》（《历史研究》2001 年第 4 期）和杨奎松的《1946 年的国共四平之战及其幕后》（《历史研究》2004 年第 4 期），则着重从宏观层面讨论四平战役在战后国共争夺中的意义，尤其关注国共两党决策层的态度和作用。总而言之，四平战役对国共两党争夺东北的重要性及其在国共两党战后政治态度的变化和两党关系的最终破裂中所起的突出作用，已得到学界的相当重视。①

在关于中共的战后东北决策及其实施的研究取得不少进展之后，1990 年代的战后东北研究的视野开始扩大到东北问题牵涉的国际关系，

① 邓野过后在其论著《联合政府与一党训政：1944—1946 年间国共政争》（北京，社会科学文献出版社，2011）中扩展了他对东北问题的研究，从国共政治争夺的大格局观察战后东北问题，认为东北诸般问题的纠结在于政治，国共两党起初都企望以有限的军事政治斗争实现全局性的政治意图，但是因为民国的政治逻辑使然，最终仍然只能以全面决裂的武力斗争而收场。

尤其是中苏关系，并取得了一定的进展。王真的《动荡中的同盟——抗战时期的中苏关系》（桂林，广西师范大学出版社，1993），刘喜发的《盟友与对手——抗战胜利前后的三国四方关系》（长春，吉林人民出版社，1994），李嘉谷的《合作与冲突：1931—1945年的中苏关系》（桂林，广西师范大学出版社，1996），虽然都以抗战胜利前后的中苏关系为研究主题，但也都牵涉到与战后东北问题相关的中苏关系，论述大体平实。田保国的《民国时期中苏关系（1917—1949）》（济南，济南出版社，1999），比较全面地叙述了民国时期的中苏关系，关系到战后东北问题的内容较上述著作稍多。但这些论著的共同缺陷是，档案文献资料的运用不够丰富，研究视野尚有一定的局限，分析和结论因此也还有所欠缺。杨奎松的《中共与莫斯科的关系（1920—1960）》（台北，东大图书公司，1997），主要利用中共的档案文献资料，对中共与莫斯科的关系有相当详尽的研究，其中一章的内容牵涉到战后东北问题，讨论了苏联与中共的关系在战后东北争夺中的作用。

在研究论文方面，从1987年牛军发表《战后初期美苏国共在中国东北地区的斗争》（《近代史研究》1987年第1期）起始，学界对抗战胜利前后的国共美苏关系、中苏条约、苏联出兵东北及其对国共争夺的影响，曾有比较活跃的讨论，主要论文有孙其明的《试评1945年中苏谈判和中苏条约》（《安徽大学学报》1988年第3期）、魏新生的《评1945年中苏条约》（《史学月刊》1989年第2期）、吴景平的《美国与1945年中苏会谈》（《历史研究》1990年第1期）、刘存宽的《雅尔塔协定与1945年中苏条约》（《史学集刊》1991年第1期）、沈志华的《苏联出兵中国东北：目标和结果》（《历史研究》1994年第5期）、杨兆敏的《〈中苏友好同盟互助条约〉与近代中国东北问题》（《社会科学辑刊》1995年第2期）、薛衔天的《战后东北问题与中苏关系走向》（《近代史研究》1996年第1期）、刘喜发的《〈中苏友好同盟条约〉评析》（《社会科学战线》1996年第3期）、张宗海的《也谈1945年苏联出兵中国东北》（《黑龙江社会科学》1996年第3期）、于耀洲的《苏联出兵东北对国共两党争夺东北的影响》（《史学集刊》1996年第1期）、李跃新的《论苏联出兵东北对东北根据地建立的历史影响》（《史学月刊》1999年第3期）以及《抗战胜利前后的中苏关系特辑》(《中共党史研究增刊》1990 年) 等。通过学术讨论，学界的基本看法是，肯定苏联出兵对抗日战争胜利和中共争夺东北的积极意义，但都认为 1945 年签订的中苏条约是大国强权外交的结果，是中国被迫签订的新的不平等条约，反映出大国强权外交的冷酷以及中国的弱势地位，从而与以往研究对中苏条约的单方面肯定有了明显的区别。但这些研究对于国民党在中苏条约谈判中的应对以及战后与苏联的复杂关系还缺乏深入的分析讨论，运用资料亦不够丰富。

进入新世纪之后，关于战后东北问题的研究又有许多新的进展。薛衔天的《中苏关系史（1945—1949)》(成都，四川人民出版社，2003)，全面讨论了战后中苏关系方方面面的问题，其中相当部分牵涉到战后东北问题。王永祥的《雅尔达密约与中苏日关系》(台北，东大图书公司，2003)，讨论了与雅尔塔密约相关的诸多问题，也对战后东北问题有较多论述。孙其明的《中苏关系始末》(上海，上海人民出版社，2002)，全面叙述了 1917—1989 年的中苏关系，一些章节的内容牵涉到战后东北问题。沈志华主编的《中苏关系史纲》(北京，新华出版社，2007)，基本上从 1949 年前的中共和 1949 年以后的中国角度，讨论了中苏关系发展的全过程，也有若干内容牵涉到战后东北问题。张振江的《冷战与内战——美苏争霸与国共冲突的起源（1944—1946)》(天津，天津古籍出版社，2005)，纪亚光的《国共全面内战的缘起——抗战胜利之初美苏与国共和战关系研究》(哈尔滨，黑龙江人民出版社，2008)，都是在冷战的国际背景下讨论战后国共冲突包括东北问题。上述这些著作的共同特点是，能够利用新开放的档案文献资料研究相关历史问题，但在利用台湾藏国民党政权档案文献资料方面显有不足，也使得这些著作对国民党在战后东北争夺中的决策及其实施的研究仍有不少欠缺。

综上所述，经过 30 余年的研究历程，目前学界关于战后东北问题的研究，主要成就集中在厘清了中共于战后争夺东北的决策起源及其实施过程和成功经验，对苏联与战后东北问题的关系以及苏联与中共在东北问题上的合作有较多关注并有新的评价，对于中共档案资料的运用较为全面，并利用了俄罗斯开放的部分苏联档案资料。但对于战后东北问题的主角之一国民党方面的研究仍相对缺乏，论著甚少，已刊成果不过数篇论文，主要集中在国民党战后对东北的接收方面，如王国君的《抗战胜利后国民党对东北的接收》（《黑龙江社会科学》1994年第5期），谢国富的《抗战胜利后国民政府划东北为九省述评》（《民国档案》1990年第4期），王续添的《国民党派系矛盾及其在东北统治的覆亡》（《东北地方史研究》1992年第2—3期），孙堂厚的《战后国共东北之争及其对两党关系的影响》（《社会科学辑刊》1996年第1期），张桂华的《国民政府“外交接收东北”与战后美苏关系》（《民国档案》1998年第2期），杜伟伟的《抗战胜利初期国共两党围绕东北问题的斗争策略之比较》（《军事历史研究》2003年第1期），万振凡、万心的《熊式辉与国民党东北接收之败》（《江西师大学报》2011年第4期）等。

在台湾学界，对战后东北问题的研究成果很有限。台湾老一辈学者吴相湘著有《俄帝侵略东北史》、郭廷以著有《俄帝侵略中国简史》（均见沈云龙主编：《近代中国史料丛刊》续辑，台北，文海出版社有限公司），但基本是在1950年代两岸对立气氛下、国民党在台湾提倡“反共抗俄”环境下的应景之作。不过，台湾《传记文学》刊登的一些回忆录，对研究战后东北问题则有一定的史料价值，如宁恩承的《东北失败的总检讨》（《传记文学》第66卷第2—4期，1995）等。

台湾学者研究战后东北问题较有成绩者为陈立文，其撰写之《宋子文与战时外交》（台北，“国史馆”，1991），利用中国台湾和美国所藏档案文献资料，讨论了宋子文与战时外交的方方面面，其中宋子文与1945年的中苏条约谈判是其论述的重点之一。陈立文的又一著作《从东北党务发展看接收》（台北，东北文献杂志社，2000），也是利用大陆和台湾的档案文献资料，探讨从“九一八”到抗战胜利之初国民党在东北的党务发展状况及其与战后东北接收的关系。陈立文的研究对探讨国民党与战后东北问题的关系颇有助益，但其研究中关于国民党高层的东北决策及其实施方面的讨论仍然相对欠缺。

欧美学者对战后东北问题的研究，在时间上早于中国大陆和台湾学者，最早开始于1950年代，到1980年代中期，出版了10本左右的研究著作，如《莫斯科和中国共产党人》（Robert C. North, *Moscow and Chinese Communists*, Stanford, 1953），《苏联在远东的政策：1944—1951》

（Max Beloff，*Soviet Policy in the Far East，1944－1951*，London，1956），《中国与苏俄》（Henry Wei，*China and Soviet Russia*，D. Van Nostrand Company Inc.，New Jersey，1956），《苏联政策与中国共产党：1931—1946》（Charles B. Mclane，*Soviet Policy and the Chinese Communists，1931－1946*，New York，1958），《中国与俄国：大棋局》（Edmund Clubb，*China & Russia，the "Great Game"*，New York，1971），《满洲的革命斗争——中国共产主义与苏联利益》（Lee，Chong-sik，*Revolutionary Struggle in Manchuria：Chinese Communism and Soviet Interest*，Berkeley，Univ. of California Press，1983），《雅尔塔协议对中国内政的影响：1945—1946》（Emily Yaung，*The Impact of the Yalta Agreement on China's Domestic Politics，1945－1946*，University Microfilms International，Ann Arbor，Michigan，USA，1983）等。这些著作在研究主题方面，集中在讨论苏联与中共的关系及其对中共革命的影响和作用，其间包含着对"美国为什么失去中国"的追问，难免美式学术色彩，较少涉及国民党决策的讨论，而且资料运用主要源于美国方面的文献，比较有限。

1987年Steven Levine（梁思文）撰写的《胜利的铁砧——满洲的共产主义革命》（*Anvil of Victory-The Communist Revolution in Manchuria*，Columbia University Press，New York，1987），讨论了中共在战后东北发展的全过程及其得失所在，是外国学界研究中共与战后东北问题较有影响力的论著。其后，Odd Arne Westad（文安立）的《冷战与革命》（*Cold War and Revolution：Soviet-American Rivalry and the Origins of the Chinese Civil War，1944－1946*，Columbia University Press，New York，1993. 中文本为陈之宏、陈兼译，桂林，广西师大出版社，2002），《决定性的对抗：中国内战——1946—1950》（*Decisive Encounters：The Chinese Civil War，1946－1950*，Stanford University Press，Stanford，California，2003），海茵茨希的《中苏走向联盟的艰难历程》（张文武、李丹琳等译，北京，新华出版社，2001），利用新公布的中文和俄文档案文献资料，尤其是俄文档案文献资料，在国际冷战的背景下，讨论中国内战的起源和发展，中苏关系、中共与苏共关系的演进，国共

美苏三国四方关系等多方面内容，其中不少牵涉到战后东北问题。Harold M. Tanner（谭纳德）的最新论著《满洲之战和中国命运：四平，1946》（*The Battle For Manchuria And The Fate Of China*：*Siping*，*1946*，Indiana University Press，Bloomington & Indianapolis，2013），主要利用近年公布的中文档案文献，着重研究了四平之战的前前后后，尤其是中共方面的情况。但是，上述这些研究的重心仍集中在中共方面，对国民党决策的讨论有诸多不及之处，尤其是缺乏对国民党政策制定与实施过程的论述。

日本学者对战后东北问题的研究多集中在当时的中苏关系方面，唯成果亦有限，西村成雄和吉田丰子是其中论著较多者，西村曾在中国刊物发表过《雅尔塔密约对国民政府的冲击与接收东北》（《抗日战争研究》1997年第3期）、《中国民族主义与战后东北地区政治建构》（《史学月刊》2007年第1期）等论文，吉田的论文多收录在复旦大学召开的有关宋子文研究的讨论会论文集中。石井明的《中ソ关系史の研究（1945—1950）》（东京，东京大学出版会，1990），讨论了战后初期的东北问题和中苏经济合作交涉的有关情况，是国外学者研究中少有的讨论国民党与战后东北问题的著作，但其研究以专题个案讨论为主，缺乏全盘观照。

苏联及俄罗斯学者的有关研究，在1989年中苏关系恢复正常化之前，以鲍里索夫和科洛斯科夫合著的《中苏关系（1945—1980）》（肖东川、谭实译，北京，三联书店，1982）为代表，但是受到中苏两党两国关系破裂的影响，以政治宣教为主，学术性较为欠缺。中苏关系正常化之后，苏联学者的研究渐趋客观。苏联解体后，学术研究环境发生变化，最新研究以列多夫斯基《斯大林与中国》（陈春华、刘存宽等译，北京，新华出版社，2001）为代表，利用新近解密的档案资料，讨论斯大林与中国的关系，其中对1945年底和1946年初蒋经国访苏的论述甚有价值。

综上所述，无论是中国大陆和台湾学者，还是国外学者，对于战后东北问题的研究，多集中在中共的战后东北决策和中苏关系以及苏联与中共的关系方面，对中共档案文献资料的运用比较充分，取得了重要的进展与成果，但对国民党战后东北决策及其实施的研究相对欠缺，对新近开放的有关档案文献资料的运用也还不足，这不能不影响研究者对战后东北问题的复杂性、对战后中国政局和国共关系走向以及国民党自身在争夺东北和执政中的成败得失的认识及分析，从而亟待加强对此问题之研究。

三、资料综述

近年来民国史档案文献资料的开放，尤其是台湾和海外所藏民国史档案文献资料的开放，为战后国民党东北决策研究提供了良好的基础条件。

在相关历史档案文献资料中，台湾“国史馆”所藏“蒋中正总统档案”无疑具有重要的利用价值。这是当年国民党政权撤退到台湾时随之转运的有关政治、军事、外交等方面决策的最高机密档案，其中“革命文献”全宗下包含的“雅尔塔密约”“接收东北与对苏交涉”等主题卷宗，直接关系到国民党高层的东北决策，其他若干卷宗也包含有与东北问题相关的不少资料。“筹笔”是蒋介石亲拟电文，“蒋中正总统事略稿本”是利用蒋介石日记和其他文电所编的蒋介石大事长编，对研究蒋介石及国民党战后东北决策亦具有相当的史料价值。台北中国国民党中央委员会党史馆藏国民党中央全会档案及其他国民党中央级档案，为了解国民党高层对于东北问题的争论和决策提供了广阔的背景。

在海外所藏的民国史料中，美国斯坦福大学胡佛档案馆在2006年开放的“蒋介石日记”具有相当重要的价值。作为国民党的领袖，蒋介石事无巨细、记载详尽的日记，为学者认识蒋介石及其他国民党高层人士在东北决策中的思考和因应提供了难得的记载。胡佛档案馆所藏宋子文（时任外交部部长、国民政府行政院院长）、张嘉璈（时任国民政府东北行营经济委员会主任委员）档案①，哥伦比亚大学珍本与手稿图书馆所藏熊式辉（时任国民政府东北行营主任）档案，包含文电、信函、日记等

① 张嘉璈的《东北接收交涉日记》及相关文电，经由日本学者编辑整理后已经出版，便利学者的利用。参见伊原泽周编注：《战后东北接收交涉纪实——以张嘉璈日记为中心》，北京，中国人民大学出版社，2012。

等，对于了解中苏条约谈判的全过程、国民党东北决策的酝酿及实施、国民党在东北与苏联交涉的方方面面、东北国共相争的前后过程等等，均具有重要的利用价值。

南京中国第二历史档案馆藏档，有部分与战后东北问题有关，可堪利用。俄罗斯各档案馆所藏苏联方面的档案文献资料，对于研究中苏关系尤其是国民党政权与苏联的关系应有重要意义，唯其开放度不够，且作者不谙俄文，利用不便，是为本文写作的遗憾，有待今后继续改进。

在已刊资料方面，台北刊行的《中华民国重要史料初编——对日抗战时期》（秦孝仪主编，中国国民党中央委员会党史委员会，1981—1988）、《先"总统"蒋公全集》（张其昀主编，"中国文化大学"，1984）、《先"总统"蒋公思想言论总集》（秦孝仪主编，中国国民党中央委员会党史委员会，1984）、《风雨中的宁静》（蒋经国，黎明文化事业股份有限公司，1977）、《中华民国史事纪要》（"国史馆"编印，1988）等，均为与战后国民党东北决策研究有关之重要史料。还有一些当年与事者的日记、回忆录与年谱资料，可以为研究者提供有益的参考，如《王世杰日记》（"中研院"近史所编印，1990）、《徐永昌日记》（"中研院"近史所编印，1991）、《王叔铭日记》（藏"中研院"近史所）等。当年国民党接收东北的主事人熊式辉的日记，经其本人整理删选后编为《海桑集》，2008年以《海桑集：熊式辉回忆录》为名，在香港由明镜出版社出版，亦为有相当价值的史料，如与藏在美国哥伦比亚大学珍本与手稿图书馆的熊式辉日记原本相对照，更可发现历史的某些微妙之处。

大陆刊行的资料，以中国第二历史档案馆根据馆藏档案编辑出版的《中华民国史档案资料汇编》（第5辑，南京，江苏古籍出版社，1999）和《中华民国史史料长编》（南京，南京大学出版社，1993）较有参考意义。中央档案馆编辑出版的《中共中央文件选集》（北京，中共中央党校出版社，1991—1992）及前述毛泽东、周恩来、刘少奇、朱德、陈云、彭真的选集、年谱、传记，以及若干当年在东北担任领导工作者的日记、回忆录、年谱等文献资料，提供了关于中共战后东北决策的丰富资料，亦可为国民党决策相对应的参照。

战后在重庆、南京、上海出版的《中央日报》，在重庆、上海、天津出版的《大公报》，在上海出版的《申报》等报，为研究者提供了当年的现场历史记载。全国及各省市政协编辑出版的《文史资料选辑》和台北编辑出版的《传记文学》，为研究者提供了不少当事人的亲历回忆，有助于研究者回到历史的现场，还原历史的真相。

总体而言，有关国民党战后东北决策的各种档案文献资料，目前已经开放、编辑、出版并可参阅利用者，为数不少，可以为本研究提供扎实可靠的史料基础。

四、论述架构

历史是过往发生的事实，故历史研究首重实证，唯有回到历史的现场，了解历史的事实，方可在此基础上探悉历史的真相，分析历史的缘由，认识历史的本质。本文写作即本此原则，以叙事史为写作样式，重在以事实构建历史演进的完整过程与前后脉络，并在此基础上，分析国民党战后东北决策的由来、制定、实施及其影响，分析其利弊得失所在，从而得出适宜的结论。

第一章《战后东北局势的演进》，分别叙述国共双方各自对战后东北问题的看法、决策由来、进军部署及其实际成效，着重讨论国民党接收迟缓和中共行动迅捷造成的国共双方在东北的不同地位及其对之后东北局势演进的影响。

第二章《东北的不战不和之局》，在国际冷战背景，尤其是苏联对东北政策及苏军当局实际作为的背景下，讨论在东北的国共美苏三国四方的纠葛，着重讨论国民党对东北局势的因应，国民党内对东北问题的不同看法及争论，东北问题放大之后社会各界的反应，分析在国家民族利益和党国利益体制矛盾中的国民党东北决策困局。

第三章《东北的战火及国民党东北决策的顿挫》，在 1946 年初国共短暂和解之时，东北却因军调失败而致战火重起。本章以讨论国共双方在东北的军事交锋及围绕其间的政治交涉为中心，尤其着重讨论有着东北局势演进转折点意义的四平战役及其政治意义，并以此为着力点，分析因东北问题而致国共的全盘战略调整及其对战后国内局势发展和国共关系破裂的意义。

第四章《国共东北战略实施范例讨论——战后旅大接收问题》，以旅大接收为中心，讨论国共双方在旅大接收中的不同方略及其实施步骤，尤其关注苏联在其间的作用以及国共双方的政治外交技巧运用，由此而讨论国共双方在处理战后东北问题时的不同思路及其结果。

《余论》以全文的史实叙述和章节讨论为基础，进一步讨论和分析国共双方在解决战后东北问题时的战略战术、利弊得失，从而得出结论，认为国民党之失与共产党之得，实缘于东北问题所处的特殊结构与特殊环境，苏联因素在其中起到了重要作用，同时也与国共两党的战略构想与战术运用的运思、变化、纯熟与否密切相关。

就研究方法而言，本研究沿用了传统的历史实证研究法，注重回到历史现场，在历史叙事基础上重建历史发展的自然脉络，所谓以事实说话。同时亦运用科学分析法，注重分析在具体情境下的各方不同态度及其由来，还原历史，超越历史，给予现实以丰富的启示。

第一章　战后东北局势的演进

一、国民党东北接收决策的提出

东北地区地域辽阔，面积约占全国总面积的七分之一，人口约占全国总人口的十分之一，地理形势毗邻苏联、蒙古和朝鲜半岛，又相对自成一体，扼东亚冲要，控东方门户；兼以资源丰富，尤其是矿产和森林资源位居中国前列，可耕地面积约占全国总面积的三分之一，具有重要的战略地位。东北地处边疆，开发较晚，但进入近代以后渐次开发，后来居上，现代工业交通事业的发展尤其突出，重工业和矿业居全国之首，铁路通车长度占全国之半，外贸则为全国唯一出超地区。正因为如此，自日本在近代东亚成功转型，发展为军事经济强国之后，积极对外扩张，地广人稀、物产丰富的东北便成为地狭人稠、资源有限的日本对外扩张的重要目标。由于中国国势的衰颓，当政者的失误，东北权益不断沦落到日本之手，并在 1931 年“九一八”事变后被日本强占，以“独立”的名义，而成为日本实际的殖民地。

东北沦陷于日本，虽然是在地方军阀奉系首领张学良当政时期，但作为当时中国的执政党，国民党亦随之受辱，难免其责，并成为其难以言说的隐痛。如国民党领袖蒋介石自言：“闻沈阳、长春、营口被倭寇强占以后，心神哀痛，如丧考妣，苟为我祖我宗之子孙，则不收回东省永无人格矣。小子勉之。”① 东北沦陷，不仅使中国失去广大的地域、人口、资源、物产，不利于当政的国民党，更由于其后国民党面对日本步步侵略扩张的妥协退让政策，东北沦陷又成为反对国民党的各派政治

---

① 《蒋介石日记》，1931 年 9 月 20 日，藏 Hoover Archives，Stanford University，California，USA。

力量，尤其是国民党最大的政治对手中共随时敲打国民党的政治动员主张，使国民党平添难堪。这也是 1937 年全面抗战爆发后，国民党开始提出收复东北，并在战后力求收复东北、恢复主权的政治及心理背景。事实上，国民党及其领袖蒋介石在“九一八”之后虽然一时并未明确提出恢复东北主权的问题，但也从未接受过日本侵占东北的既成事实，而将恢复东北主权作为未来的长远规划予以保留。“九一八”事变后不久，蒋介石曾经在日记中明确表示，“对日外交不能放弃东三省为标准”，并“预期中华民国三十一年中秋节恢复东三省，解放朝鲜，收回台湾、琉球”①。也就是说，在蒋介石心目中，希望以十年为期，收复东北。

全面抗战爆发后，国内各派政治力量捐弃前嫌，携手抗日，国民党和蒋介石对于解决东北问题的主张，更须适应战争的需要。在 1938 年召开的国民党临时全国代表大会上，虽然蒋介石对于东北问题如何能够“得到合理的解决”的内涵似未明确定义，但他同时又明确表示，“东北问题之不能解决，完全是由于日本军阀不讲信义，日本政府不能负责”② 所致。可以说，对于解决东北问题，在中日全面战争的背景下，除了提出收归中国，国民党已经不可能再有其他任何根本的让步，其对经由这场战争而收复东北的立场也越来越坚定。到了 1941 年苏德战争，尤其是当年底太平洋战争的爆发，苏联和美国先后加入反法西斯阵营，成为中国的同盟国，为中国经由战争胜利而收复东北创造了良好的国际环境，完全收复东北已经成为国民党和蒋介石坚持这场战争并因此而继续维持其执政地位的基本政治目标之一。1943 年 11 月，中美英三国首脑在埃及开罗举行会议，蒋介石手拟与罗斯福和丘吉尔会谈“应注重于最大之问题”，即为“东北与台湾应归还我国”③。12 月 1 日，中美英三国发表《开罗会议共同宣言》，明确声明，此次战争之目的，“在使日本所窃取于中国之领土，例如东北四省、台湾、澎湖群岛等，归还中

---

① 《蒋介石日记》，1932 年 5 月 16 日。

② 蒋介石：《对日抗战与本党前途》，1938 年 4 月 1 日，见秦孝仪主编：《先“总统”蒋公思想言论总集》卷 15，200 页，台北，中国国民党中央委员会党史委员会，1984。

③ 《蒋介石日记》，1943 年 11 月 18 日。

华民国”①。在1944年召开的联合国筹备会议上，中国代表团也提出，日本“应将1937年前夺取之一切中国领土完全交还”，为与会各国所同意。② 至此，中国在战后收复东北得到了反法西斯同盟国的一致支持。

可以说，在开罗会议之后，战后由中国收复东北已成定局，此时国民党所面对的问题，已经不是是否收复东北，而是如何收复东北。而即便是在国共二次合作的抗战时期，国共两党的政治分野仍然客观存在，国共两大党之间，对中国未来政治走向的考量又显有分别，随着抗日战争的接近胜利，国共双方对战后东北问题的考虑也开始浮上台面，毕竟，东北在战略上的重要地位是国共双方都不会忽略的。所以，在1945年的中苏条约谈判中，尽管苏联提出的条件大大出乎国民党的意外，最后谈成的条约实为在抗战时期中国经过艰辛奋斗而废除不平等条约体系后出现的新的含有不平等条文内容的条约，但国民党仍忍辱负重而最终签约，最关键的因素还在于其希望得到苏联支持，达成战后收复东北的目标。③

从抗战中期开始，蒋介石就不断在其日记中记载研究东北军事、政治、干部等问题的设想与感想。开罗会议前后，蒋介石又集中研究了战后东北接收的计划和人才问题。尤其值得注意的是，蒋介石很早就考虑到“共党向东北发展之利害”问题以及“中共企图东北之心理”，并有了对“中共附俄割据东北或新疆之准备”④。显见在其东北战略的考虑中，

---

① 《中华民国重要史料初编》第3编第3册，547页，台北，中国国民党中央委员会党史委员会，1981。据称，在开罗会议期间，英国方面对中国要求收回东北的主张“不表赞同，谓此与苏联有关，应与苏联共同协商”；“丘吉尔初犹以苏借口而欲不承认。但斯大林事后向罗斯福表示赞同”（公安部档案馆编注：《在蒋介石身边八年——侍从室高级幕僚唐纵日记》，395、429～430页，北京，群众出版社，1991）。11月30日，罗斯福、丘吉尔和斯大林在德黑兰会谈时，斯大林表示支持在战后安排中将东北归还中国，但也表示出苏联对在远东获得不冻港的兴趣，从而为其后雅尔塔会议交涉预留地步。（参见萨纳柯耶夫、崔布列夫斯基编：《德黑兰、雅尔塔、波茨坦会议文件集》，北京外国语学院俄语专业、德语专业1971届工农兵学员译，97～99页，北京，三联书店，1978）

② 参见《战后国际和平机构及其他有关问题》，见 *Victor Chi-tsai Hoo Papers*（以下简称“胡世泽档”），Box 2，Hoover Archives，Stanford University，California，USA。

③ 1945年的中苏条约谈判及随之签订的《中苏友好同盟条约》，对于战后东北问题和国民党的东北决策具有重要影响，唯关于中苏条约的谈判过程和内容及其对国民党政权的意义，作者和学界都已有不少研究，请参阅相关论著。为不使本研究的枝蔓过多，此处亦不再赘述其谈判和条文内容的具体方面，而只在必要时有相关论述。

④ 《蒋介石日记》，1939年8月3日，1940年7月3日，1943年1月12日。

如何因应中共未来在东北可能发展的意识自始即有强烈的体现。唯其如此，我们方可理解，国共战后在东北的争夺实为其来有自，非为突兀。只是在美国对日扔下原子弹及苏联出兵导致日本迅速败亡前，蒋介石对战争进程的判断认为“只少尚有一年之时间，在此一年之中，国际之变化与人事之转移，以及其生死成败不可测度之自然变迁，谁亦不能预知也”①。故其对中共在东北动向的把握仍停留在纸面，他考虑更多的还是国民党如何主导在战后恢复东北主权。

在东北沦陷于日本期间，东北各省省政府的名义和架构仍然存在，国民党在东北的地下活动也一直都在进行，但因为历史的渊源，国民党从未在东北真正建立过有效的统治。1928 年东北易帜后，虽然名义上处在南京国民政府统治下，但实际上国民党在东北的活动和影响都很有限，东北仍是奉系张学良掌管的独立王国。“九一八”事变后，日军侵占东北，国民党势力在东北更难立足。② 故就总体而言，国民党对战后接收东北的考虑首在确立其统治地位，而对于从前东北的人事关系并不在意，甚而至于蒋介石认为，“即使倭寇能撤退东北交还我国，如果以原有东北人再治理东北，则东北仍难保全，此种卑劣愚贱之人，焉能使强者不起侵略之心耶”③。因此，在考虑战后接收东北的班底时，蒋介石特别注重其与国民党和他个人的关系，反复考虑“东北主持人选与运用之方针”④。前东北军政领导人士，如军界的张学良、马占山、万福麟、于学忠⑤，政界的莫德惠、朱霁青、刘哲、刘尚清等，无论其与国民党的旧有关系如何，均未能在蒋介石的接收考虑中占据主要地位，至多是被赋予某些闲职而已，从战后的接收过程看，其实这并不利于国民党争取东北人心，

---

① 《蒋介石日记》，1945 年 4 月 20 日。

② 据国民党东北地下组织的统计，1945 年国民党在东北辽宁、吉林、黑龙江三省和长春、哈尔滨二市共有地下党员 3 万人。（参见罗大愚先生逝世十周年纪念筹备会编：《山高水长——罗大愚先生纪念集·东北各省市党务专员办事处工作总结报告》，731 页，台北，1983）如果结合国民党在东北的历史沿革和现实状况，此数显为过分夸张。

③ 《蒋介石日记》，1940 年 4 月 2 日。

④ 《蒋介石日记》，1945 年 5 月 25 日。

⑤ 东北人士有重新起用张学良的建议，但为蒋介石所不屑。（参见《王卓然致宋子文函》，1945 年 9 月 29 日、10 月 1 日，见 *T.V. Soong Papers*（以下简称“宋子文档”），Box 5，Hoover Archives，Stanford University，California，USA）

稳定东北政局。

1945年6月9日，蒋介石召见中央设计局局长熊式辉，指示对战后接收工作早为准备，并提出由熊负责上海，张群负责东北。张群与熊式辉同为所谓政学系，此时任四川省政府主席，他们结合一体，围绕蒋之左右，力图在战后政治中占据更重要的位置，其谋划是由张群在中央运作，操控政局，熊式辉由设计局的闲职出任一方大员职务，但上海情势复杂，为各方争夺之重镇，熊无意趟这个浑水。因此，熊对蒋言，东北接收"中央宜定大员综合党政军之指导"，建议由俞鸿钧（财政部部长）或吴铁城（国民党中央秘书长）去上海，暗示自己希望另有出处。其后，蒋又多次提议熊去上海或东南，但熊"均谢之"，表示"殊非所愿，亦不相宜"。张群亦不主其去东南。① 蒋介石素来欣赏张群参赞中枢的能力，可能确实也离不了张群在中枢的谋划，故其一面提议熊去上海，一面也在考虑熊任职东北的可能性，将熊与吴鼎昌（国民政府文官长兼中央设计局秘书长）列为"东北总机构与人选之决定"② 的考虑人选。

随着中苏条约谈判即将开始，蒋介石考虑"东北随俄军进入行政主管与组织亦应速决也"③。7月24日，蒋约熊式辉谈"东北主管人选问题"，提出熊"往东北如何"。熊"力荐"沈鸿烈，"保其可以胜任愉快，只须信任之"④。其实，这不过是熊以退为进的手腕而已，熊对蒋如何表白并不重要，重要的是，熊希望接手东北政务的心愿已经通过种种途径传达给蒋。7月29日，蒋介石基本决定东北军政主管人选。30日，蒋介石召见熊式辉，令其在战后前往东北"任军事代表兼行政长官"。尽管熊仍故作姿态，但"答应加以考虑"⑤。而在实际上，

---

① 参见《熊式辉日记》，1945年6月9日、15日、20日，7月13日，见 *Hsiung Shih-hui Collection*（以下简称"熊式辉档"），Rare Books and Manuscript Library，Columbia University，New York. USA。

② 《蒋介石日记》，1945年6月23日。

③ 《蒋介石日记》，1945年7月19日。

④ 《蒋介石日记》，1945年7月24日；《熊式辉日记》，1945年7月24日。沈鸿烈出身海军，但在1920年以后即在东北任职，曾任东北海军总司令，与东北地方军政人士有较多联系。1931年以后曾任青岛市市长、山东省政府主席、鲁苏战区副总司令、农林部部长、国民党中央党政考核委员会秘书长等职。

⑤ 《蒋介石日记》，1945年7月29日；《熊式辉日记》，1945年7月30日。

战后东北接收由熊式辉负责至此已经基本定局，熊也因而得以参加在莫斯科举行的第二轮中苏条约谈判，以熟悉未来东北接收的情况。①何况苏联方面也希望事先得知东北主管人选为何人，以解消其可能“反苏”的隐患。负责中苏谈判的行政院院长宋子文即建议蒋介石，“关于派赴东三省军民长官人选……究应如何决定，仍乞钧裁电示，当即遵照通知苏方也”②。

在决定战后东北接收人事的同时，国民党对战后东北接收的政策措施方面考虑不多。1945 年 3 月，中央设计局局长熊式辉向蒋介石建议，东北与内地情形不同，复员工作宜有专人负责，早为准备，并推沈鸿烈任其事。③ 4 月，中央设计局组建东北设计委员会，研究战后东北接收问题，由沈鸿烈主持，7 月 7 日正式成立。研究结论是：改组后方东北各省政府，做好接收准备；训练接收干部；处理好对苏对共关系。④ 与此同时，张群、熊式辉、吴铁城等人也曾多次讨论战后东北接收问题。据吴铁城的亲信、立法委员张潜华回忆，他们认为，美国为了对日作战的胜利，一定会要求苏联参战，而苏联进入东北必然对中共有利，为了确保国民党稳固接收东北，他们提出了几点意见：1. 为了便于复员并考虑到东北的具体情况，将东北划为九省；2. 以三民主义为东北总的施政方针，保障人民自由，成立地方民意机构，实行民选，限制私人资本，逐步实现耕者有其田；3. 以一部分国民党军长驻东北，作为军事基础，同时改编伪满军队，作为辅助；4. 将日本在东北的公私企业收归国有，同时对东北进行有计划的开发，作为全国经济的基地；5. 人事上避免

---

① 军委会政治部部长张治中当时亦希望任职东北，在熊式辉赴苏谈判期间，曾经有所活动，故一度有张去东北熊改任西北，或张、熊共去东北，熊负责政治，张负责军事之议，令熊大为紧张。唯蒋介石最后决断，熊仍往东北，张去西北，才使熊松了口气。（参见《蒋介石日记》，1945 年 8 月 23 日）张因此对熊“颇为不快，以熊卖友求荣”，认为其“三十年交情不意不愿合作”，料熊“独往不易成功”。（参见《在蒋介石身边八年》，538 页；《熊式辉日记》，1945 年 8 月 27 日）王子壮认为，熊之任命表明“显然政学系深得蒋先生之宠信，与党有关之同志均拜下风。……政学系之目的在作官，故在此时预为布置，能应蒋先生之需要”（《王子壮日记》第 10 册，122 页，台北，“中研院”近史所，2001）。

② 《宋子文致蒋介石》，1945 年 8 月 13 日，见宋子文档，Box 58。

③ 参见《海桑集》，486 页，香港，明镜出版社，2008。

④ 参见《熊式辉日记》，1945 年 6 月 5 日。

一党专政色彩，争取中间派的合作。[①] 以上建议考虑到东北未曾由国民党实际统治的过往历史和苏联军队进入东北后对国民党的不利因素，提议以国民党在东北施政方针的温和中立色彩，换取苏联的支持，稳住国民党在东北的阵脚，确保国民党对东北的控制。在当时的情况下，他们的建议或有可取之处，但其是否以及如何向蒋介石提出，蒋又如何反应，目前尚无史料佐证，至少在蒋介石的日记中并未见到相关记载。

8月16日，面对日本宣布投降、苏军已经进入东北的形势，军政部部长陈诚上呈蒋介石，提出他对东北接收的系统意见：1. 对东北问题处理，应对各省分别予以指示，不必混为一谈，以防止其仍旧保留封建集团积习；2. 中央对于东北接收宜由各主管部门分别办理，不必另外成一单独系统，以杜流弊；3. 在东北开始接收时，可设接收整理委员会，隶属行政院，负责综合指导，一年后即行裁撤；4. 东北人民对中央不无隔膜，收复以后必须宽大，不可以战胜者姿态对待；5. 东北建设应一面宽筹费用移民实边，一面善为开放利用盟国；6. 东北人事不必仍旧以耆宿或资历是尚，必特别注意其能力声誉及操守。陈诚还拟出根据上述原则订定的《接收东北计划》呈蒋介石，被蒋批交熊式辉参考。[②] 陈诚意见的中心在打散战前东北的旧有格局，消解东北地方势力的影响，以此确立国民党对东北的统治根基，反映出当时国民党内对战后东北决策的主流看法。不过，蒋介石对东北接收的关注重点此时集中在“主权”问题，至于具体做法，他似并无一定之见。蒋曾指示，“将来一切法令以及设施，也必然要在全国一致的前提下，采取因地制宜的方式”，认为东北接收“重要问题应着手改革者：东北缩小省区，勿改组织”[③]。蒋的看法说

---

① 参见张潜华：《政学系在东北接收问题上的如意算盘》，见《文史资料选辑》第42辑，174页，北京，中华书局，1964。孙科也曾提出：苏联必在东方参战，东北将为苏军力所及，如我内政上无良好措置，凡苏联兵力所及，可能将政治交与中共，中共将于其间大扩张武力，黄河以北全入掌握，以后大局可以推想而知。（参见《黄炎培日记》第8卷，1944年5月17日，北京，中华书局，2008）

② 参见陈诚：《东北接收计划》，见熊式辉档。

③ 《国民政府主席东北行辕工作报告》，1947年3月，见熊式辉档；《蒋介石日记》，1945年8月22日。

明当时他对东北接收的思考仍然局限在技术性的层面，还没有意识到未来东北接收的真正难题所在，也反映出国民党在宏观战略层面思考格局的有限性。

二、国民党接收东北的迟缓及其窒碍

1945 年 8 月 14 日，日本正式宣布投降，中国抗日战争获得完全胜利，战后接收工作开始进入实施阶段。8 月 31 日，国民党六届中常会第 9 次会议暨国防最高委员会第 169 次常会通过《收复东北各省处理办法纲要》，决定在长春设立军事委员会委员长东北行营，“处理东北各省收复事宜”，“综理一切”，并“得就近指挥监督东北各省区内行政机关”（1946 年 9 月 22 日，东北行营改称国民政府主席东北行辕）；行营下设政治与经济两委员会，“分别办理行营区域内政治、经济事务”（行营下设直属机构有秘书厅及参谋、军务、交通、总务、经理、军法、人事、航警处）；另设外交部东北特派员公署，“办理行营区域内交涉事宜”；同时决定东北行政区划改为九省，分别为辽宁、安东、辽北、吉林、松江、合江、黑龙江、嫩江、兴安。9 月 19 日，立法院通过东北改划省区案。① 此纲要当日由国民政府公布。在讨论行营机构设置及其职权时，“对于政治、经济两委员会之职权反对甚烈，咸谓此种组织形似割据两端之间，只闻反对与说明两方之言论，竟无赞成者，结果其职权只限于在东北政治、经济之收复事宜，分省区域及名称交立法院复审”②。

9 月 1 日，国民政府任命熊式辉为东北行营主任。9 月 4 日，任命熊兼行营政治委员会主任委员，莫德惠、朱霁青、万福麟、马占山、邹作华、冯庸为委员（1946 年 1 月 22 日增补张作相、王树翰、那木济勒色楞

---

① 参见《国民政府公报》，1945 年 9 月 4 日；《国民政府主席东北行辕工作报告》，见熊式辉档；谢国富：《抗战胜利后国民政府划东北为九省述评》，载《民国档案》，1990（4）。1946 年 6 月 6 日，国民政府正式公布东北各省行政区划，计为 9 省、2 行政院院辖市（沈阳、大连）、154 县、23 市、21 旗、2 局，共计县级单位 200 个，后热河划归东北管辖，增加 20 县、16 旗。

② 《蒋梦麟致宋子文》，1945 年 8 月 31 日，见宋子文档，Box 48。

为委员)。这些人虽为原东北知名人士或东北军将领，国民党希望以此安抚东北人心，但他们并无实际的权力，反而使东北地方人士对国民党的战后东北人事安排颇为不满。① 行营下设民政、土地、财政、宣传、司法行政、社会、卫生、总务处及人事室（1946 年 1 月 8 日行政院通过)；张嘉璈为经济委员会主任委员，张振鹭、齐世英、王家桢、马毅为专任委员（10 月 9 日任命)，粮食、农林、经济、交通部次长及四联总处代表为兼任委员，下设交通、工矿、金融、商务、农村、田粮、水利、财务、会计、总务处，人事及合作事业管理室，调查设计及经济法规审核委员会；蒋经国为外交特派员，何柱国为参谋长（后因何双目失明，改任董英斌)，徐箴、高惜冰、刘翰东、郑道儒、关吉玉、吴瀚涛、韩俊杰、彭济群、吴焕章为东北九省主席，沈怡为大连市市长，杨绰庵为哈尔滨市市长（后任命赵君迈为长春市市长，董文琦为沈阳市市长)，组成东北接收的政治班底。

10 月 8 日，国民政府军事委员会任命陆军第一方面军副总司令关麟徵为东北保安司令长官，负责军事进军接收事宜。其后，因在云南省政府主席龙云免职调离昆明的处置中，昆明防守司令杜聿明对龙云极不满，为了敷衍龙云的面子，蒋介石在 10 月 13 日约杜聿明和关麟徵谈话，决定将两人的职务对调，因为“龙虽自多罪恶，而中央人员不能不有纪纲也”②。蒋对杜说：“你解决龙云对国家是立了功，可是得罪了龙云，你应该为国家背过。我表面上先公布将你撤职查办的命令，实际上是调升你到东北去当保安司令长官。”③ 16 日，杜聿明以“对于昆明防守部队，管束不严，防务处理颇多失当”，被予以免职处分④，关麟徵调任云南警备总司令。次日，杜聿明被任为东北保安司令长官，统领东

① 出身东北的国民党将领王铁汉认为，“中央对东北之重要性既不了解，对地方实际情形也不清楚。高级行政人员安排既不妥善，亦不为地方所欢迎，因此形成事权不统一，精神意志、作法亦不统一”（沈云龙：《王铁汉先生访问纪录》，101 页，台北，“中研院”近史所，1985)。

② 《蒋介石日记》，1945 年 10 月 13 日。

③ 杜聿明：《蒋介石解决龙云的经过》，见《文史资料选辑》第 5 辑，51 页，北京，中华书局，1960。

④ 参见朱汇森主编：《中华民国史事纪要》（中华民国三十四年十至十二月份)，283 页，台北，“国史馆”，1988。

北军事。①

9月1日，东北行营筹备处在重庆开始办公，初期任务主要是遴选接收与行营工作人员，准备接收计划。行政院同期制定的《接收东北行政机构要点》提出：东北省市政府组织暂不变更，省市厅局长暂不发表，省市附属机构暂不添设。② 表明国民党当时的心态还在暂维现状，等待接收。此时，熊式辉与宋子文、陈诚、陈立夫、王世杰等国民党大员就接收东北的有关政治、经济、军事、党务问题不断交换意见，但似乎既未涉及苏联和中共对东北接收可能的态度，也未见外交当局对接收中的外交交涉有何指示。熊式辉虽对接收东北踌躇满志，但也自承，对东北接收"平素固不曾考虑及此，因之于事须从头研究，于人须重新物色"，然其关注重点在人不在事，其与各方所密集讨论者，多为人事问题，而对接收具体方策却未见有多少关注。其因盖在于中苏条约签订后，国民党上下对从苏联手中接收东北均持乐观态度，认为顺理成章之事，而对具体接收方案则未下功夫，完全寄希望于苏联的协助。熊式辉曾得意地对杜聿明说："根据中苏条约的签订，中国可以很快地收复东北，东北沦陷区将比华北、华中、华南收复得更早。"③ 奉召自美回国参加东北接收的张嘉璈，向外交当局探询中苏条约签订后，有无与苏联讨论具体接收程序时，"乃知仅对于苏方撤兵及我军接防问题有交换文件，而对于我军如何进入东北，行政人员如何接收政权，及经济事业如何移交，不无协定，良以我政府认为我军队到达东北，一切可迎刃而解"。张嘉璈在重庆盘桓近月，除了参加两次行营政、经委员会的联席会议外，"从未闻外交当局对于苏联如何交还政权，如何交还占领之经济事业有何指示，大致我外交当局及熊主任认为苏方撤兵绝无问题"④。张嘉璈对东北行营自上而下

① 杜聿明过后指挥进军东北的全为美械装备的中央军精锐部队，而对东北的伪满军，国民党因与东北素无瓜葛且人脉不熟，对利用伪满军力量并不热心，陈诚坚主不用伪满军，事后颇遭物议。国民党在东北利用伪满军较有成效者，是任伪满"铁石部队"即冀东讨伐军的姜鹏飞为第27军军长，令其接收长春、哈尔滨等地，但并未起到很大作用。

② 参见《国民政府主席东北行辕工作报告》，见熊式辉档。

③ 杜聿明：《蒋介石破坏和平进攻东北始末》，见《文史资料选辑》第42辑，2页。

④ 张嘉璈：《东北接收交涉日记》，前言，见 *Chang Kia-ngao Papers*（以下简称"张嘉璈档"），Box 10，Hoover Archives，Stanford University，California，USA。

于接收既无充分准备却又盲目乐观颇为感慨，于此或亦埋下了过后接收不顺之伏笔。

抗战胜利后，对于有关战后安排的种种政治、经济、军事、外交等决策，根据国民党的领袖独裁体制，都得会聚于蒋介石，由其作出最终决定。因此，蒋亦可谓日理万机，难得消闲，但作为国民党的领袖，蒋介石又确实较其部属的考虑更多更周全。实际上，在日本投降以后，蒋已经不断接到密报，苏联在东北的动向可能不利于国民党。据熟知日本情形、此时正负责战后对日处理的王芃生在9月中旬的情报，“苏方有制造事件，延缓退兵之企图”①。与此同时，9月10日，美国驻苏联大使馆电告国民党方面：中共军队已进入东北。②从而为国民党接收东北又添变数，且为国民党所最担心者。还在战争结束前，外交部部长王世杰就认为，如果不能解决中共问题，则“日苏决裂后，我纵欲进兵华北或东北，将因共军之阻挠而不能遂行战略。倘共军或苏军先入东北，前途之危机正是不少”③。国民党中央监察委员会秘书长王子壮认为，苏联如“与华北之共党勾结，纵不明加占领，其隐忧亦至为显然”④。而战后中共进军东北的举措，正印证了他们的担忧。此时，在蒋身边负责情报工作的侍从室六组组长唐纵判断中共将“转移兵力于华北，乘势进入东北，造成新割据局面”，建议迅速派兵去东北，同时力控华北，抑制中共北上企图。⑤ 美国方面也向国民党建议：如果此时共产党控制张家口、承德、山海关一线，并利用苏联掩护控制东北，则英美将来在和平会议上对国共问题不能不采取折衷办法；如果中共此时没有实行此着，即中共问题不难解决。⑥ 这些

---

① 《王芃生呈蒋介石情报》，1945年9月16日，见《蒋中正“总统”档案·革命文献·戡乱时期（接收东北与对苏交涉）》上（一）第一册，85页，藏台北“国史馆”。

② 参见《彭真传》编写组编：《彭真年谱》第1卷，295页，北京，中央文献出版社，2012。

③ 《王世杰日记》第4册，91页，台北，“中研院”近史所，1991。

④ 《王子壮日记》第10册，122页。

⑤ 参见《在蒋介石身边八年》，545页。据傅作义部35军阵中日记所记，新32师“讯悉奸军秘件，其整个策略为，（甲）总目的地东四省……”（《三十五军阵中日记》，1945年9月，藏南京中国第二历史档案馆，档号廿五—6312）其时中共“向北发展，向南防御”的战略尚未最后确定，此一判断可能是从中共部队的实际行动中所得。

⑥ 参见《中共中央致重庆代表团电》，1945年9月18日，军事科学院图书馆藏档抄件。

情报和建议都引起蒋的重视。尤其是8月30日中共部队占领山海关，事实上扼住进入东北之门户，被蒋介石认为“俄已破坏其盟约，决心掩护共匪侵扰中国……是其必欲以我为敌，应有准备之决心，东三省与新疆驻军之配备与运输，不能不从速筹划，以防万一”，开始考虑“收复东北之部队及运输方法”①。9月9日，蒋介石“与魏德迈商讨对东北运输部队及美国武器接济办法”。10日，自记“此时应以全力接收东北与各省市军政为第一要务也”②。9月11日与13日，蒋致电在华盛顿的宋子文，要他速向美方商洽运送军队去东北事，否则，如“让共党占领东北，此为最险之事也”；“今后接收东北必多纠葛，或因此无法接收，亦未可知也”③。但因调派军队需要时间，而此时远在西南的国民党主力部队还在陆续北上途中，蒋则更关心对国民党统治的政治经济中心东南沿海地区的接收，对于东北接收，他还是寄希望于苏联的协助。

9月18日，在“九一八”事变14周年之际，蒋介石发表广播演说，称：“由于盟邦苏联的军事援助之下，实现了《开罗宣言》及《波茨坦公告》，而我们东北同胞亦由此得到了解放，重返了祖国。最近将来，我们的行政人员及我国的军队就要来到东北，与我们隔绝了十四年之久的亲爱同胞握手言欢。”蒋表示今后建设东北的方针是：“第一，我们必须发挥自己的力量，以奠定建设的基础。第二，我们也要获得盟邦的援助，以完成建设的全功。”蒋特别表示：“至于希望盟邦协助的方面，包括经济上的援助和技术上的协力而言。尤其是对我盟邦苏联业已订立了三十年友好同盟条约，此后中苏两国唇齿相依，守望相助，东北同胞，首先蒙受利益，我东北同胞必须重视这个友谊，真诚相处，以增进两国的邦交，实现我们国父共同奋斗的遗教，完成我们建设的大业。”④ 蒋在此番谈话中，对苏联态度友好，称赞有加，可见其对苏联的期待。9月19日，蒋介石召见熊式辉，“指示东北接收要领与对俄开诚政策”。熊向蒋建议，

---

① 《蒋介石日记》，1945年9月8日。

② 《蒋介石日记》，1945年9月9日、10日。

③ 秦孝仪主编：《“总统”蒋公大事长编初稿》卷5（下），832、834页，台北，中国国民党中央委员会党史委员会，1981。

④ 《大公报》（重庆），1945-09-19，2版。

行政接收可不必等军队到达，行政接收人员赴东北事可即与苏大使商洽，得蒋首肯。[①] 但在事实上，国民党过往基本未有统治东北的经验，所谓人生地不熟，对东北现地情况并不十分了解，苏联又无若何协助接收的具体表示，没有军队同行的行政接收，确实难以进行。故在日本投降之后，国民党对于东北的接收，除了在重庆搭建班底，从事准备工作之外，未有多少实质性举措，也没有派出先遣人员前往东北，了解情况，并据以制定政策。直到9月22日，东北行营才召开第一次会报和政经两会联席会议。凡此种种，都对其后国民党的接收带来不少隐患，也可谓国民党接收的失利其来有自。

10月1日，苏联驻华大使彼得洛夫通告中国政府，苏军已开始自东北撤离，预计在中苏条约规定的三个月撤兵期限内，于11月底撤完，请中国接收人员在10日后到长春与苏军当局接洽。同日，中国外交部通知苏方，中国军队将于10日自九龙由美国舰船运往大连登陆，办理接收。不料苏联于5日向中国驻苏大使傅秉常询问中国军队此次登陆目的何在，接着在6日正式答复称："大连为运输商品而非运输军队之港口，苏联政府坚决反对任何军队在大连登陆。"[②] 苏联此举诚出国民党意外，尤其是蒋介石，因苏联此举无异断绝国民党军队从海上登陆接收东北的最佳通路，不由不使蒋恼怒异常，认定苏联"违反同盟协定，侵我主权，不顾公理，盖已昭然若揭"。但蒋也考虑到，苏联"此或为美军近日在秦皇岛、天津登陆之故，使之疑忌嫉妒而有此举"。在未与苏联交涉前，还抱有一定期望，认为"俄态好喜怒无常，风雨不定，惟视其一时利害与形势而变，余并不以此介意，仍照预定方针，忍气吞声，据理进行，料彼在此时不敢强横到底，而冒天下之大不韪也"[③]。苏联拒绝国民党军队在大连登陆，或许原因多多，并且牵涉到美苏国共三国四方之间的复杂关系，但其关键原因，是苏联始终将东北视为自己的势力范围，因国民党

① 参见《蒋介石日记》，1945年9月19日；《熊式辉日记》，1945年9月19日。

② 《傅秉常大使致外交部告苏联反对我军在大连登陆电》，1945年10月7日，见秦孝仪主编：《中华民国重要史料初编》第7编第1册，119页，台北，中国国民党中央委员会党史委员会，1981。

③ 《蒋介石日记》，1945年10月6日。

在美国帮助下接收东北，担心将由此而导致美国插足东北，威胁其自身利益，故不能不“疑忌嫉妒”。如俄罗斯学者所言，“因美军在中国登陆，苏联产生了怀疑和忧虑”，“怀疑美国企图利用驻华美军，使中国屈从自己的权威，并像利用日本那样，利用中国以达反苏目的”，从而对国民党表示出不友好态度。① 无论如何，苏联拒绝国民党军队在大连登陆是明显的信号，预示东北接收未必如国民党前所预期的那般顺利，但格于种种现实的考虑，仍未引起国民党足够的重视。

根据蒋介石的决策，10 月 9 日，外交部部长王世杰会见苏联驻华大使彼得洛夫，表示“中国政府对条约所规定之义务，必完全履行”，但中国派兵到东北登陆，“决不能认为系违反中苏条约”②。同日，东北行营副参谋长董彦平率部分先遣人员飞抵长春，对行营接收事宜预为布置。

10 月 12 日，熊式辉、张嘉璈、蒋经国及东北宣慰使莫德惠一行飞抵长春。在日本正式投降近两个月之后，国民党接收大员总算踏上了东北土地。蒋经国对东北的最初印象是：“苏军暗中确有支持共党之行动”；“苏军士兵纪律不好”；东北民众“爱国之热情，实高过于关内”③。但是，就在国民党接收大员首次来到东北之时，中共在东北的最高指挥机构——东北局已经在沈阳工作了近一个月。与此同时，国民党在东北尚无一兵一卒，而中共在东北已有了好几万部队。更具有讽刺意味的是，熊式辉等国民党接收大员的安全警备工作，最初是由苏方指派人员担任，他们多为跟随苏军进入东北的原抗联人员，本归属中共，此时也已和中共接上关系，实际上是在苏军管辖名义下的中共人员。所以，张嘉璈感觉到长春后“不易自由行动”，“如同身在异国”，认为这是“中央有关各部尤其外交部对于此类接收失地之大政尚缺乏经验，不能于事前缜密准备”的结果。④ 总之，国民党接收大员的姗姗来迟，与中共争夺东北的迅

---

① 参见列多夫斯基：《马歇尔使华与苏中美关系》，见《中共党史资料》第 73 辑，197 页，北京，中共党史出版社，2000。

② 《外交部长王世杰接见苏联驻华大使彼得洛夫关于中国政府派兵由大连登陆至东北谈话纪要》，1945 年 10 月 9 日，见《中华民国重要史料初编》第 7 编第 1 册，121 页。

③ 《蒋经国致蒋介石函》，1945 年 10 月 12 日，见《“总统”蒋公大事长编初稿》卷 5（下），849 页。

④ 参见张嘉璈：《东北接收交涉日记》，前言。

捷有效恰成鲜明对比，一叶知秋，国民党接收东北的前途由此可知。①

东北行营接收大员到达长春后，当务之急是与苏方交涉军队登陆事宜，以便开始实质性接收。10月13日，熊式辉、张嘉璈、蒋经国等与驻东北苏军总司令马林诺夫斯基首次会见。马氏表示，苏军已遵约开始撤退，希望中国照约接收，但对熊等提出的部队登陆、协助运输、恢复交通、行政接收等关键性问题，马氏均未作出使国民党满意的答复，而推之以“无权”或须“请示”。对于国民党最关心的部队登陆和运输问题，马氏明确表示，部队登陆请国民党军自便，而运输问题，因苏军正在撤离，需要占用铁路，并且东北数地发生鼠疫，需要封锁，故不能相助。换句话说，就是对国民党军队进入东北爱莫能助。反之，马氏却提出东北反苏组织问题，要求国民党“注意并设法阻止，否则苏方将采取严厉处置”②。对与东北苏军最高统帅的初次会见，熊式辉的结论是，“殊未得完满结果”；张嘉璈和蒋经国的印象是，苏联“不愿我方有大批军队入东北”，“彼方不愿我军海运登陆”，“苏军撤退以前，吾方在政军方面不容有丝毫自由行动”③。不过，蒋经国在致其父函中，仍对东北接收“甚为乐观”，被蒋介石视为“青年人之精神也”，但蒋介石似乎已经意识到，国民党不能指望苏联的帮助，军事准备势在必然。在接获东北方面的报告后，蒋介石已经在考虑“东北部队不在大连登陆，由我自动更改计划，决由铁路陆运”④ 的预案。

由于中共部队对国民党军队沿铁路线北上的阻击行动，加以“关内

---

① 在国民党接收大员到东北前，东北各地的国民党地下工作人员已经开始复出活动，并在长春成立了东北党务专员联合办事处，进行宣传、训练、调查、文教及地方治安维持等工作，但其组织结构比较松散，也没有得到国民党中央的有力指导，并不为熊式辉等所重视，而苏军进驻后，对他们的活动亦“渐采取干涉之态度”。（参见《山高水长——罗大愚先生纪念集》，813～814、829页）总体而言，格于内外两方面的原因，国民党原先在东北的地下工作人员对于国民党的东北接收并未起到应有的作用。

② 《军事委员会委员长东北行营主任熊式辉到长春后与苏方代表谈话经过之情形》，1945年10月12日（原文如此，应为13日），见《中华民国重要史料初编》第7编第1册，121～122页。

③ 《熊式辉日记》，1945年10月13日；张嘉璈：《东北接收交涉日记》，1945年10月13日；《外交部驻东北特派员蒋经国呈蒋委员长告今日会谈最可注意事项函》，1945年10月13日，见《中华民国重要史料初编》第7编第1册，122～123页。

④ 《蒋介石日记》，1945年10月15日。

铁道修复非一个月内所能完成”，而中共军队又已占领山海关，使国民党军对东北的接收只能依靠海运，但苏联方面对国民党军海运登陆、接收东北采取如此不合作态度，确实完全出乎国民党的意料，而且其事先没有相应的准备，措手不及，极为被动，只好改变原定接收计划，“以交涉我军登陆及出关二事，作为中心工作”①。但此时此刻，又可表现出国民党当初在中苏条约谈判中的疏失。在中苏条约谈判结束前，国民党的关注焦点全在外蒙古独立问题以及苏联是否明确承担东北交还中国及不支持中共的义务（但也不过是声明而已），而对苏军出兵东北后的种种具体问题，又只纠缠于旅顺军港和大连商港的地位问题（实际也未达成令国民党满意的结果），而并未过多涉及接收程序及苏方协助等具体问题。蒋介石曾经指示蒋经国，谈判“应注意者，甲、态度亲切，情且隆重；乙、大事不苟，据理解答；丙、小事浑厚，不必斤斤较量”②。或许这些具体问题在蒋介石的眼中都是“小事”，因此，蒋经国认为，“关于东三省人员运输问题，待条约订定后，始可交涉，想无问题”③。对于与苏联这样极其注重国家利益的谈判对手打交道，蒋介石决策的思维方式似乎还保留了某些中国旧式帝国传统的“浑厚”之风。但是，等到与苏联方面具体交涉东北接收问题时，所依据的只能是中苏条约及其附件，但这些文件中的相关条款规定都比较模糊，并无对接收程序和苏方协助方式的具体规定。虽然附件之《苏联军总司令与中国行政当局关系之协定》的条文规定，国民政府可在已收复领土内，“设立行政机构”，“树立中国军队，包括正规军及非正规军”，但如何“设立”和“树立”却全无规定。与此同时，该项协定又规定，“有关作战一切事务之最高权力与责任”，“属于苏联军总司令”，且应“保证中国行政机构与苏联军总司令之积极合作，并依据苏联军总司令之需要及愿望，特予地方当局指示，俾得有

---

① 《蒋经国特派员呈蒋委员长告与苏方交涉国军登陆与出关之经过电》，1945 年 10 月 31 日，见《中华民国重要史料初编》第 7 编第 1 册，134 页。

② 《蒋介石日记》，1945 年 6 月 27 日。

③ 《蒋经国致周宏涛电》，1945 年 8 月 11 日，见《蒋中正“总统”档案·特交文电·专案·俄帝阴谋部分编案纪要初稿及参考资料·雅尔达密约与中苏协定》，第 629 号，藏台北“国史馆”。

此效果”①。根据这样的条文规定，东北苏军总司令实际是东北的太上皇，国民党在东北的一切行动必须得到苏联的同意方可进行，这就使国民党自始即处在与苏方交涉的不利地位。东北苏军副参谋长伯夫诺夫斯基在与东北行营副参谋长董彦平会谈时称，中国军队如在大连登陆，即系违反中苏协定规定大连为自由港的精神，苏联将认为是严重问题。董彦平则反驳说，大连问题有关中国主权，中国军队自有在大连登陆之权利。②但经过外交部和东北行营与苏方的多次交涉，苏联对拒绝国民党军在大连登陆的立场毫无松动。

为了解决大连登陆的难题，蒋经国随后向蒋介石提出，大连登陆应坚持原意，向苏联交涉。③ 在蒋经国及熊式辉和张嘉璈的建议下，10月18日和23日，蒋介石两次会见苏联大使彼得洛夫，“谈到条约根据，大连为我国领土，主权属我，为条约所保障。如果我军不能在大连登陆，反为破坏条约”④。但苏方不为所动。在18日的会见中，蒋介石嘱苏联大使“转电史大林，对我大连登陆与借给我运舰两事望其从速同意。彼允即转报也”。23日，彼得洛夫在见蒋时，“明告史大林以大连为一商埠，如我军在大连登陆，无异破坏同盟条约”。蒋虽坚持中国军队在大连登陆不违反中苏条约，但对苏联的态度又很无奈，只好表示，“今日不愿以条约与法律与尔争执，我今特将条约与法律问题不谈，而仅与史大林以个人关系及同盟互助精神要求史仍与我军在大连登陆也，请其再电史从速

---

① 《关于中苏此次共同对日作战苏联军队进入中国东三省后苏联军总司令与中国行政当局关系之协定》，见王铁崖编：《中外旧约章汇编》第3册，1339页，北京，三联书店，1962。该项协定的第5条规定：“一俟收复区域任何地方停止为直接军事行动之地带时，中华民国国民政府即担负管理公务之全权，并经由其军事及民政机关，给予苏联军总司令一切协助及支持。”（《中外旧约章汇编》第3册，1339页）有研究者注意到，协定文本中的“管理公务”在协定俄文本中为“民事管理”。按中文文本，“管理公务”包括军事权力，但按俄文文本则不包括。这种俄文表述在多大程度上是有目的的，而中方却未曾察觉，这一点现在仍不得而知。但显然，苏联军队利用了这种不清楚的法律形势，帮助中国共产党人取得那里的政权。（参见迪特·海茵茨希：《中苏走向联盟的艰难历程》，张文武、李丹琳等译，141页，北京，新华出版社，2001）

② 参见《董彦平与伯夫诺夫斯基谈话纪要》，见张嘉璈档，Box.26。

③ 参见《蒋中正“总统”档案·革命文献·戡乱时期（接收东北与对苏交涉）》上（一）第一册，123页。

④ “中华民国外交问题研究会”编印：《日本投降与我国对日态度及对俄交涉》，132页，台北，1966。

作覆也”①。但苏方仍置之不理。其实，蒋介石也知道，此时再提大连登陆方案很难有什么成果，因此，一方面“电令敬之（何应钦）等筹备东北接防部队处理要领与修复东北铁路，决心接防各军皆由天津登陆出关也，以今后我出关部队不需要在大连入港海运，故此次决自动不在该处登陆，免与俄国争执也”，一方面“再四考虑俄国执此相争，不宜予以坚持，乃藉此转圜，自动提议，在未与俄国商谈妥洽以前，我可暂不在大连登陆，而改在营口、葫芦岛登陆”②。在蒋改变对大连登陆的态度后，他对苏联的态度似仍抱希望。10 月 29 日，杜聿明到东北与苏军接洽登陆事，行前向蒋请示：“假如共军确已先入东北，苏军又不承担掩护国军接收的任务，下一步怎么办？”蒋只强调“根据条约规定，他们一定要对中国负掩护接收之责”，并未明示与苏联决裂。③ 他还针对苏联所提“反苏活动”事，指示熊式辉，“苏方顾虑两国合作之事与人，吾人应特别注意，竭力避免”，以免“为革命建国之累”④。在苏方对东北国民党党部人员活动提出抗议后，蒋介石又令熊式辉：“东北所有党部人员一律归该主任负责指挥监督，如有不守纪律，违反政策，及有反苏言行之人员，应作反动分子取缔，勒令解回中央，此时各地党部应一律停止活动可也。”⑤

---

① 《蒋介石日记》，1945 年 10 月 18 日、23 日。

② 《蒋介石日记》，1945 年 10 月 20 日、25 日。国民党还曾提过安东（今丹东）登陆的方案，但苏方以安东属另一战区管辖而未同意。

③ 参见杜聿明：《蒋介石破坏和平进攻东北始末》，见《文史资料选辑》第 42 辑，5～6 页。

④ 《蒋介石致熊式辉、张嘉璈函》，1945 年 10 月 16 日，见张嘉璈档，Box 26。

⑤ 《蒋介石致蒋经国转熊式辉电》，1945 年 10 月 27 日，傅秉常家属藏（傅秉常为当时的中国驻苏联大使）。因为东北行营及各省负责人基本没有吸纳国民党党务系统人员及其在东北的地下工作者，“党内同志不满空气甚嚣尘上，盖有兔死狗烹之叹也。熊式辉主持东北行营，声明不欲同志参加，为东北情势特殊，苏联军队未撤之际，以安定环境为务”（《王子壮日记》第 10 册，295 页），故国民党党务系统对熊颇为不满。国民党中央组织部东北特派员齐世英及东北各地国民党党部人员屡有反苏宣传与举动，不排除以此向熊示威之举。（参见张潜华：《政学系在东北接收问题上的如意算盘》，见《文史资料选辑》第 42 辑，185 页）苏方向东北行营提出抗议后，熊式辉曾召见东北党务人员，面告奉中央命令，东北党务暂停止活动。当即有人质疑谓：我们奉派潜伏东北工作，与敌斗争多年，出生入死，今东北各地党工同志，多已公开露面，同地方接触，协助地方接收，如忽令停止活动，不但无法对地方人士解释，又何以向死难同志交代，更因而给共党可乘之机。熊式辉不为所动，要求各党部负责人留行营办公。各党部不得已，将党部名牌取下，但工作照常进行，人员再转入地下待命。（参见《山高水长——罗大愚先生纪念集》，263 页）

希望以此示好于苏方，得到其对国民党接收的协助。

但是，苏联并未因国民党方面示好而改变对国民党接收的冷淡态度。相反，自10月下旬起，“苏方态度，显有急激之变化”。行营人员外出行动受阻，苏军当局任命中共人员出任长春市市长和警察局局长，并因对国民党党部系统所办媒体对苏联报道“偏差”的不满，而在25日搜查长春国民党地方党部，并一度切断行营电话。① 26日，苏军总司令马林诺夫斯基的政治顾问伯夫洛夫斯基（蒋经国日记中记为巴佛洛夫斯基）会见蒋经国，据蒋经国记：“彼代表马林斯基正式向我方说明，谓自我行营人员来长春后，各地多发生反俄行动，并声明不准我行营人员出外视察。巴某语意，似指所谓反俄行动，间接与行营有关；而其语气与态度，则完全带有恐吓性与警告性，确实使人难受。余思自行营驻长以来，各地不会有反俄行动，且知行营为适应当前需要，屡经宣告，必须切实奉行与俄保持友好之国策。而巴某今竟制造此种空气，必须执行其既定策略，以阻碍我政府之接收东北也。俄方本无特权制止我行营人员出外视察，但为免除不必要之纠纷，拟暂时不提此事，以谋重大事项之解决。”27日，蒋经国“对巴某声明，拟作郑重之反声明。上午，细心研究余之声明内容，并先写成俄文稿以免有误。下午，约巴会面，而俄方联络官，则谓不知巴在何处，余深受刺激，但为国家而忍气，固所宜也”。28日，蒋经国总算得与巴氏晤面，“除再度表明行营态度外，并希望两方合作，防止一切反苏行动。巴某态度之骄，架子之大，实在难受。此将益增国人对俄之痛恨，而余亦更能体认忍辱负重之深义矣”②。巴氏在与蒋经国的谈话中，提出行营应对反苏活动负责，甚而称“行营既为收复事而设，可否取消”③。事后，蒋经国总结东北行营自到长春后与苏联方面交涉的经过，归纳如下：

一、俄方反对我军在大连登陆，并已正式提出声明。

---

① 参见《熊式辉主任呈蒋委员长告苏方态度急激变化电》，1945年10月26日，见《中华民国重要史料初编》第7编第1册，126～127页。

② 蒋经国：《五百零四小时》，见《中华民国重要史料初编》第7编第1册，97～98页。

③ 《熊式辉日记》，1945年10月28日。

二、俄方虽允许我军在葫芦岛、营口登陆，但既不愿对葫芦岛登陆国军负安全之责，又忽称营口发现共军，意亦在于不负安全责任。

三、俄方本允修理北宁路，以便我军运输，后又谓自锦州至山海关一段，因有共军而情况不明，彼不愿作任何处置。

四、俄方本允修理沈阳至古北口之铁路，并设法使其通车，后又谓该地发生匪患，不能负铁路运输安全之责。

五、行营要求编组地方部队，业被俄方拒绝。

六、俄方本已允诺，除大连外，行营视察员可赴各地视察，后又藉口地方不安，撤销允诺。即我方往热河购军用皮衣者，俄方亦不准通行。

七、俄方本谓电报邮政，我方可派员接收整理，后复遭拒绝。

八、我方请俄方在营口、锦州等地准备火车，以作运兵之用，亦遭拒绝。

九、我方要求空运部队能在俄军撤退一星期前降落，俄方只允在四天之前；即此有无变化，尚待注意。

十、俄方对我行政人员分赴各地接事，表面允可，实际上则不协助交通工具。

十一、我方向俄方借用汽车、轮船、飞机，皆遭拒绝。

十二、因飞机之飞行手续未清，俄方已向我方抗议二次。

十三、俄方谓各地反俄言论，皆在行营到后发生，提出无理警告；后复谓行营对中国国民党反俄言行，应负责任。①

蒋经国的上述总结，条分缕析、细致入微地说明了国民党接收东北所遇之困境，而所有这些困境的关键点，就在于苏联的不合作态度。尽管蒋经国为此自责，“吾人未能竭尽能力之处，定亦有之。似此一无所成，余将何以对领袖，将何以对国民之期望乎？”然而，苏联的不合作决定于当时的国际国内环境，这是蒋经国无论如何“竭尽能力”也无法根本解决的问题。

---

① 参见蒋经国：《五百零四小时》，见《中华民国重要史料初编》第7编第1册，102～103页。

11月5日，马林诺夫斯基在数次推诿避而不见之后会见熊式辉。事前，熊式辉与张嘉璈、蒋经国讨论会谈方案，熊“因得共军在长春活动之情报，兼以受其他刺激，决意与俄方会谈，抱有必要时可以破裂之态度”；张“认为局势如再恶化，则行营可向中央提出撤退之建议”；蒋“认为情况虽属紧张，尚非破裂时候，吾人决不可轻易放弃东北；最后决定以营口可否登陆为会谈中心”。在双方会谈中，马氏“正式通知营口已为十八集团军占领，俄方不能负我军登陆该处之安全责任。此外复谈及空运行政问题，但皆未允与我方以应得之方便”。马氏复表示，苏军已“由南向北撤退，至撤退后之地方情形，苏方概不负责，亦不干涉”；“至于十八集团军与中央军之纠纷，乃内政问题，不便干涉”。熊式辉向马氏表示：行营到东北后，“毫未展开工作”，军队不能登陆，“行政方面，不能着手编练团队，不能接收铁路邮电金融等机关，不能派员赴各地视察，致一切接收准备皆无从进行。以上事实，不符合《中苏友好条约》之精神，诚为遗憾，万一接收部队不能按时到达，而影响整个东北之接收，此责任应由贵方负之”。“俄方当即提出抗议，几成僵局。”蒋经国“从中转弯，缓和空气，因外交会谈，要态度方而正，语气圆而和也。会谈达三小时之久，最感困难者，即对方开始承认，旋复否认，确难解决问题。但苏俄真面目本来如此，故亦不足为奇”①。熊式辉自到东北后，与马氏会谈数次而一无所得，有美国研究者评论说：苏联对国民党军队登陆一事的阻挠，“为中共军队深入满洲并从苏军遗下的库存中得到日本武器提供了时间”，“这几个星期至关重要，它在控制满洲的较量中产生了极大的影响”②。

三、东北行营的撤退

国民党原先的东北接收计划，是建立在依靠苏联协助基础之上的，

① 《蒋经国特派员呈蒋委员长告共军占据营口葫芦岛苏方藉口内政问题不予干涉电》，《熊式辉主任呈蒋委员长报告五日与苏军总司令马林诺夫斯基会谈详情函》，1945年11月5日，见《中华民国重要史料初编》第7编第1册，138、141～142、103～104页。

② Herbert Feis, *The China Tangle -American Effort in China from Pearl Harbor to the Marshall Mission*, p. 388, Princeton University Press, New Jersey, 1953.

并且希望军队一到，“一切可迎刃而解”。然而，苏联虽然从来都表示支持国民党接收东北，却又不提供任何实质性支持，东北行营到长春后，在实质接收方面几一无所成，苏军且“限制行营一人不能外出，一兵不能招编”，“共党已公开活动，到处张贴标语，反抗中央。俄方则以不干涉我内政为辞，熟视无睹，揆其真义，只欲藉此理由以为推诿责任之法宝”。自5日的会谈后，“俄方负责人员又避不会面，则交涉已成空谈矣”①。熊式辉感觉事态严重，非其在东北交涉所能解决，因此在11月5日与马氏会见结束后报告蒋介石，建议或由外交部与苏方交涉，“请苏方对于东北措施，重行考虑，加以改善”；或由蒋介石致电斯大林，“告以东北现状，有不能贯彻《中苏友好条约》精神之顾虑，请其主持改善”②。与此同时，在行营内部讨论接收对策时，熊式辉曾经主张，“共党力量犹未长成，我久放任，则其活动更易，力量滋长更速，应不必定待国军到达始往各地接收”③。但在苏联不支持的情况下，不说国民党军队无法进入东北，即便国民党接收官员前往东北各地的交通工具都无法解决，何谈接收，故此纸上谈兵的计划，当然为张嘉璈和蒋经国所反对，蒋经国提出，“吾人应不怕危险，但不可乱步骤也”，认为“此时中央应从外交、内政作整个之筹划，而在东北方面，仍应竭力布置，尽心交涉，以解决接收及运兵诸大问题也”④。

事实上，熊式辉自到东北任职后，除了与马氏的几次会谈外，似乎并未在东北接收方面有太多的决策与具体的作为，“行营本应积极展开工作，但工作人员多而且闲，X个人又无把握，故仍无所事事”，“行营本身不健全，转而影响环境之恶化者，亦复有之”⑤。在东北交涉的关键时

① 蒋经国：《五百零四小时》，见《中华民国重要史料初编》第7编第1册，105、111页。

② 《熊式辉主任呈蒋委员长报告五日与苏军总司令马林诺夫斯基会谈详情函》，1945年11月5日，见《中华民国重要史料初编》第7编第1册，143页。

③ 《熊式辉日记》，1945年11月1日。

④ 《蒋经国特派员呈蒋委员长告共军占据营口葫芦岛苏方藉口内政问题不予干涉电》，1945年11月5日，见《中华民国重要史料初编》第7编第1册，138、141～142、104、109页。

⑤ 蒋经国：《五百零四小时》，见《中华民国重要史料初编》第7编第1册，105、107页。蒋经国此著出版时，可能是考虑到赞否人物可能引起的问题，故在提及熊式辉和张嘉璈的人名时以X代替，但结合上下文的语境，多数情况下，仍可辨析其所指为何人，如此处当指熊式辉。

刻，他还以汇报工作的名义回渝一周，以至“苏方非正式表示，对于熊主任在重要问题尚未商妥之前突然离长，甚为惊奇”①。苏军当局对熊式辉“并不满意，认为政学系领袖之一，且熊带往东三省多系日本留学生，尤使苏方怀疑”②。而且，熊其人多谋而少断，可以算是政客而非政治家，难以应付东北接收的复杂局面。熊自认“与东北关系素浅，更无准备”；自承其弱点为“事每中废，不为贯彻”，“统驭不甚致力，因此组织松懈”，“忽略把握现实，因此每陷于空想空谈与浮动”；总结自己的从政经历为，“小局面余不能做大，大局面余亦不知以力保持其大，可惜自误！……行营之地位非不可以有为也，乃做成无可为无所为之状况，短于气，短于才者耶？”③ 由熊自己的认识亦可知，他并非战后主管接收东北的恰当人选，他之力争东北行营主任之位，多半考虑的是派系和个人利益，可以多安排些身边人，但对东北接收的复杂局面却缺乏因应之道与应有的担当，而将熊式辉放在如此重要的东北行营主任之位，表明蒋介石所选非人。其他东北接收官员，如张嘉璈、蒋经国、杜聿明等，对熊式辉的行为做派都颇为不满，小蒋认为熊式辉“怕负责任，怕有责任，对大问题又皆无决断”，“对接收已无把握”，甚至“以长春万一有变则将如何自处为念”④。

由于苏联明为支持实则拒绝的态度以及中共军队大举出关的现实，国民党原先计划的接收东北方案已经无法实行，必须对其东北决策作出调整，当时实际可能的抉择有如下数端：

1. 继续外交交涉，以进一步妥协的姿态求得苏联的谅解与协助。张嘉璈、蒋经国等主张采用这个方案，作“忍耐为有限度之妥协”⑤。蒋经国认为，“目前解决东北问题，仅有二途：一为中央接收人员全部撤回，并作严正之表示。二为空运少数部队控制长春，行营继续存在，派主席至各处接事，编练地方团队，扩大政治影响，务使先有对付共党之力量

---

① 《蒋经国呈蒋介石函》，1945年10月21日，见《蒋中正“总统”档案·革命文献·戡乱时期（接收东北与对苏交涉）》上（一）第一册，127页。

② 《傅秉常日记》，1945年12月31日，傅秉常家属藏。

③ 《海桑集》，487～488页；《熊式辉日记》，1946年3月18日，4月25日。

④ 蒋经国：《五百零四小时》，见《中华民国重要史料初编》第7编第1册，104、108页。

⑤ 《张嘉璈主任委员呈蒋主席告苏联不容强力政权存在并扶植中共立足关外函》，1945年11月9日，见《中华民国重要史料初编》第7编第1册，561～562页。

存于东北，然后逐步增强政府力量，使东北进入正轨。以上二途，应以后者为宜，因大问题之处理，既不可意气用事，亦不可专讲面子，而必须走一步是一步，争一点是一点也”①。东北元老莫德惠也认为，“必须先即速表示不再运送军队来，以安苏联之心，然后再由经济政治上求转机”②。如果沿袭当初中苏条约谈判时的思路，确定根本目的先在接收东北，再论其他，对苏继续妥协或许于国民党不失为可行方案。但前一阶段中苏交涉的实际，使国民党不复当初的乐观，更关键的是，苏联对东北有其利益要求，但国民党难以把握如何在国家利益与党派利益之间寻求适当的平衡，妥协到什么程度可以解决问题而又不至于影响中国的国家利益和国民党的公众形象，国民党似乎心中无数。主持中央外交政策的宋子文与王世杰本来就担心因中苏交涉而背上骂名，如今更拒绝对苏再作让步的可能。此一方案遂不行。

2. 中断中苏交涉，将东北问题公诸国际，寻求国际公断。军令部部长徐永昌等持此主张。他们认为此案“其害在失经济与人心，其利则不分关内兵力”③，即可集中兵力于关内，首先解决华北问题。但是，在苏联大军占据东北的情况下，对苏决裂不仅将使接收东北更遥遥无期，而且苏联一旦放手支持中共，“数月之内，东三省内将有以日本武装为装备之中共军数十万出现与我作战”。此种前景足以使国民党担忧不已。何况所谓公诸国际，说穿了只能是求助美国，而美国是否会冒与苏联公开对抗的风险施以援手则大成疑问。因此从中央主管的宋子文、王世杰，到东北现地的熊式辉、张嘉璈、蒋经国都反对此案，而主张“为顾及接收东北之重要，非尽最后之努力，决不可轻易放弃”④。

3. 立即以军事力量强力打进东北。东北前方军事将领主张此案。国民党军队虽因苏联反对而无法在东北各港登陆，但在美国舰船运输的支持下，11月间改在秦皇岛登陆成功，控制了陆路出关的前沿阵地。杜聿明力主乘中共军队立足未稳，先解决东北问题。此案与前案的分歧源于

---

① 蒋经国：《五百零四小时》，见《中华民国重要史料初编》第7编第1册，111页。

② 张嘉璈：《东北接收交涉日记》，1945年11月14日。

③ 《徐永昌日记》，1945年11月19日，台北，“中研院”近史所，1991。

④ 《王世杰日记》，1945年11月14日；《“总统”蒋公大事长编初稿》卷5（下），877页。

军事战略的不同考虑，即先关内还是先关外，但实行此案的困难在于，国民党运送到东北的兵力仍有限，增援需时[①]，而在苏军未撤的情况下，增加兵力尤其是进入东北，又必须得到苏联的谅解，否则有发生摩擦乃至冲突的可能性，这又回到第一案的出发点，需要以外交妥协为代价。如此双重困难，使此案未被采纳。

既然上述方案都不可行，余下的唯一选择，就是外交上作适当表示，但保持交涉渠道，同时进行军事进兵的准备。用王世杰的话说，就是“一面坚持条约的立场”，“一面继续交涉继续准备接收”[②]。国民党决策层于无奈中选择了这一方案，尽管从过后的历史演进观察，或许这对国民党是最不利的选择。

东北接收交涉不利的报告不断传来后，蒋介石似乎便无意作出进一步的外交努力，而开始将重心置于军事接收，一再要求东北行营“作陆运为主之准备……积极恢复北宁路为首要工作”；“第一要务还在使国军如何进入东北，故修复北宁路必须竭尽一切方法，期其完成也”[③]。同时指令何应钦、陈诚、杜聿明等筹备东北武力接防事宜。[④] 自 10 月下旬到 11 月上旬，蒋介石不断考虑东北问题的应对之策，立足点逐渐倾向于重定接收方略。据蒋自记，10 月 27 日接蒋经国电，“俄向其正式声明，因长春各地皆发生武装反俄情事，故俄军当局不准行营再派人员赴各地视察，又长春警局变派共党之员接收云。是可知俄必将藉故不肯撤兵矣，应重加考虑东北问题之方针”。28 日，“接美军通报，其海军旗舰到葫芦岛时，被岸上匪军射击，匪部后有派员对其道歉，表示其对美军无恶意，而仅阻国军登陆也，因之美运舰不愿国军在葫芦岛登陆，恐被牵入内战漩涡也。余乃决心改变葫芦岛登陆计划，而移在天津集中，视察形势，如不能即入东北，则先着手于关内清剿或为计之得也。但一面仍催促俄军负责掩护我军在葫芦岛登陆，表示不因匪部阻碍而停止也”。29

---

① 国民党原定运送 5 个军去东北，但由陆路运送的 30、40 两个军因平汉路不通而被阻于豫北，94 军则被北平行营留用于冀东、热河方面，直到次年 3 月，运到东北的部队只有 13、52 军。

② 《王世杰日记》，1945 年 11 月 27 日。

③ 《蒋介石致熊式辉、张嘉璈函》，1945 年 10 月 16 日、25 日，见张嘉璈档，Box 26。

④ 参见《蒋介石日记》，1945 年 10 月 20 日。

日，“为东北运兵与登陆问题煞费考虑，内外情势时刻变化，不能自决为苦也”①。同日致函蒋经国，谈到“万一我军不能在葫芦岛登陆，则决心在秦皇岛与天津登陆，由山海关入东北”②。11 月 1 日又致函蒋经国，表示“此时只可以尽我人事之力，至于成败利钝，惟有听诸天命。但公义正道之努力，决无失败之理，此可深信，故不必以经过之艰危曲折为意也”③。5 日，蒋介石在日记中记载：“东北登陆之计划今已尽我心力，不能再有其他道路可循，无论成败利钝，至此惟有托付于上帝，静待其慈命之启导而已。”6 日，蒋介石接报，苏军声明“葫芦岛与营口皆为中共占领”，同日接见自营口回渝报告的杜聿明，“乃知该地登陆无望”，遂“考虑对俄共与东北今后应取之方针”，“另定东北计划，向俄正式抗议与重新交涉矣”④。他决定暂时搁置东北问题，撤回行营，先解决关内问题，同时加速运兵至天津、秦皇岛两地，循机由陆路进入东北。

11 月 7 日，蒋介石重订东北接收计划，他在日记中写道：“俄国之毒辣，其扼着吾人之咽喉不使稍有呼吸之间隙，其事未到着手之时则悦耳动听，其言甜蜜，既到其时则一概不认其所有约言，始则大连，继则葫芦岛，最后则营口，先诺而后皆违约，藉口有中共部队到达，彼乃临时撤退，不能保证安全接防。今既于东北各海口不能登陆，只能由山海关陆路前进之一途，此后对东北只可如俗语所谓死马当作活马医而已，必须先收复关内与内蒙，而后再图东北也。……其对我东北之不愿交还我国自可断言，彼必使我将陷于进退维谷之境地，名义上仍将交还于长春行营，而不使我军进入东北境内，或造成东北扰乱之局，使我无法收拾，而彼在形式上仍不违协定交还于我，免除其责任也。不能不深加考虑，重定决心也。”⑤

11 月 8 日，蒋介石召集宋子文、张群、王世杰、白崇禧、吴鼎昌、

---

① 《蒋介石日记》，1945 年 10 月 27 日、28 日、29 日。

② 《蒋委员长致蒋经国特派员告决心在秦皇岛天津登陆出关接防函》，1945 年 10 月 29 日，见《中华民国重要史料初编》第 7 编第 1 册，130 页。

③ 《蒋介石致蒋经国函》，1945 年 11 月 1 日，见《蒋中正“总统”档案·革命文献·戡乱时期（接收东北与对苏交涉）》上（一）第一册，156 页。

④ 《蒋介石日记》，1945 年 11 月 5 日、6 日。

⑤ 《蒋介石日记》，1945 年 11 月 7 日。

陈布雷等讨论东北局势，蒋提出“一面再与俄国交涉，示以如其不能负责交代，则我不能不撤退长春行营，使其不能推诿责任也，但决不能表示放弃东北，使彼藉口制造其纯粹中共傀儡之第二伪满也”。众人未表异议。不过，东北的重要性及其接收成败所致的国际国内观瞻，即便是对习惯于个人独断的蒋介石而言，也并非轻易可下决心。他在日记中写道：“审察俄共与东北形势以及国际大局，再三考虑，未得和平妥协之道。”“此时对东北重定方针应注重之点：甲、不可使俄藉口以为我自动撤退行营，放弃东北。乙、必使俄国无所藉口，且使其不能不负其违反协定之责。丙、万不可使之安全制造共产东北之第二伪满国。丁、彼既不能使我完全收复东北，使我立于被动地位，今我决心亦使之不能安定东北，处于主动地位。戊、空运以前必须俄有安全之保证，否则正式声明撤退行营，由我政府自行收复东北也。”① 由此反映出蒋介石决策时的踌躇与两难之境。

11 月 12 日，熊式辉应召到重庆汇报，蒋介石认为，“东北局势已无挽回之望”，“除将东北行营撤回山海关外，别无适当办法”②。13 日和 14 日，蒋介石召集国民党高级干部陈诚、白崇禧、何应钦、王世杰、张群、熊式辉等连续讨论东北局势。其间，张嘉璈和蒋经国自长春来函，“对东北今后之方针望与俄国觅取妥协，坚忍与进取精神可嘉也”。13 日的会议至晚“十时半尚未有结果，皆知对共匪无论如何忍让，其贪欲总无止境为苦也”。此事如何决策，颇令蒋介石为之犹豫不定，思虑良久。据蒋自记，14 日“三时醒后不能安眠，辗转三小时，深虑东北应取之策略与对共对俄如何了解，求得一和平建设之机会。……俄与共狡诈凶险，内外挟攻，几使我遍体鳞伤……因之艰险困厄，不知所止。如此煎熬锻炼，极尽人世之悲惨，或为古人所未有。如其有之，乃为大辟乎。若非上帝保佑领导，人力岂能胜此乎”③。

11 月 14 日，蒋介石于“九时召集军政干部研讨东北问题，最后仍照余之原则实施”。当天还传出令蒋颇为紧张的插曲，“接京电，乃知孙科

① 《蒋介石日记》，1945 年 11 月 8 日、9 日、11 日。

② 《蒋介石日记》，1945 年 11 月 12 日；《熊式辉日记》，1945 年 11 月 12 日。

③ 《蒋介石日记》，1945 年 11 月 13 日、14 日。

已被俄共诱惑，将往东北组织伪政府矣。彼对人明言，两周后俄在东北必有所表示云。下午又得长春共匪已占飞机场，不胜疑虑，及得经儿覆电，知为误传，此心乃安也”①。之后，蒋介石致函在长春的蒋经国，详告决策经过及内容，谓“照目前局势以及根本之计，只有将东北行营迁移于山海关，决由山海关循铁道进入东北之一途，而对苏联仍与之继续周旋，不取决裂形势，不过明示其我政府在事实上已无法接收东北，行使主权，故不得不迁移行营地点，暗示其责任在彼而不在我也”②。蒋的策略是，以退为进，反守为攻，借助国际干涉及舆论迫使苏联让步。他在日记中将此喻为“无异于十七年五三以后之五五决心暂离济南，而与日始终周旋乎”③。

11 月 13 日，外交部部长王世杰约见苏联驻华大使彼得洛夫，告以中国将对东北接收问题重新考虑，为撤退东北行营预留地步。15 日，外交部照会苏联驻华大使馆，中国政府鉴于现在东三省尚有甚多日本投降之军队及伪满军警需待处置，地方秩序必须维持，拟于派员接收东三省时，随派军队若干前往。兹因运兵至东三省事，遭遇诸种阻碍……以致东北行营及其随行赴东北接收各项行政之人员，不能达成其任务，故中国政府决定：

1. 东北行营职员及偕行营赴东北之军事、行政、外交人员全体四百余人，迁移至山海关。

2. 迁移时间决定为 11 月 17 日至 23 日，每日将用运输飞机一架至六架往长春接运。

3. 国民政府依照中苏协定，并派定行营副参谋长董彦平中将为军事代表，带同助理人员数名派在马林诺夫斯基元帅之总司令部所在地，随同进止，以资联系。④

---

① 《蒋介石日记》，1945 年 11 月 14 日。

② 《蒋委员长致蒋经国特派员指示解决东北问题途径函》，1945 年 11 月 14 日，见《中华民国重要史料初编》第 7 编第 1 册，146 页。

③ 《蒋介石日记》，1945 年 11 月 15 日。

④ 参见《外交部为迁移东北行营事致苏联驻华大使馆照会》，1945 年 11 月 15 日，见《中华民国重要史料初编》第 7 编第 1 册，147 页。

至此，东北行营滞留长春一月有余，未能解决任何实际问题，不得不撤回关内，国民党企图依靠苏联协助接收东北的计划受挫。蒋介石将东北行营撤退视为“对俄外交成败最大之关键，实为安危和战所系”。但他也明白，“仅有决心与行动，如非运用之得当，则亦不能收预定之效果”。他认为，“此举结果乃得收效，且间接使俄国表示迁就谦和，前以《中俄同盟条约》延缓不交者，最后且亦约期交换矣。此乃对俄外交精神上一大胜利，使其知我国不可欺侮与玩弄也。此实为转危为安之机乎”①。从过后历史演进的事实看，“精神上一大胜利”倒是对东北行营撤退的恰当评价，对国民党而言，这确实是“精神胜利”而非实际所得。

四、中共进军东北的决策及迅捷行动

中共对战后东北问题的重视丝毫不亚于国民党，而其战略宏阔之远见与战术运思之细密则胜于国民党，因此，中共成功地在战后建立了稳固的东北根据地，并为其在全国范围的胜利奠定了坚实的基础。

从历史角度而言，中共在东北的根基至少不弱于国民党。张学良统治时期，东北的中共地下党始终在活动。“九一八”事变后，中共利用东北地方的权力真空时期，大力发动民众抗日运动，组建东北抗日联军，活动范围一度遍及东北各地。1940 年以后，由于日本占领军在东北的严酷镇压，抗联部队遭受重大损失，残余力量被迫退至苏联，中共在东北的活动也趋于低落。但是，东北的重要性始终在中共领袖的考虑之中。还在抗战中期，毛泽东即提出，“日本战败从中国撤退时，新四军及黄河以南部队须集中到华北去，甚或整个八路、新四须集中到东三省去，方能取得国共继续合作的条件”②。在决定战后路线方针的中共七大开会期间，毛泽东多次提到东北。他说：“东北是一个极其重要的区域，将来有可能在我们的领导下。如果东北能在我们领导之下，那对中国革命有什

---

① 《蒋介石日记》，1945 年 11 月 30 日。

② 《山东根据地实为战略转移的枢纽》，1942 年 7 月 9 日，见中共中央文献研究室、中国人民解放军军事科学院编：《毛泽东军事文集》第 2 卷，681 页，北京，军事科学出版社、中央文献出版社，1993。

么意义呢？我看可以这样说，我们的胜利就有了基础，也就是说确定了我们的胜利。”① 毛泽东特别强调东北相对发达的现代工业对中共的重要意义，认为中共现有的基础还不巩固，“因为我们没有工业，没有重工业，没有机械化的军队。如果我们有了东北，大城市和根据地打成一片，那末，我们在全国的胜利，就有了巩固的基础了”②。据此，七大提出“注意大城市，注意东北，注意工人运动”的方针，可见中共当时已经有了在战后经略东北的明确设想。虽然根据现有资料，七大是如何讨论东北问题并作出相应决定的过程还不十分清楚，但东北问题在中共七大占有重要地位则毋庸置疑，只是由于中共对苏联的动向尚无所知，具体行动方案并不明确。③

1945 年 8 月 8 日，苏联对日宣战。11 日，八路军总司令朱德以延安总部名义发出的第二号令，命令吕正操、张学诗、万毅、李运昌等部向察、热、辽、吉进军，从而揭开了战后中共经略东北的序幕。

在中共战后经略东北之初，跟随苏军进入东北的原抗联人员起到了特殊的作用。1942 年 8 月，退入苏联的抗联部队成立国际第 88 独立步兵教导旅，并组成中共东北委员会，由周保中、冯仲云、李兆麟等负责，在实行军事整训的同时，也在寻求与中共中央建立联系。1944 年 6 月，抗联教导旅制定了抗联在反攻中的五条方针，第一条即“东北党组织和东北抗日联军必须在中国共产党的政治路线指导下，参加反攻东北的作战”。第五条是要与中共中央迅速取得联系。④ 苏联对日宣战前，周保中

---

① 《在中国共产党第七次全国代表大会上的结论》，1945 年 5 月 31 日，见《毛泽东文集》第 3 卷，410～411 页。

② 《建党以来重要文献选编（1921—1949）》第 22 册，520 页，北京，中央文献出版社，2011。

③ 据师哲回忆：“在苏军进入我国东北之前，我们并不知道苏军的动向，不管是苏联方面，还是在苏军中工作的我方人员——如刘亚楼、周保中等同志，都没有向我们透露过任何消息。”（《在历史巨人身边——师哲回忆录》，305 页，北京，中央文献出版社，1991）然而据参加中苏条约谈判的国民政府外交部次长胡世泽所记，斯大林告诉宋子文，孙科将莫斯科谈判的内容传给了延安，并称这是“非常糟”的事，必须停止。（参见《1945 年 7 月 12 日谈判记录》，见胡世泽档，Box. 2）蒋经国在致蒋介石电文中，也称“史氏谓孙科曾将莫斯科谈判经过密告延安驻渝代表，彼对此甚表不满”（《蒋经国致蒋介石电》，1945 年 7 月 13 日，见《蒋中正“总统”档案・特交文电・专案・俄帝阴谋部分编案纪要初稿及参考资料・雅尔达密约与中苏协定》，第 603 号）。但根据目前公布的材料，毛泽东在 8 月 23 日的中共政治局会议讲话时，对 14 日签订的中苏条约的内容尚在推测，故中共究竟是否在中苏条约签订前后得到相关情报尚待考证。

④ 参见高树桥：《东北抗日联军后期斗争史》，280 页，沈阳，白山出版社，1993。

等决定，向苏方要求随军行动，以抢在国民党之前，控制东北城镇，迎接中共进军。为此，苏方同意“利用抗联参加军事管制的合法地位建立党组织，开展群众运动，在主要的占领地以外建立人民武装和建立根据地”。远东苏军司令部军事委员希金还和抗联方面商讨了出兵后可能发生的情况，如中共中央和八路军向东北分布力量，准备迎接中央和八路军；八路军被新的反动势力暂时隔断，国民党统治东北的时候，准备作新的长期的游击战争，反对国民党。① 在苏联出兵后，苏方同意原抗联领导人以卫戍副司令身份随苏军进入东北 57 个城市，其中周保中在长春，冯仲云在沈阳，李兆麟在哈尔滨。他们的工作重点，一是接收武器装备和公安、邮电、广播、银行、铁路等要害部门，二是进行建党建军建政工作，压制国民党人员的活动。他们为中共部队以后大举出关准备了一定的基础。② 中共东北局成立后，这批抗联人员均归属于东北局领导。

中共发出进军东北的命令后，紧邻东北的中共冀热辽军区行动最早，8 月中旬由司令员兼政委李运昌指挥，分路向承德、赤峰、锦州进军，其中担任东路进军任务的第 16 军分区部队，在司令员曾克林率领下，29 日已从山海关以北的九门口绕道越过长城，进入东北。30 日，该部与苏军在山海关以东 20 余公里的北宁路前所车站会合，并成功地说服苏军帮助他们攻占了尚被日军占据的山海关。日本宣布投降不过半月，中共便以其迅捷动作，卡住了由陆路出关最重要的咽喉要道，迫使国民党其后为了循陆路出关而不得不付出加倍的代价。此时国民党甚而连接收东北的班底还未搭成，中共则已占据了进入东北的先机之利。

曾克林部行动迅速，9 月 4 日已过锦州，体现出中共部队尤其是其指挥员部署行动时的高度主动性和灵活性。由于所带电台功率太小，此时曾部已与其上级李运昌失去联系③，中共中央对东北前方的实情并不十分

---

① 参见周保中：《1949 年 3 月 19 日给东北局的申请书》，见高树桥：《东北抗日联军后期斗争史》，295 页。

② 据苏联塔斯社的数字，苏军在东北共收缴步枪 68 万余支，机枪近 3 万挺，手枪 6 万支，火炮 1.2 万余门，装甲战车 500 余辆，卡车 1.5 万余辆（参见“三军大学”：《国民革命军战役史》第 5 部第 1 册，167～168 页，台北，“国防部”史政编译局，1989），但是这些武器装备不可能都交给中共。

③ 参见曾克林：《戎马生涯的回忆》，212 页，北京，解放军出版社，1992。

清楚，而且中苏条约刚刚在 8 月 27 日公布，其对国共双方的意义尤其是苏联的态度，中共尚不能立即确定，因此，中共最初对进军东北的态度还是较为谨慎的。8 月 20 日，中共决定从山东、冀鲁豫和冀中调 4 个团进军东北。22 日，中共中央在给各地党委的指示中说明，“苏联为中苏条约所限制及为维持远东和平，不可能援助我们”，因此目前方针着重于夺取小城市及广大乡村。① 26 日，毛泽东在去重庆谈判前为党内起草的通知中，提出东北“我党是否能派军队进去活动，现在还不能断定”②。

不过，中共对进军东北的谨慎态度迅即发生了变化。还是在 8 月 26 日，毛泽东在中共政治局会议上说：为了有利于谈判，需要作一定的让步，中共准备让步的地区，第一批是广东至河南，第二批是江南，第三批是江北，这要看谈判的情况。“陇海路以北以迄外蒙一定要我们占优势。东北我们也要占优势，行政大员是国民党派，我们去干部，那里一定有文章可做。”③ 刘少奇也对毛泽东谈了他的设想：苏联军队虽然没有积极支持和帮助我们，却也没有阻拦我们，估计也不至于对我们背后开枪；那么，我们在东北也就赢得了战略上的胜利，即北面没有敌人，西面蒙古、东面朝鲜都是友邻，我们可以集中力量对付一个方面的敌人；有了这样一个有利的战略地位，就有了取得胜利的基础。这又说明，虽然情况尚不十分明朗，但中共已有着重向北发展的考虑。29 日，中共中央在给晋察冀、山东、晋冀鲁豫、华中局的指示中，虽然仍提出“我党我军进入东三省后，红军必不肯和我们作正式接洽或给我们以帮助”，但同时也提出，“我党我军在东三省之各种活动，只要他不直接影响苏联在外交条约上之义务，苏联将会采取放任的态度并寄予伟大之同情。同时国民党在东三省与热、察又无基础，国民党派军队去尚有困难，现在道

---

① 参见《中共中央、中央军委关于改变战略方针的指示》，1945 年 8 月 22 日，见中央档案馆编：《中共中央文件选集》第 15 册，243 页，北京，中共中央党校出版社，1991。

② 中共中央文献研究室编：《毛泽东年谱（1893—1949）》下卷，15 页，北京，人民出版社、中央文献出版社，1993。

③ 《赴重庆谈判前在政治局会议上的讲话》，1945 年 8 月 26 日，见《毛泽东文集》第 4 卷，15～16 页。

路还不通，红军将在三个月内全部撤退，这样我党还有很好的机会争取东三省和热、察”。这是对苏联动向和国共双方战略态势作出的较为准确果断的判断，以后的历史发展充分说明了这个判断的正确性。

正是建立在上述判断的基础上，中共中央下令“晋察冀和山东准备派到东三省的干部和部队，应迅速出发，部队可用东北军及义勇军等名义，只要红军不坚决反对，我们即可非正式的进入东三省。……山东干部与部队如能由海道进入东三省活动，则越快越好”①。“越快越好”，说明了当时中共中央决策争取东北的果断与急迫，与国民党慢条斯理、按部就班的动作恰成鲜明对比。8月底，已到大连的胶东军区情报部部长邹大鹏发回情报，称“我党我军目前在东北极好发展”，进一步坚定了中共进入东北的决心。9月10日，中共中央决定将出关部队增加10个团，同时决定调集近万名干部组成干部团出关。次日，中共中央指示山东分局，“决定从山东抽调四个师十二个团共两万五千至三万人，分散经海道进入东北活动，并派萧华前去统一指挥”②。

就在中共正紧锣密鼓地部署进军东北时，东北苏军总司令马林诺夫斯基主动向已到东北的曾克林提出，派代表和曾同去延安，与中共中央建立联系。无论马氏的举动是他本人所为还是出自莫斯科的旨意，其结果对中共有利则无疑义。9月14日，曾克林和马氏代表贝鲁罗索夫飞抵延安。贝氏向朱德转告了马氏的口头通知：在苏军撤退前国共军队均不得进入东北，现已进入东北的部队应退出苏军占领区；苏军撤退后，中国军队进入东北问题由中国自行解决，苏联不干涉中国内政。③ 马氏的表示，虽然没有明确支持中共军队立即进入东北，但也没有提及根据中苏条约的规定，苏联须将东北交给国民党之事，而且“不干涉中国内政”的说法，实际默认了中共军队可以自由行事，苏联不会反对，在中共军

① 《中央关于迅速进入东北控制广大乡村和中小城市的指示》，1945年8月29日，见《中共中央文件选集》第15册，257～258页。

② 《中央关于调四个师去东北开辟工作给山东分局的指示》，1945年9月11日，见《中共中央文件选集》第15册，274页。

③ 参见中共中央文献研究室编：《刘少奇年谱》上卷，490页，北京，中央文献出版社，1996。

队已经进入东北的情况下，对中共实际上是有利的。① 当天下午，中共中央召开政治局会议，听取曾克林的汇报。曾克林谈到东北广大地区无人管理，秩序混乱，而我军进入东北后发展很快，认为应该配合苏军，接管东北。听了曾克林的汇报后，刘少奇说，在曾克林到延安前，中央对东北问题研究了好几天，就是不知道具体情况，下不了决心。曾克林的汇报为中央提供了了解东北真实情况的第一手材料，从而对中共的决策产生了重要影响。②

在曾克林到延安汇报的同一天，新四军第3师师长黄克诚发出致华中局转中共中央电。他认为，我军数量虽大，但精干主力不多，且部署分散，突击力量欠强大，各根据地联系不好，很难独立长期支持大规模战争。他提出了中共未来发展可选择的方针：一是以极大让步取得和平，但将造成严重失败；二是在有利基础下让步，争取和平，保持力量，但目前很少有实现可能，时间拖延对我极端不利；三是主动放弃一些地区，集中主力进行决战，创造联系一片的大战略根据地，逼蒋介石让步，取得和平。他建议中共中央采取后一方针，尽量多派部队去东北，并派有威望的领导人去主持工作，创造总根据地，支持关内斗争；为此须从山东调三万至五万人去东北，从华中调三万至六万人去山东，河南主力调山西，江南主力调江北。他认为："集中兵力进行决战，当为当前之急，如依靠谈判或国际干涉，均带有极大危险性。"③与此同时，华东局书记饶漱石亦建议，"从新四军调数万兵力到山东，以便山东兵力能迅速进入东北"④。9月17日，华中局致电中共中央，提出"如果在过去情况与我战略要求下，苏南、浙东、皖南部队决留原地有重大意义，且已收到很

① 中共得知苏联态度后致函马林诺夫斯基，提出热河、辽宁抗战时即有八路军活动，并有根据地，请允许该地区八路军仍留原地，得到苏方的默认。（参见《刘少奇年谱》上卷，491页）同时，进入华北的苏军则要求中共"火速北开接收"，并给予武器，"确保北面及内蒙地区，以便同外蒙、苏联经常保持联系"（《中共中央致重庆代表团电》，1945年9月17日，军事科学院图书馆藏档抄件）。

② 参见曾克林：《戎马生涯的回忆》，232页。

③ 《黄克诚关于目前局势和战略方针的建议》，1945年9月14日，见《中共中央文件选集》第15册，283～285页。中共中央书记处20日复电黄克诚："你的提议中央同志都看过，并在原则上同意你的意见。"（同上书，282页）

④ 《刘少奇年谱》上卷，494页。

大效果（如收复许多县城地区，提高我政治地位）。但在今天新的情况下（如对顽已打不到，扩大地区已达一定限度，山东急需派大批主力前往东北，为应付内战危险，须集中主力作战等），如果江南主力分散各地，似将害多利少”。因此他们建议，“浙东、苏南主力转移，时间越快越好”①。从中央到地方，中共各级负责人同时提出向北发展的建议并非偶然，盱衡形势，这确实是战后中共与国民党争胜的关键所在，而上下一心也为中共内部达成高度一致、实现战略重点的转移提供了充分的条件。

根据新的情况，中共中央政治局召开会议，经过充分的讨论，认为有改变中共战略方针的必要。此时，毛泽东和周恩来等中共领导人正在重庆参加国共两党谈判，中共中央的工作暂由刘少奇主持。9 月 15 日，刘少奇致电毛泽东等，通报东北情况，提出这是中共在东北发展的“千载一时之机”。当天，中共中央又在给各地的指示中提出：“目前我党对东北的任务，就是要迅速的、坚决的争取东北，在东北发展我党强大的力量。”② 9 月 17 日，刘少奇代中共中央拟定致毛泽东和周恩来等电，提出“我们全国战略必须确定向北推进，向南防御的方针。否则我之主力分散，地区太大，处处陷于被动。因此，我们意见，新四军江南主力部队立即转移到江北，并调华东新四军主力十万人到冀东，或调新四军主力到山东，再从山东冀鲁豫抽调十万人至十五万人到冀东热河一带。而华东根据地则以剩余力量加以扩大去坚持”③。毛泽东等于 19 日回电“完全同意”。19 日，刘少奇主持中共中央政治局会议，提出：我们今天的方针，是力求控制热、察两省，控制东北；要下决心，坚决行动，舍得把其他地方丢掉；要赶快动作，利用时机；要当作全党全军的任务提出，完成这样的计划；应向北发展，南面可采取防御。朱德也说，“南面定天下”，古来如此，我们将来也会如此，但是我们现在要争取北方，只要北方行，南方不巩固甚至丢一些地方也是需要的；三个月打不起来，要打

① 《华中局建议江南主力北调致中央电》，1945 年 9 月 17 日，军事科学院图书馆藏档抄件。

② 《刘少奇年谱》上卷，492 页。

③ 《中央关于确定向北推进向南防御的战略方针致中共赴渝谈判代表团电及中共赴渝谈判代表团的复电》，1945 年 9 月 17 日，见《中共中央文件选集》第 15 册，279 页。

至少得六个月，我们要争取主动，争取时间。[①] 会后，刘少奇即将中共中央的指示发至各地，提出："目前全党全军的主要任务，是继续打击敌伪，完全控制热、察两省，发展东北我之力量并争取控制东北，以便依靠东北和热、察两省，加强全国各解放区及国民党地区人民的斗争，争取和平民主及国共谈判的有利地位。""全国战略方针是向北发展，向南防御，只要我能控制东北及热、察两省，并有全国各解放区及全国人民配合斗争，即能保障中国人民的胜利。"[②] 指示要求，晋察冀与晋绥两区确保以张家口为中心的基本战略根据地，山东主力迅速向冀东及东北出动，华东新四军主力一部向山东移动，江南主力撤返江北，晋冀鲁豫部队阻滞顽军北上并准备以一部调东北，并对各地领导机关作出调整。从此，向北发展，以东北为发展中心，成为中共中央的共识，成为中共的战略方针。进军东北不仅在理论上而且在实际上成为战后中共全盘战略棋局中最重要的一着棋，以后的历史演进证明，这是对中共在战后发展具有至关重要意义的战略方针。[③]

中共确立以东北为争夺重点的战略方针后，立即进行相关部署。9月15日，中共中央决定由彭真、陈云、程子华、伍修权、林枫等组成东北局，彭真为书记。当日，中共中央致电各中央局，"现在最需要的是派遣大批军事干部到东北。华北、华中应派遣一百个团的干部迅速陆续起身前去。从班长、副班长、排、连、营、团长及事务人员、政治工作人员均配齐"；"其他炮兵、工兵、骑兵、化学、教育等技术人员亦应派去"；"其他到东北能作司令、市长、专员、经济、文教工作的干部，亦望尽可能派去"[④]。19日决定原去山东的林彪改去冀热辽（10月17日又改令其

① 参见《刘少奇年谱》上卷，495页；中共中央文献研究室编：《朱德年谱》，279页，北京，人民出版社，1986。

② 《目前任务和战略部署》，1945年9月19日，见中共中央文献研究室编：《刘少奇选集》上卷，371～372页，北京，人民出版社，1981。

③ 国民党和美英在华人员均认为："国党最大危险，莫如共党全力挺进东北，借苏联暗中掩护占据东北，利用日军武器武装军队，然后由张家口至承德沿山海关秦皇岛一线筑成防线，若是，则国际和会对国共必折衷解决，共产党如失此机处境必危。"（《中情部关于东北问题的通报》，1945年9月20日，军事科学院图书馆藏档抄件）

④ 《中共中央致各中央局电》，1945年9月15日，军事科学院图书馆藏档抄件。

去东北），罗荣桓去东北。其后，又派高岗、张闻天、李富春等去东北。这样，就有4位中共政治局委员（彭真、陈云、张闻天、高岗）、20位中央委员和候补中央委员（占中共七届中央委员会成员的近三分之一）前往东北工作，由此可见中共对东北的重视。18日，彭真、陈云等到达沈阳，开始工作（此时国民党接收东北的最高负责人熊式辉还远在离东北数千里之遥的重庆搭班子），随后陆续组建北满、南满、东满、西满分局和各地方党委。10月9日，成立东北军区，程子华任司令员。10月31日，中共中央决定东北部队改称东北人民自治军①，由林彪任总司令。中共在东北的政治、军事领导机构至此组建完成。

彭真到沈阳的次日，9月19日即主持召开东北局第一次扩大会议，确定东北局的任务是力争控制全东北，组织部队接管城市，控制交通线，接应各路部队和干部，准备抗击国民党武装抢占东北。20日彭真电告中央，苏军愿给援助，中共在大城市受限制，但仍有相当便利，在广大乡村和中小城市基本可以放手干。② 10月3日，彭真在沈阳面见苏军高级领导人（此人未向彭真亮明自己的身份，但据说是苏共中央军委委员），据事后彭真的报告，这位苏军领导人向彭真了解各方情况，问了很多问题，并转告斯大林的话，中国共产党是勇敢的、聪明的、成熟了的，中共很有信心；他表示中共在东北的气魄很大，但批评中共还没有脱离游击战争观念。他告知彭真，把南边特别是山海关方向抓住，北面自然是中共的。东北三省人力财富主要在南边，又是门户，把这里掌握了，北面还有什么要紧。“看来他是喜欢我们控制全东北的。”过后他又告，在东北要什么，不可向第三人谈，否则将不会再给。次日，彭真又见了另一位苏军领导人，他告彭真，某处等中共，可否马上接。彭告有些地方尚须稍待，并提出交通问题。他说不成。彭问至迟须何时接？他说一月

① 苏方曾对进入沈阳的曾克林建议，由于受中苏条约的限制，中共军队对外最好不叫八路军，改叫东北人民自治军，他们就可睁一只眼闭一只眼。曾接受了苏方建议后，苏方下令凡佩戴自治军符号的部队，可在东北各地活动，不加阻拦限制。（参见曾克林：《戎马生涯的回忆》，218页）刘少奇也建议彭真，出关部队既要有正式名称，又要避免外交纠纷，“请考虑是否可用东北人民自治军”（《刘少奇年谱》上卷，499页）。

② 参见《彭真年谱》第1卷，299～302页。

内，他可以代为保存。他说最大部分在北面，要中共准备接收并快点。为此，彭真等东北中共领导人大受鼓舞，4 日电告中共中央，“苏方表示已下最后决心，大开前门，此间家务全部交我。因我力量微小，现只能接收一部分，允许在一个月内替我保存”①。彭真、陈云等因此建议中共中央：“下最大决心，立即从各区抽调主力卅万，于一月内赶到彭、陈处，用一切方法控制此间，宁使其它区受牺牲化为游击区，以至暂时丧失。”② 由此也更进一步坚定了中共向北发展的决心。从 9 月中旬到 10 月中旬，中共中央决定分两批调动至少 10 万部队到东北，并以山东军区部队为出关部队的中坚。

山东半岛与辽东半岛一水之隔，海路交通方便，从来都是所谓“闯关东”的捷径。山东也是中共抗战时期发展较快、实力较强的根据地，抗战胜利时已编成主力与基干部队 8 个师、11 个警备旅、4 个独立旅共 23 万余人。9 月 20 日，中共中央指示山东局：“发展东北控制冀东、热河进而控制东北，除开各地派去之部队和干部外，中央是完全依靠你们及山东的部队和干部，原则上以山东全部力量去完成这个任务。”“时机非常紧迫，望你们迅速动作，越快越好。”同时指示东北局：“目前对于你们最重要的工作，是迅速组织和接引山东部队和干部进入东北。”③ 还指示华中局：“同意你们提议浙东、苏南、皖中、皖南部队北撤，越快越好。……以此加强苏北、皖东，则苏北、皖东主力，应即迅速向山东开进，以便山东部队亦能迅速开动。”④

山东部队主要由海路进入东北，在胶东由蓬莱和龙口出发，于辽东孤山、庄河、貔子窝一带登陆，并且得到苏军的默认⑤，到达东北的部队

① 《彭真传》编写组：《彭真传》第 1 卷，341～342 页，北京，中央文献出版社，2012。

② 《中共中央致重庆代表团电》，1945 年 10 月 5 日，军事科学院图书馆藏档抄件。

③ 《中共中央致山东分局电》，1945 年 9 月 20 日；《中共中央致东北局电》，1945 年 9 月 20 日、24 日，军事科学院图书馆藏档抄件。

④ 《中央关于撤退江南部队向北进军问题给华中局的指示》，1945 年 9 月 20 日，见《中共中央文件选集》第 15 册，286～287 页。

⑤ 罗荣桓在渡海途中，曾遇到苏军巡逻艇，苏军官登艇后表示，他们不阻止八路军的行动，船队可在旅顺、大连之外的任何港口登陆。（参见《罗荣桓传》编写组：《罗荣桓传》，388 页，北京，当代中国出版社，1992）

总数有 6 万余人。由陆路进入东北的中共部队，主力是黄克诚率领的新四军第 3 师 3 万余人，其他还有陕北、冀中、晋绥部队以及抗大总校和大批干部。到 1945 年 12 月，中共出关部队总数近 11 万人，还有 2 万干部，原定调军计划基本完成。

不仅由关内调兵东北，中共部队到东北后，“扩兵极容易，每一号召就有数百人，并有大批伪组织武装均待改编”①，以至“一名排长去了一趟厕所，回来后已多了一个排的新兵，一时传为笑谈”。中共要求出关部队“必须分散摆开迅速发展扩大，收编改造伪军、伪警，高度分散发展之后，下一时期才会有大量部队集中作战”②。因此，中共早期出关部队几乎是以成倍的速度增加。曾克林部半个月内从 4 000 人扩到 2 万人，年底已有 7 万人。1945 年底，东北人民自治军已辖有 13 个军区、3 个纵队、5 个师、17 个旅，共 274 900 人。③ 1946 年 1 月 14 日，东北人民自治军改称东北民主联军，林彪任总司令，彭真任第一政委，罗荣桓任第二政委。

在部队大举出关的同时，中共在东北还大力扩张地盘。9 月 28 日，中共中央军委指示东北局：“我军进入东北的部署，应将重心首先放在背靠苏联、朝鲜、外蒙、热河有依托的有重点的城市和乡村，建立持久斗争的基点，再进而争取与控制南满沿线各大城市。”10 月 2 日，中共中央再度指示：“立稳脚跟之后，再争取大城要道。”④ 东北局据此提出

① 《中央通报》，1945 年 9 月 16 日，军事科学院图书馆藏档抄件。

② 曾克林：《戎马生涯的回忆》，246 页。此种扩军素质不高，中共亦有察觉。据林彪的报告，“在东北新成立之 10 多个旅，成分皆极坏，皆缺乏政治认识，流氓、土匪、宪兵、伪军甚多，真正的工农成分，亦被带坏”（《林彪致中央电》，1945 年 12 月 14 日，军事科学院图书馆藏档抄件）。据萧劲光回忆，“后来，当国民党部队一进攻，这些部队整团整营的反水，杀害我们的干部，给我们造成很大损失”（萧劲光：《萧劲光回忆录》，328 页，北京，解放军出版社，1987）。据不完全统计，当年底到次年初，东北收编部队叛变的有近 4 万人。（参见丁晓春等：《东北解放战争大事记》，29 页，北京，中共党史资料出版社，1987）因此，中共在东北后期的扩军作法有了改变，注重对新编部队进行大规模整顿。

③ 参见中国人民解放军总政治部组织部编：《中国共产党中国人民解放军组织史资料》第 3 卷，552 页，北京，长征出版社，1994。

④ 《军委关于争夺东北的战略方针与具体部署的指示》，1945 年 9 月 28 日；《中央关于东北战略方针与部署给东北局的指示》，1945 年 10 月 2 日，见《中共中央文件选集》第 15 册，300、309 页。

其工作方针是："放手发动群众，发展武装，收集资材，接收并改组政权，建立根据地，以便在长期斗争中达到全部控制东北或保持我党在东北能有政治上和军事上的优势为目的。"① 为了落实中共中央的指示精神，东北局进驻沈阳后的工作中心，就是组织部队占领城市，控制铁路沿线及营口、山海关等要点，为大部队出关及建立根据地创造更好的条件。②

与中共争夺东北的迅捷动作相比，国民党的动作确实太过缓慢，而且其对中共争夺东北的决心与部署始终估计不足。直到1945年12月，中共出关及扩编部队的总人数已经接近30万，然国民党军事主管陈诚给蒋介石的报告称，估计中共出关部队人数不过4万余人③，与实际情况相差甚远，再加上国民党在向东北运兵时，海运受阻于苏联的拒绝，陆运受阻于中共的阻击，进展不快，导致其在将近半年的时间里，可以用于东北接收的兵力只有两个军，难免在动武时捉襟见肘。

五、国民党进军东北与山海关之战

国民党接收东北暂时受挫，并不妨碍其最终接收东北的决心。总结其受挫原因，除了苏联的阻扰之外，没有足够可用的军事力量也是重要因素，对于一向信奉武力解决而又面临中共强力挑战的蒋介石而言更是如此。在苏联拒绝国民党军队海运登陆东北后，国民党只能转求美国的协助。抗战胜利后，美国动用舰船为国民党从西南后方大规模运送部队至各接收地区，其中也包括邻近东北的华北各港。10月2日，美国海军陆战队在河北秦皇岛登陆，其后国民党第13军和第52军由美舰运送登陆秦皇岛，为从陆路向东北进军建立了前进基地。10月底，东北保安司令长官杜聿明亲往东北，与苏军统帅马林诺夫斯基交涉后，认为国民党指望苏联协助接收东北已无可能，遂向蒋介石建议：既不能和平接收，即

① 《东北局关于建军方针问题向中央的报告》，1945年10月13日，见《中共中央东北局重要档案汇编》，4页，藏北京中央档案馆。

② 参见曾克林：《戎马生涯的回忆》，242页。

③ 参见《中华民国重要史料初编》第7编第1册，567页。

不惜使用武力，迅速抽调10个军，以美舰掩护强行登陆，先肃清东北共产党军，再回师关内作战。① 此时，蒋介石正恼怒于东北接收受挫，希望有所作为，以示力量，杜的建议在一定程度上正合其想法，但出于总体战略、用兵实际困难与对苏关系等种种考虑，蒋尚无意在东北贸然动用重兵，而令杜聿明先攻击山海关，打开进军东北的门户，视情再定。

秦皇岛距出关门户山海关不过咫尺之遥，国民党军登陆秦皇岛，引起中共的高度关注，认为其“向山海关、锦州进攻前进是必然的”②。此时正值中共进军东北的关键时刻，东北尚无国民党一兵一卒，中共认为，既然苏联已经拒绝国民党军队在东北各港登陆，则中共如能控制山海关，就可将国民党堵在东北大门之外，由中共控制东北，因此，中共立即开始部署应对之策，改变前此在东北分散发展、扩大地盘的方针，要求东北方面集中兵力进行阻击作战，坚决打消国民党军进入东北的可能。10月16日，中共中央指示东北局：“蒋军在东北登陆，及从任何方面进入东北之蒋军，须坚决全部消灭之。……此刻我军须集中作战，暂时不能分散。如能消灭蒋军前头部队，即可使蒋军后续部队有所畏惧，方可争取时间。”③ 19日再度指示东北局：“我党方针是集中主力于锦州、营口、沈阳之线，次要力量于庄河、安东之线，坚决拒止蒋军登陆及歼灭其一切可能的进攻，首先保卫辽宁、安东，然后掌握全东北，改变过去分散的方针。”④ 28日三度指示东北局：“东北方面一切问题的关键是在两个月内拒止蒋军登陆、着陆及接收政权……加强军队配备，即速派兵控制一切重要飞机场，接收各主要城市的政权、工厂、兵工厂及武器弹药。”⑤这几次指示的中心要点就在于，“竭尽全力……万一不成，亦造成对抗力

---

① 参见杜聿明：《蒋介石破坏和平进攻东北始末》，见《文史资料选辑》第42辑，8页。

② 《中共中央主席毛泽东关于坚决阻蒋登陆给彭真的指示》，1945年10月16日，见袁伟主编：《山海关之战》，189页，北京，军事科学出版社，1988。

③ 《中央关于阻止国民党军队入东北问题给彭真、陈云等的指示》，1945年10月16日，见《中共中央文件选集》第15册，351页。

④ 《中央关于集中主力拒止蒋军登陆给东北局的指示》，1945年10月19日，见《中共中央文件选集》第15册，364页。

⑤ 《中央关于全力控制东北拒止蒋军登陆着陆给东北局的指示》，1945年10月28日，见《中共中央文件选集》第15册，388～389页。

量，以利将来谈判”①，表现出中共因应时局变化的决心与能力。

中共对国民党进军东北的因应举措还得到了苏联的支持至少是默认。通过拒绝国民党军队在东北各港登陆，苏联已经向国民党充分表达了对拒止美国介入、保持其在东北利益的严重关切，而中共对国民党进军东北的阻击，又可被苏联用来作为实际打消国民党在东北地位的一着妙棋，故此，苏联对中共的举动一度予以暗中支持，并在双方之间形成了相当的默契。当国民党军表现出准备进军东北的动向时，苏方先已通告中共，并促“派兵阻击”。毛泽东得知后，即要彭真“告辰、马诸兄（苏方与中共联络的代号——作者注）”，对国民党军登陆企图“一律拒绝，至少拖延一个月至一个半月”②。苏方随后建议中共部队在安东、营口、葫芦岛三处设防，以阻止国民党军登陆，使中共“甚为欣慰”③。中共还请求苏联推迟苏军撤退时间，并在此期间拒绝国民党军登陆及接收政权，允许中共接收政权、民选地方政府及组织武装。④ 这些要求大体都得到了苏军当局的认可或默认，对中共抗击国民党进军东北，发展自身力量都是非常有利的。⑤

国共双方既对东北战事都有心理与物质的准备，战争自不可避免。就国民党方而言，东北保安司令长官杜聿明出身黄埔军校，曾率领国民党精锐部队5军征战疆场，在抗日战争时期表现甚佳，确立其指挥自信，是国民党军队中较有作为的新进将领的代表人物之一。准备进军东北的国民党13军和52军都为全美械装备，实力较强，又有作战经验，士气也比较高昂，杜聿明因此对作战前景较为乐观。他曾对人说：“如今我们拥有几百万装备精良的军队，再加上美国朋友的全力支持，整个形势都将

① 《东北解放战争的头九个月》，见中共中央文献研究室编：《彭真文选》，634页，北京，人民出版社，1991。

② 《中共中央主席毛泽东关于坚决拒蒋登陆给彭真的指示》，1945年10月16日，见袁伟主编：《山海关之战》，189页。

③ 《中央关于全力控制东北拒止蒋军登陆着陆给东北局的指示》，1945年10月28日，见《中共中央文件选集》第15册，388页。

④ 参见《中共中央致东北局电》，1945年10月27日，军事科学院图书馆藏档抄件。

⑤ 主要是由于资料方面的原因，目前对中共与苏联在战后东北关系的方方面面还不十分清楚，有待今后继续研究。

对我们有利，只要认真、慎重地指挥作战，打败共军不是不可能的。”①

11月7日，蒋介石令杜聿明“应即占领山海关而确保之，相机向大凌河之线挺进”②。杜聿明到秦皇岛前线后，经过对国共双方部队的评估和对前此国共部队小规模接触战例的分析，判断山海关当面的中共部队“素质训练均极低劣，弹药尤为缺乏”，而己方13军和52军总计7万余人，兵力集中，装备精良，背靠铁路，补给方便，进退自如，自信可以一战。14日，他下达作战命令，令13军4、89师正面攻击山海关，13军54师和52军25师由九门口和无名口迂回攻击山海关侧翼，52军主力为预备兵团，“随攻势之进展，逐次向山海关推进，于攻击兵团攻势奏功而弹药缺乏时，应适应战机准备超越第一线扩张战果，穷追败退之匪”③。15日上午，国民党军首先向山海关侧翼九门口和义院口发起攻击，中共参战部队共6个团1万余人，不仅人数与装备远不如国民党军（有的单位平均每两个人才有一支枪），而且或系长途跋涉刚到东北，或系到东北后扩编而成，战斗力并不强，面对国民党军的攻击，阵地失守。16日，国民党军再从正面攻击山海关，中共部队因人数有限，只能采取平面阻击的方式，无法进行纵深配备，在国民党军的进攻下，有被侧翼包抄的危险，因此经一天阻击后，在当晚撤离山海关。

中共部队失守山海关，根本还在于国共两军实力差距过大，对此，在东北前线的林彪已有体认。林彪领受中共中央的指示，自冀热辽转进东北，于10月下旬到达沈阳，出任东北前线中共最高军事主官。根据中共中央尽力将国民党军堵在东北之外的指示，他到任后命令东北部队在古北口、山海关、葫芦岛、营口、安东设防，从海陆两方面把守东北门户，落实了中共中央的指示精神。但是，同为杜聿明的黄埔校友④、一向用兵大胆而又谨慎的林彪对东北局势有自己的看法，在兵力部署上主张

---

① 《我的戎马生涯——郑洞国回忆录》，399页，北京，团结出版社，1992。

② 《国民革命军战役史》第5部第2册，474页。

③ 《第五十二军赵公武部机密作战日记》，见中国第二历史档案馆编：《抗日战争时期国民党军机密作战日记》（下），2011～2012页，北京，中国档案出版社，1995。

④ 杜聿明是黄埔军校一期生，林彪是黄埔军校四期生。

“我之战术基本原则是将主力隐蔽、控制于前方的适当地点，寻找战机”①。因此，面对国民党军的攻势，他并未将主力全部投入山海关一线，与国民党军作大规模正面交锋，这也符合他一贯的战略战术运用原则。

不过，林彪的做法与中共中央和毛泽东的设想并不完全一致。山海关战前，毛泽东曾经指示东北局：国民党“孤军深入，地理民情不熟，脱离群众，南方人怕冷，又多新兵，弱点甚多”，而我军正向东北开进，“只要坚持半个月，即有办法”②。山海关战事初起，毛泽东虽已认识到，中共出关部队同样存在“官兵疲劳，地形不熟”的问题，如“不得休整，势将处于被动”，因此提出“谨慎使用主力”的主张。但在具体作战指导方面，他仍指示林彪，沿山海关、绥中之线节节抗击，待对手疲惫而自己休整后，再由林“亲去指挥，举行反攻，分作几个战斗，每次歼灭其二三个师，最后全部歼灭三个军，即能从战略上解决问题”③。这样的指示多少脱离了当时战场的实际，并高估了中共东北部队的实力，很快即为事实证明确实过于乐观。

国民党军没费多少周折即较为顺利地攻下山海关，更使杜聿明认为自己判断的正确，从而坚定其继续进击的决心，而且也提高了国民党军的士气。国民党军在 16 日攻占山海关的当晚，杜聿明即下令沿榆沈公路继续向绥中进击，并于 19 日占领绥中，战场情势对中共方面较为不利。当天，林彪亲临前线观察形势，他认为：前线部队皆极疲惫涣散，战斗力甚弱，新兵甚多，缺乏训练，武器弹药不足，缺少用费，对地理形势不了解，通讯联络混乱，地方群众未发动，而且出关部队来自各地，整合战力有待时日，因此向中共中央建议，“目前我军应避免被敌各个击破，应避免仓皇应战，应准备放弃锦州以及以北二三百里，让敌拉长分散后，再选弱点突击……但亦不拟轻易投入战斗”④。此时正值国民党撤

---

① 曾克林：《戎马生涯的回忆》，279 页。

② 《中央关于发动群众创造战场给东北局的指示》，1945 年 11 月 10 日，见《中共中央文件选集》15 册，419 页。

③ 《从内线作战着眼分批歼灭国民党三个军》，1945 年 11 月 15 日，见《毛泽东军事文集》第 3 卷，143～144 页。

④ 《林彪致军委等电》，1945 年 11 月 21 日，军事科学院图书馆藏档抄件。

退东北行营，向苏联施加外交压力，苏联则因顾忌国际和美国反应而对其东北战略有所调整，要求中共配合，中共因此而相应改变东北工作方针，准备退出东北大城市和中长铁路沿线，军事战略的改变自然随之而行。23日，中共中央复电同意林彪的“基本意见”。

国民党军在东北的进展令蒋介石颇为满意，他在日记中写道：“山海关自俄军让给共匪以后，我出东北之关门被匪堵塞，各海口又被盘踞，海运之道全绝，此皆为我革命成败之重大关键也。山海关亦于十六日为我攻占，共匪向东北逃窜，于是进出东北之门户复启矣。而俄国因我撤退行营之决心，而其态度变化，转与我来妥协矣。此或为国家与世界转危为安之枢机乎，非上帝佑我，决不能有此旋转之大力也。”① 他在杜聿明部进占绥中后致电杜，嘉奖其“忠勇奋战，迭克要隘，着即转谕锦州、葫芦岛一带，尚有匪军，仍希转励所部击灭之，向大凌河进展”②。杜聿明随后下令所部沿锦榆公路和北宁铁路迅速向锦州推进。22日，杜部占兴城、锦西、葫芦岛，其势汹汹，林彪为避其锋，无意死守锦州，率部退往辽西阜新，26日国民党军占锦州。

从攻占山海关到占领锦州，国民党军前后不过用了10天时间，而且未付出太大代价，可谓长驱直进，说明国共两军当时实力的差距，中共部队尚不具备与对手全面抗衡的实力。中共中央总结认为，国民党军“几乎未遇严重抵抗”，表明出关部队“不经休整准备，亦几乎不能作战”，“目前与顽军决战，我们一切条件都不够”③。然而，虽然国民党军一路挺进，但其弱点在于，当时能用于东北作战的部队只有这两个军数万人，而以东北地域之辽阔，两个军的兵力运用实在是捉襟见肘。本来蒋介石还答应杜聿明，调天津的94军出关，但军令部和北平行营都不同意，因为军令部部长徐永昌主张先解决关内尤其是华北问题，而北平行

---

① 《蒋介石日记》，1945年11月17日。

② 《第五十二军赵公武部机密作战日记》，见《抗日战争时期国民党军机密作战日记》（下），2024页。

③ 《中央关于东北工作方针与任务给东北局的指示》，1945年12月7日，见《中共中央文件选集》第15册，465～466页。

营主任李宗仁则认为，“华北如生问题，影响及于全局”①。11 月 24 日，国民党各军事指挥机构举行军事会报，认为“五十二军、十三军虽攻击奏功，但目前后援不继，侧背暴露，似不可过于深入，应由军令部统筹策划，即指示杜聿明第一期进出线，并先电令注意警戒左侧背”②。他们的主张得到蒋介石的认可，因为此时国共两军正在华北各铁路沿线交手，蒋介石既要分心关注关内尤其是华北的情况，而且在华北铁路交通受阻之际，暂时亦无法调动更多部队出关；同时，格于先前交涉的经验，蒋介石对苏联的态度并无把握，唯恐调派部队出关后，“中途再受其胁制，陷于进退维谷”，因此主张“更应特别慎重，不在急于接收也”③。

作为东北军事主官，杜聿明指挥国民党军一路进军，未有波折，当然是雄心勃勃，跃跃欲试，企望更进一步，直进沈阳，但他也明白孤军深入的危险，知晓以东北的地域环境，势须调动更多部队出关，方可达成计划任务。他在 11 月底向国民党统帅部提出：“调十个军进入东北，于一个半月内控制全面，三个月内肃清散匪，完成绥靖后，再由东北抽出三至五个军转用于热、察。”杜聿明的建议有其观察敏锐的方面，也不无军事的意义。以当时的实际（国共力量的对比，美苏的角力，苏联对国民党态度的某些缓和，甚至中共也有了这样的心理准备），国民党军至少可推进到沈阳一线而无大碍，甚而再进一步也并非全无可能。杜聿明根据其在东北的观察和作战经验，一直力主集中重兵，先向北进，然后再回师关内。但是，调派 10 个军出关，以当时的交通状况，不仅做不到(在东北内战的三年间也从未做到)，而且牵涉到国民党的全盘军事战略调整，即究竟是先东北还是先华北，先关外还是先关内。在当时状况下，先关内先华北的军事战略似已得国民党多数支持。不仅如此，国民党运兵东北当时还依赖于美国舰船，杜聿明的建议被提交中美联合军事小组研究，美方意见是：“甲、全面接收东北之前提，1. 华北已告稳定；2. 苏联态度友好；3. 反动派与政府之冲突保持现状。乙、接收办法：1. 控制

① 杜聿明：《蒋介石破坏和平进攻东北始末》，见《文史资料选辑》第 42 辑，23 页。

② 《军事会报报告资料》，1945 年 11 月 24 日，见《蒋中正“总统”档案·革命文献·戡乱时期（接收东北与对苏交涉）》上（二）第一册，224 页。

③ 《蒋介石日记》，1945 年 12 月 12 日。

交通——以有力部队先控制华北要点及交通要线；2.开始日前——须在三十五年三月一日增援华北各军集中完毕以后；3.使用兵力——最初接收要点要线至少需十五个师，自三月一日起每月运入东北两师（七个半月运完）；4.运输补给——关于军队运输须先作详尽之研究与计划，俾保证部队到后，能获适当之补给。”① 这些条件都是国民党当时根本不具备的，所以杜聿明的建议不能得到蒋介石的支持也是必然。

12月3日，蒋介石电令杜聿明：“我军进驻锦州后，应先占领义县及其以西地区，建立周围强固工事，严防朝阳方面之来袭击也。待占义县后，切实整顿后方交通线路，非有命令，不得向大凌河以东地区进占，至要。”② 6日又致电杜聿明，“希即飞渝，面授机宜，我军暂勿向沈阳推进为要”③。8日决定，“由锦州前进部队须待铁路交通恢复方能决定日期，向沈阳开拔时，当先饬派员与苏军切实联络”④。这说明蒋基本放弃了在当时立即进军东北的想法。12日，国民党军副参谋总长白崇禧致电蒋介石，提出：“东北与平津互为唇齿，辅车相依，故欲保东北，必先固平津，欲固平津，必先定热察。……东北军事因运输困难，增援补给均属不易，加以关内绥包之围未解，奸匪主力尚未击破，职意此刻只能巩固锦州，以关外关内之兵会攻承德，先纾热河。”⑤ 白的建议为蒋所接受。蒋在重庆召见杜聿明时，告其对东北苏军占领区将用外交接收，交代其当前任务是打通锦承铁路，占领热河，保证东北侧翼和后方的安全，切断中共东北与华北的联系。随后，杜聿明指挥国民党军转进热河作战。⑥ 担任东北接收交涉的张嘉璈，因不明蒋之用意，对军队停止不动“深为

---

① 参见《徐永昌呈蒋介石签呈》，1945年12月16日，见《蒋中正“总统”档案·革命文献·戡乱时期（接收东北与对苏交涉）》上（二）第一册，287～288页。

② 《蒋介石致杜聿明电》，1945年12月3日，见《蒋中正“总统”档案·革命文献·戡乱时期（接收东北与对苏交涉）》上（二）第一册，240页。

③ 《蒋介石致杜聿明电》，1945年12月6日，见《蒋中正“总统”档案·革命文献·戡乱时期（接收东北与对苏交涉）》上（二）第一册，259页。

④ 《蒋介石致蒋经国转张嘉璈》，1945年12月8日，见张嘉璈档，Box 26。

⑤ 《白崇禧致蒋介石电》，1945年12月12日，见《蒋中正“总统”档案·革命文献·戡乱时期（接收东北与对苏交涉）》上（二）第一册，279～280页。

⑥ 台湾出版的战史认为，国民党军转用于热河，“我追匪窜，我去匪来，耗时一月，虽偶有斩获，仍未能竟歼匪之全功”（《国民革命军战役史》第5部第2册，486页）。

诧异”，认为“若专赖由南向北，设临时发生枝节，或路有故障，而苏军又自长北撤，尔时景象不堪设想”①。然蒋坚持己见，即不超越苏军防线，故国民党军进入锦州后即未向北再有进一步的动作。

国共两军在山海关和锦州的战斗，规模并不大，国共双方的战地指挥官着重考虑的是军事战术的运用及是否有利于己方的问题，并且都表现出与统帅部的分歧，自无可厚非。然而，国民党方胜而未继续进击，为中共留下了军事调整整顿的时空余地，虽然国民党方统帅部的考量亦有其出发点，但毕竟未能达成以军事进击完成东北接收的任务，其间反映的主要仍为政治问题，即如何处理与苏联的关系。因此，国共双方领导层的对苏战略运用，更能体现其对总体形势与自身地位优劣的分析判断，以及在此基础上所作的全盘部署。

---

① 张嘉璈：《东北接收交涉日记》，1946年1月5日。

第二章　东北的不战不和之局

一、国际背景下的东北纠葛

战后东北问题绝不仅仅是国共之争，而是美苏两强解决战后世界问题，尤其是安排战后远东国际关系的雅尔塔体系的重要组成部分，因此和当时的国际形势以及美苏两强的角力有着极为密切的关系。在一段时间内，东北成为国共苏美三国四方之间互为联系、互相争夺的大舞台。

国共东北之争离不开美苏之争的大背景。东北问题起源于美苏关于战后远东格局安排的雅尔塔会议，是美苏妥协的产物。自罗斯福逝世后，美国政界对其倾向于与苏妥协的政策颇有微词，美苏关系开始变冷。及至战后，美苏两国间的合作因为缺少共同的敌人而失去了当初的动力，国家利益与意识形态的差别开始凸显，冷战的阴云开始聚集。无论是美苏妥协还是美苏冲突，对其他国家尤其是利益攸关国的影响都非同寻常，国际政治的本质其实还是国家利益至上，以国家实力说话。雅尔塔会议前后，国民党利用美苏妥协，争取到两强对自己的支持；而当面对战后的美苏矛盾，国民党在拉住美国的同时必然失去苏联，但由于苏联在东北举足轻重的作用，国民党接收东北的不顺利便在情理之中了。

中苏条约签订后，苏联起初对国民党表示了友善态度，突出表现为苏联对国共谈判的支持，国民党也因而对顺利接收东北抱有信心。然而时间不长，情况便发生了变化。首先是美国独占日本，排斥苏联，使苏联很不满意。接着在 9 月的美苏英法中五国外长伦敦会议上，美苏在处理战后问题上发生多方面争执，会议不欢而散。① 在此背景下，美军又在

---

① 参见 F. C. 琼斯、休・博顿、B. R. 皮尔恩：《1942—1946 年的远东》下册，复旦大学外文系英语教研组译，503 页，上海，上海译文出版社，1979。

中国沿海登陆，接着国民党提出由美舰运输军队到大连登陆的计划，自然使苏联猜疑美国企图插手东北，因而坚决反对。马林诺夫斯基在与熊式辉的会谈中一再提及美舰运输问题，国民党负责东北接收的官员很快即体会到其中的奥妙。蒋经国在给蒋介石的函中，特别强调“苏联对美军在华北登陆极为重视，并在报上公开表示反对，此事恐将影响对东北问题之处理”①。王世杰认为苏联的态度“半因中共问题，半因美苏既渐不睦，而我运军赴大连将用美舰也”②。张嘉璈认为这是苏联“对于我方借助美国力量运送军队入东北之不满，更显见苏联不愿见美国势力侵入东北”③。甚而至于，某日“行营接军委会电报，谓有美军部代表，由美经日、韩前来东北，行营应设法招待。行营为慎重起见，将此事通知俄方，而俄方则误会，以为行营要求准美机来长，下午即提抗议，经解释后始无问题。即此小事，亦可知美俄关系之恶劣矣”④。明乎此，王世杰便对苏联解释，这是“因中国缺乏运输工具，故所用运输船舶及侦察飞机系借自盟邦美国。惟登陆军队则纯为中国军队”，请苏方不要“误会”。⑤ 王的话当为实情，当时国民党请美国帮助运送军队去东北，确无借此自重，与苏联为难之意，而实在是国民党军队远在西南大后方、缺乏运输工具运往东北的必然结果。但是，美苏矛盾的发展不以国民党的意志为转移，并最终使国民党的东北登陆计划成为泡影，难怪王世杰以后感叹，“想不到国际局势变化如此快，美苏僵化如此快，美苏关系使得我们更增加许多困难，使我们交涉丝毫不能得第三者协助”⑥。

由于国民党在东北接收的不顺，其党内对美苏矛盾影响及于中国的事实有了更深的认识。11月初，主持东北接收的熊式辉、蒋经国、张嘉璈先

---

① 《蒋经国呈蒋介石函》，1945年10月20日，见《蒋中正“总统”档案·革命文献·戡乱时期（接收东北与对苏交涉）》上（一）第一册，121～122页。

② 《王世杰日记》，1945年10月9日。

③ 张嘉璈：《东北接收交涉日记》，1945年10月29日。

④ 蒋经国：《五百零四小时》，见《中华民国重要史料初编》第7编第1册，101页。

⑤ 参见《王世杰部长与苏联驻华大使彼得洛夫谈话纪录》，1945年10月25日，见《中华民国重要史料初编》第7编第1册，125页。

⑥ 《外交部部长王世杰在重庆与苏联驻华大使彼得洛夫交涉接收东北报告》，1945年11月26日，见《中华民国重要史料初编》第7编第1册，214页。

后致函蒋介石，报告情况，提出看法。他们均认为“东北局势之变化，系受美苏关系及中央与共党冲突之影响，苏方恐我国军队进入东三省后，将支持美国在东北之利益，甚至未来战争中，我军有被美国所用之可能，故不愿我国大军开入东北”。苏方之目的为：“1. 东北今后成立之政权，不能有与苏联不友好之意旨与行动。2. 阻止美国染指东北，断绝中国以夷制夷之观念。3. 使中央不能在关外有雄厚之武力，至少使八路军可在关外立足。”① 这样的分析大体符合当时的实情，然而照这样的逻辑推理，国民党如要顺利接收东北，便要走联苏疏美之路，这无异于让国民党脱离其执政20年的基本轨道，而这在当时是完全不可能的，因此，当国民党对东北的接收得不到苏联协助，转而求助于美国时，更引起苏联的不满。

国民党在东北问题上求助于美国，有其历史与现实的基础。就历史而言，美国对东北一直有着浓厚的兴趣，尤其是希望在东北扩张美国的经济利益，还在20世纪初，美国便极力企图打入东北这块俄、日两国的传统领地，为此与俄、日两国屡屡发生矛盾。“九一八”之后，东北为日本独占，美国基本无法插足，但也提出了对日本入侵东北的“不承认主义”。雅尔塔会议期间，为了让苏联参加对日作战，美国在东北问题上对苏妥协，同意了苏联的一系列要求，然而这并不表明美国就此甘心让苏联独占东北。中苏条约谈判期间，美国密切关注着谈判的进程，并在东北问题上表明了自己的态度，即既不违背雅尔塔协议予苏联在东北特权的承诺，但又希望为美国利益伸向东北打入楔子。战后，东北问题更成为美国考虑其对苏关系中的重要因素。

国民党本来就希望在解决东北问题时依靠美国。蒋介石收到雅尔塔会议的情报后，最关注的就是美国的态度如何，希望美国“或不致与英俄协以谋我”；并表示如中苏订立协定，应“首先得美英之同意与谅解”，“宁受俄国一时之压迫扰害，而万不可丧害对美情感而自戕其本也”。而美国碍于以此交换苏联参战的默契，无法明确支持中国，使蒋介石深为失望，“心绪结郁不解”②。在美国对苏方针不能支持国民党的情况下，蒋

① 《“总统”蒋公大事长编初稿》卷5（下），874、876、880页。

② 《蒋介石日记》，1945年2月10日，4月27日，6月15日。

介石也曾考虑对苏妥协，“决定与俄交涉方针，一、中国反对反俄阵线。二、凡国际问题，如与中国或俄国有利害关系者，甲、不妨碍俄国利益；乙、中俄两国可取一致行动。……中国愿与俄国为始终最友好之邻国。中国愿遵守孙总理一贯政策，愿与俄国共同奋斗”①。直到战后接收开始，美国出于实际利益的考量，对东北问题有所干涉，又使国民党对美国支持其重返东北产生了新的希望。正是由于美国的帮助，国民党才得以在东北各港登陆无望时，在美国军舰为其运兵的帮助下，以登陆秦皇岛作为接收东北的前进基地。当东北接收不利之时，国民党早先对苏联的乐观估计不复存在，再度转而寻求美国的帮助。东北行营自长春撤退后，蒋介石认为，“应派员向美总统协商今后应处方针，与美国应共负其责也”②。11 月 17 日，蒋介石致电杜鲁门称：苏联“对于中苏协定之条文与精神，则故意蔑视，对于中国方面实现该协定之种种努力，在在予以阻挠”；“当前之东北局势不仅危及中国之领土完整与统一，实已构成东亚和平与秩序之重大威胁。窃意此种局势，需待中美双方之积极的与协调的动作，以防止其继续恶化”。22 日，蒋又致函杜鲁门，告以“余之决心为立即撤退业已前往满洲之中央官员，并延缓进入该有争议之地区”，请美国帮助增运国民党部队 5 个军到华北。③ 蒋还要王世杰随时将中苏交涉情况报中国战区参谋长魏德迈，以便其贡献意见。④ 其后，中国驻美大使魏道明又当面对杜鲁门表示：“东北问题不能视为中国问题，乃系整个

---

① 《蒋介石日记》，1945 年 2 月 26 日。

② 《蒋介石日记》，1945 年 11 月 16 日。

③ 参见《蒋主席致杜鲁门总统告苏联违反条约东北行营移至山海关已危及中国主权完整电》，1945 年 11 月 17 日，《蒋主席致杜鲁门总统告苏联扶植中共阻挠接收遣俘工作并请拨船舰增运兵力往华北函》，1945 年 11 月 22 日，见《中华民国重要史料初编》第 7 编第 1 册，149、565 页。

④ 12 月 5 日，魏德迈向蒋介石提交备忘录，认为华北“情形颇为复杂，若不及早坚决挽救，必至益趋混乱”，因此他主张“以稳定华北之军事的与政治的控制，为第一要着”，只有“先稳固华北华南，乃能进而从事东北”。他建议“或亦可利用葫芦岛以一个军开入东北”（《魏德迈参谋长上蒋委员长陈述苏军延缓撤退国军进驻长春沈阳之意见备忘录》，1945 年 12 月 5 日，见《中华民国重要史料初编》第 7 编第 1 册，160 页）。以此可知，魏氏对国民党军进入东北持谨慎态度。他认为，由于苏联和中共的行动，国民党无法控制东北，建议国民党首先确保华北，而将东北问题提交国际讨论，由美英苏三国托管，直到国民政府强大到足以完全控制该地区为止。（*The China White Paper*，Vol. 1，p. 132）

世界问题之一面，自伦敦会议后，形势急转，此显为苏联对于国际僵局之反应，亦实为角斗之开端……望美国尽量与吾人可能之协助。”① 国民党的意图很明显，将东北问题适度国际化，利用战后美苏矛盾，以美国的战略利益打动美国当局，俾可拉美国下水，压苏联让步。美苏在雅尔塔达成秘密交易后，在无力改变大局的情况下，国民党曾想以迁就苏联利益为代价，换取苏联的支持，在这一设想落空之后，国民党故技重施，又求援于美国，对美国抱有很大的期望。

国民党对美国的期望没有能够完全实现。美国确实对苏联在东北的作为不满，但战后之初美苏矛盾尚未发展到你死我活的程度，美国对国民党的支持只能是有限的，尤其是在东北这个关系苏联切身利益的问题上，美国不可能为了国民党与苏联彻底翻脸。说到底，国民党政权只是美国全球战略中的棋子之一，不太可能使美国为其两肋插刀，与苏联直接对抗。美国对东北的政策是，保持对苏联的压力，支持国民党接收东北的行动，但不直接卷入，这也是美国对战后中国的基本政策。何况，如美国高级外交官对宋子文所言：“中国问题为欧美心腹问题，美必支持中国，但与英国方法不同，英国历史传统支持在朝政府，美则须视政府是否民主，美亟愿支持中央政府，但切盼积极趋向民主，否则如政府落伍，美必不能帮助，即助亦无益。”② 因此，即便是在战后，美国延续战时的同盟历史而与国民党政府保持了比较密切的关系，但美国对国民党政府的支持始终是有限度的，而且往往是口惠而实不至。甚而至于在东北行营撤退之初，驻华美军总部曾一度拒绝继续海运国民党军北上，被蒋介石抱怨“为一重大之打击，魏德迈其亦在此关头扼我之咽喉乎”。11月21日，蒋介石为此召见魏德迈，“商谈美舰海运北上军队拒绝之原因是否为其政府命令。彼答称，彼要求其政府批准海运之电已去十日，而至今尚未得覆，故彼之权力已尽，不能再有他法。余乃知其政府对华政策犹在动摇不定之中，故未作肯定，特嘱其代为起草由余名义致其杜总

① 《魏道明大使呈蒋委员长告与杜鲁门总统谈话要点电》，1945年11月27日，见《中华民国重要史料初编》第7编第1册，156页。

② 《宋子文致蒋介石电》，1945年4月30日，见宋子文档，Box 58。

统电，并告其关于东北对俄经过及决心”①。杜鲁门在接到蒋介石的电报后，回电对“苏联此种态度，甚为失望”，对国民党的求援“频表同情”，并称将与其“密切合作，妥商办法”②，同意继续派遣美国舰船运送国民党军去东北，但亦未见其有对苏特别强硬的表示，而美国助国民党运兵恰恰又只能加深苏联对国民党的猜疑与不满。国民党官员其后曾抱怨说，这表明“苏之强横，美之软弱”③，然以国民党的地位和力量，除了抱怨之外，对此并不能改变什么。

国民党撤退东北行营之初，苏联感到了一定压力，毕竟其需要顾忌条约国际义务和苏美两强的复杂关系。熊式辉曾对手下人说：这次总撤退，是委员长在外交上的一张王牌，是给苏联一种外交上的压力，以便于为今后接收开辟途径。④ 果然，苏联立即对国民党作出了一些缓和姿态。11 月 17 日，苏联驻华大使照会中国外交部称：1. 中国政府军能无阻碍在长春及沈阳降落，苏军将予应有之协助；2. 苏军严守中苏条约，对于东三省之中国共产党部队未曾予以任何帮助，现在亦然，其撤退区内之共党活动，乃由中央政权未树立之故。⑤ 驻长春苏军官员还约见留在长春的中方官员董彦平等，称苏军“必极力协助中央接收政权，及设法减少非法武力”，并“一再提及奉天以南各工业地点，如抚顺、鞍山、辽阳等处，吾方应派兵前往接收，又长春路沿线之警备，吾方应全力担任”⑥。蒋介石认为，这是自己的决策收到成效，因“俄过去之逼迫行动出于其威胁，使我为求得东北之收复，不能不与共匪之妥协，而且允许其特权也，后以我宁放弃东北，不愿作俄共之傀儡，决心撤退行营之态度表示以后，知其不可为威胁所屈服，故有此态度之转变。可知其此时

---

① 《蒋介石日记》，1945 年 11 月 19 日、21 日。

② 《魏道明大使呈蒋委员长告与杜鲁门总统谈话要点电》，1945 年 11 月 27 日，见《中华民国重要史料初编》第 7 编第 1 册，156 页。

③ 《熊式辉日记》，1946 年 2 月 11 日。

④ 参见张潜华：《政学系在东北接收问题上的如意算盘》，见《文史资料选辑》第 42 辑，188～189 页。

⑤ 参见《熊式辉致张嘉璈电》，1945 年 11 月 22 日，见张嘉璈档，Box 26。

⑥ 《张嘉璈致蒋经国电》，1945 年 11 月 18 日、20 日，见张嘉璈档，Box 26；董彦平：《苏俄据东北——第二次世界大战结束时苏俄侵据东北折冲纪要》，43 页，台北，文海出版社有限公司，1970。

对国际尚有顾忌，而尤不敢冒天下之大不韪，故我亦不能不再与之周旋”。决定“对俄国照会与态度及应取之对策，决定示以好意，愿与商谈今后接收办法，但行营人员仍照原定计划陆续撤退”①。随后中国外交部回复苏方：1. 苏方须负责解除长春、沈阳市区及其飞机场附近非政府承认之各种武装，并允中国运送飞机场地面工作人员先到长春、沈阳，指挥飞机降落；2. 中央如须利用北宁路及各港口，须予以可能之便利；3. 对接收工作人员予以道义的及物质的协助，并协助该项人员赴各地筹组团警。②

东北行营撤退之后，对下一步如何行事，国民党内认识不一。蒋介石召集有关人员多次讨论，王世杰主张重订接收计划，军方主战，徐永昌等仍主中止交涉，但“终无结果”，主要原因是蒋介石此时的心思多半不在于此。其实，国民党接收东北的关键在于苏联的态度，身处东北交涉第一线的张嘉璈与蒋经国看得最清楚。蒋经国在 11 月 6 日给他父亲的信中说：“苏方对我国如不能谅解，则东北不但今日，即今后亦不得安定。盖苏联对于所谓道义感情，并不重视，所要求者，乃现时之利益也。”③ 张嘉璈也认为，“苏方有一图样在其胸中”，既不会“负破坏中苏协定之恶名，亦决不因行营撤退而变更其原定计划”，因此“与苏方须得一精神上之谅解，否则种种交涉均是枝节”④。因为苏联不会容忍东北成为对其国家安全利益的威胁，而国民党的执政历史及其与美国的长期密切关系，不能不使苏联心怀疑虑，对国民党接收东北有所阻挠便顺理成章。苏联的态度又直接决定了对国共两党何方更有利。因此，当时如果要使东北局势出现对国民党有利的转圜可能性，或在于前述国民党提出的解决方案中第一案与第三案的结合，即尽最大的努力以外交妥协求得苏联可能的谅解，同时以现有军队控制要点，继以增援作战略展开，不能说如此可操胜算，但至少不失主动性与进攻性。

然而，国民党处理东北问题的麻烦在于，如何寻求外交与内政之间的平衡。国民党既要扼制中共的发展，又不能因为对苏过分的妥协而引

---

① 《蒋介石日记》，1945 年 11 月 18 日、20 日。

② 参见《熊式辉致张嘉璈电》，1945 年 11 月 22 日，见张嘉璈档，Box 26。

③ 《“总统”蒋公大事长编初稿》卷 5（下），877 页。

④ 张嘉璈：《东北接收交涉日记》，1945 年 11 月 15 日、11 日。

起外界和舆论的非议；内心里，其倾向于党派利益，明面上又不能不维护国家主权。国民党始终未能在这两者间找到合适的平衡点。东北行营撤退前，蒋介石曾经对蒋经国交代四点，作为对苏让步的底牌：(1) 国民党只接收行政，不建立强大武力；(2) 空运部队以维持治安为度；(3) 东北可实行县自治，组织民选政府；(4) 东北经济与苏联合作。这实际是使东北实现某种程度的中立化，以安苏联之心。然而蒋可能心有不甘，因此又交代说："以上四项，实为不得已之所为，如当地情形以为尚可尝试，不妨为之。"这又表明蒋并无真正照此办理的决心。① 所以，除了经济合作由张嘉璈与苏方谈判而无结果外，其他几点似未见向苏方正式提出。张嘉璈认为，这几条可"在军事、政治、经济三方面予苏方以定心丸，祛除其对于国府之猜疑，在此轮廓之中，吾外交当局如能灵活运用，未始不可有一转机"，如此"开诚与苏方说明，或较撤退行营为更有效"，并为此事的不遂行而遗憾。② 蒋经国在交涉不利时向他父亲建议："除中央方面在外交、内政上设法转变局势外，对于接收以及进兵各事更应作积极之布置"，并认为"大问题之处理，既不可意气用事，亦不可专讲面子，而必须走一步是一步，争一点是一点也"③。但国民党既未在外交与内政的平衡上作出新努力，也未在两者之间作取舍，其转圜的可能性也就在自己的无所作为中消失于无形。之所以如此，除了上述原因外，还因为蒋介石此时又考虑先解决华北的中共问题。他对参加重庆复员整军会议的高级将领专门解释了他的想法。他认为："现在苏联不负责任，藉口登陆的地点为共匪占领，给我们以种种的阻碍，因此我们军队入境，事实上非常困难。而且我们即令将这五个军开入了东北，仍不能确实掌

---

① 参见《蒋委员长致蒋经国特派员指示解决东北问题途径函》，1945年11月14日，见《中华民国重要史料初编》第7编第1册，146页。张嘉璈主张蒋经国访苏时将这几条面告斯大林，但未实现。熊式辉也曾向蒋提出东北政治"可以商量限度，1. 只要不私拥武装，各级政府用人可不论党派；2. 省县政府职权在开国民大会以前应依照中央法令规定，不能擅自改变；3. 一切选举不许有暴力威胁；4. 不私有武装之任何政党可以公开活动"。蒋"许可照办"，但未见下文。(参见《熊式辉日记》，1945年12月1日)

② 参见张嘉璈：《东北接收交涉日记》，1945年11月15日。

③ 《蒋经国致蒋介石函》，1945年11月6日，见《"总统"蒋公大事长编初稿》卷5（下），876～877页；蒋经国：《五百零四小时》，见《中华民国重要史料初编》第7编第1册，111页。

握地方，东北的主权仍然不得完整，一切接收都不能进行，建设更无从谈起。在这种情形之下，我们宁可将东北问题暂时搁置，留待将来解决。我决定将东北行营移驻山海关，而以原来准备开入东北的五个军，加入华北方面，首先来肃清华北方面的土匪，先安关内，再图关外。这种由近及远的政策，我想一定不会错误的。否则，如果我们舍近而图远，不先除腹心之患，以求华北的安定，而孤军深入东北，则东北名存而实亡，同时华北方面土匪的力量，必将一天天的膨胀，清剿的时间就更须延长了。"① 蒋介石的考虑自有其出发点，但从以后形势的发展看，搁置东北问题的结果，不仅失去了争夺东北的有利时机，而且因为军事力量和舆论环境的因素，国民党在华北同样无大作为。②

由于苏联在国民党撤退东北行营后作出缓和的表示，马林诺夫斯基还向张嘉璈保证，"苏方绝对遵守中苏条约"，政治情况"一定即能好转"③。国民党的回应集中在要求苏方解除东北各地尤其是大城市的中共武装，安排国民党军队空运长春和沈阳，继续提出利用铁路和港口运兵，给予接收人员以实际协助等条件，苏方虽都表示同意，但对关键的运兵要求则表示"实无可能协助"④。蒋介石认为，苏方此举不过是"希望我行营回驻长春"，以缓解其国际压力，但是，"俄国覆文图赖长春有共军之事实，且不肯在北宁路与各海口助我进入东北，只要求我空运军队于沈阳、长春二地，此恶乎可。而且我之方针既定，如无确实把握，决不能贸然空运接防也"。决定"对俄则不拒绝其商谈，但仍要求其履行义务为主也"。11 月 25 日，蒋介石与高级幕僚"会商东北问题，对俄覆文要旨仍照既定军事方针，先取得锦州，而后再观形势以定进止。一面仍与

---

① 《剿匪战术之研究与高级将领应有之认识》，1945 年 11 月 16 日，见张其昀主编：《先"总统"蒋公全集》第 2 册，1787 页，台北，"中国文化大学"，1984。

② 中共认为，"十一、十二两个月是我们争夺东北及热河的成败关键"，"如蒋军不能在本年内向热河及东北进攻，则将给我党布置东北及热河全盘工作之时间"（《中共中央致东北局电》，1945 年 10 月 27 日，军事科学院图书馆藏档抄件）。而国民党在这两个月内于东北无所作为，恰恰于无形中符合中共的意图。

③ 张嘉璈：《东北接收交涉日记》，1945 年 11 月 23 日。

④ 《蒋介石日记》，1945 年 11 月 18 日；《中国政府接收东北诸省办法要点》，1945 年 11 月 19 日，《苏联驻华大使彼得洛夫覆外交部部长王世杰照会译文》，1945 年 11 月 24 日，见《中华民国重要史料初编》第 7 编第 1 册，154～155 页。

长春俄军继续交涉，以示愿以和平解决也”①。结果，当苏联同意国民党可空运部队至东北时，蒋因对苏不放心，没有同意空运计划，以致马林诺夫斯基在长春对张嘉璈冷嘲热讽，称：“贵方何以有二十余架飞机来长接撤退人员，而不将军队运来?”“吾人等待中国军甚久，不悉何故乃迟迟不来。”② 其实，蒋介石也明白，“东北之长春、沈阳等城市共匪部队已为俄军驱逐，其态度当已变更。但其此乃形式上掩饰世人耳目于一时，而其纵容共匪散布于东北之阴谋更令人心寒”③。

因为运兵问题始终无法得到解决④，自东北行营撤离长春后，国民党中央对东北问题的态度趋向消极，只有张嘉璈和蒋经国秉承蒋介石意旨继续对苏外交工作。12 月 5 日，张嘉璈与蒋经国返回长春后和马林诺夫斯基会谈，苏方对解除非政府武装和非中央政权，组织地方团队，接收长春、哈尔滨等作出承诺，“并声明其已得莫斯科训令，必须设法切实执行”⑤。张嘉璈、蒋经国认为，会谈“情形尚属良好”，请熊式辉“催各市长即日来长”，准备接收。⑥ 不过，苏方实际还是诺而不行，蒋介石也无意再作进一步的努力，再加中苏东北经济合作谈判正在进行，且前景不明，蒋介石希望等华北军事进军、对苏外交交涉、对共政治商谈有所结果之后，再定东北决策。故 12 月中旬蒋介石决定，“对东北空运部队及接收人员暂缓出发，必待俄对经济合作问题及其要求条件有一合理之解决以后再行派遣，应一本行营撤退时之方针进行”；“对东北军事与经济方针，到北平后乃决定暂缓进行，观察国际与苏俄态势

---

① 《蒋介石日记》，1945 年 11 月 23 日、24 日。

② 张嘉璈：《东北接收交涉日记》，1945 年 11 月 23 日；《张嘉璈与马林诺夫斯基会谈纪要》，1946 年 1 月 3 日，见张嘉璈档，Box 26。

③ 《蒋介石日记》，1945 年 12 月 8 日。

④ 经过苏军当局的同意，国民党曾在 1945 年 12 月空运部分保安部队到东北，但这些保安部队多系改编而成，对国民党东北接收的军事意义十分有限。1946 年 1 月 19 日，张嘉璈致电熊式辉，认为“照目下情形，铁道毫无把握，保安队运毕后，仍望加速运送正式队伍，时机迫切，当盼注意办理”（《张嘉璈、董彦平致熊式辉电》，1946 年 1 月 19 日，见张嘉璈档，Box 26）。但国民党已决定依靠美国海运 5 个军到东北，对空运事不再继续。

⑤ 《蒋经国特派员呈蒋委员长报告与苏军总司令马林诺夫斯基会谈情形电》，1945 年 12 月 5 日，见《中华民国重要史料初编》第 7 编第 1 册，158 页。

⑥ 参见《张嘉璈、蒋经国致熊式辉电》，1945 年 12 月 5 日，见张嘉璈档，Box. 26。

再作计较"①。

国民党东北接收的不顺既与中共在东北的发展有密切关系，故张嘉璈曾经动过与中共直接交涉的念头。11 月 30 日，他在重庆特意会见了中共代表董必武，请中共退出铁路沿线，并表示可以此为交换，向国民党中央建议停战。董告张，可就国民党军进驻长春、沈阳问题进行协商。②张又以此作为筹码，在长春请马林诺夫斯基劝中共退出铁路线。但如此一来无异于承认中共在东北的地位，是蒋介石此时无论如何不能同意的(蒋一直坚持东北只有主权问题而无中共问题)。蒋经国认为，"关于东北接收，似以苏联作为商谈唯一对象为宜，如将中共牵及此事，必对我有害而无益"③。蒋介石当然同意小蒋的看法，何况张嘉璈此举事先并未与其通气，在张是为国民党着想，体念蒋"关怀东北日夜焦思，故不惮出位之嫌"；在蒋却以为张"不识政治情形"，擅作主张，因此将得知此事后甚为恼怒。他不仅电告张"在东北尤其对苏方切不可再提董必武与共党有关事宜"，而且要熊式辉告张，"毋与董必武商谈共军事，尤不可向苏方言之。关于共党问题，中央有人负责与之谈判也"④。张嘉璈毕竟不是国民党的决策人物，在党内的影响有限，对国共间极为复杂难解的政治关系更缺乏深入认识，不可能成为解决东北问题的恰当人选。此后，张嘉璈主要就中苏经济合作问题在长春与苏方谈判（详见下节），而蒋经国则出任访苏并与斯大林直接交涉的艰难使命。

当初行营撤退前，熊式辉等都有请蒋介石与斯大林直接交涉的建议，苏方也向蒋发出过访苏邀请，蒋介石虽未接受，不过他有意让蒋经国赴苏一行，既代表自己与斯大林沟通，或许还不无锻炼小蒋之意。12 月初，斯大林致电蒋介石，请其派私人代表赴俄商谈，蒋介石认为，"此乃美派马歇尔来华后之所致"，故"研究对东北外蒙对策，决派经国赴俄"，面

---

① 《蒋介石日记》，1945 年 12 月 12 日、15 日。

② 参见《董必武年谱》编纂组：《董必武年谱》，232 页，北京，中央文献出版社，1991。

③ 《蒋经国呈蒋介石电》，1945 年 12 月 7 日，见《蒋中正"总统"档案・革命文献・戡乱时期（接收东北与对苏交涉）》上（二）第一册，261 页。

④ 《张嘉璈主任委员呈蒋主席告促锦州共军通告移撤日期电》，1945 年 12 月 6 日，《蒋委员长致张嘉璈主任委员蒋经国特派员指示对苏交涉要领电》，1945 年 12 月 7 日，见《中华民国重要史料初编》第 7 编第 1 册，567、167 页；《熊式辉日记》，1945 年 12 月 7 日。

见斯大林，企图以此而有所收获。但对谈判策略，蒋介石似并无明见，只是反复叮嘱蒋经国，“再三嘱其慎重出之”。不过，其私心还是很“注重经国会见史大林之结果”①。但是，苏联方面的想法与蒋介石的期待却相距甚远。有学者研究认为，在蒋经国出访前，中方正式通知苏方，蒋经国是作为中国国家和元首的特别代表出访苏联，可是蒋经国并未收到苏联政府的正式邀请，他去苏联的一切有关事务都是中国驻苏大使馆承担的。苏联外交部在蒋经国来访前向斯大林提出的报告，列出了蒋经国可能提出的诸多需要解决的问题清单，认为蒋介石“既想利用苏联，又想利用美国，尤其是想利用它们之间的矛盾，以巩固国民政府和改造中国”。苏方提出的应对方案，几乎与蒋介石的要求都是针锋相对的，尤其强调“不允许”东北成为美国“施加经济和政治影响的场所”，“对苏联而言，这是最重要的问题之一”。结论是：“蒋经国未必受命同我们签订什么协定。他前来莫斯科是为了谈一谈，可能的话，为蒋介石亲自来访做些准备。”② 由此可见，苏方其实并不怎么看重蒋经国的来访，更多是出于了解情况的礼仪性安排，他的访苏不能得到蒋介石期待的成果并不意外。

12月30日，蒋经国抵达莫斯科，当日和1946年1月3日，他与斯大林有两次会见。蒋经国代表蒋介石表示，中苏关系应该加强，如果双方彼此完全谅解，苏中关系就一定能够加强。他向斯大林重复了蒋介石一贯的主张，即中共军队和共区政权应服从中央统一指挥，在此基础上，中共可以参加政府。他还表示，三民主义与共产主义并无根本冲突之处，请斯大林劝告中共与国民党合作。斯大林则表示，苏联不干涉中国内政，支持国民政府，分裂对中国不利；他也曾力劝中共与中央合作，但中共并不听从苏联的指挥，他也不知道中共的情况如何；苏联不能为中共的行为负责，也不能把自己的意见强加给中共。他还表白说，中共对苏联亦有不满，尤其是苏联不许其到东北发展之后尤其如此。双方还讨论了东北、新疆、中美关系和对日处理问题。斯大林坚持苏联有权获得东北

---

① 《蒋介石日记》，1945年12月3日、6日、27日。

② 列多夫斯基：《斯大林与中国》，陈春华、刘存宽等译，8～14页，北京，新华出版社，2001。

战利品，对国民党的反苏言论表示不满。蒋经国则向斯大林转达蒋介石之意，承认苏联在东北有一定的特殊利益，中国在军事、经济等方面虽借助美国之处不少，但中国绝不放弃其独立自主的外交立场，决不反苏，决不参加对苏作战，美军绝不进入东北。据蒋经国回忆，斯大林在会谈中不客气地告诉他："你们决不能让美国有一个兵到中国来，只要美国有一个兵到中国来，东北问题就很难解决了。"① 陪同蒋经国面见斯大林的中国驻苏大使傅秉常所记可证蒋经国的回忆不虚，傅说："斯（大林）言苏联绝不许美军进入东三省，是以反对美舰运输华军在大连登陆，且蒋主席苟利用外国军队在华担任工作，必无良好之结果，且于彼威信亦大有妨害。"当蒋经国问斯大林，苏联可以为中国的统一做些什么时，斯大林回答，需要同中共谈判，了解他们有何要求，双方都应该作出让步，比如实行选举制度。②

蒋经国与斯大林的会谈结束后，蒋经国和傅秉常都认为，"所谈结果尚称完满"。蒋经国"表示十分满意"；傅秉常则认为，"苏方对我有无野心，完全在我自己，苟我自己有改进，则苏方对我可保其有十二分之诚意，履行条约之义务。苟自己不长进，政治日趋腐败，国力日弱，则苏联纵使现在有诚意，将来亦必变更"；蒋经国"深以为然"③。但就蒋经国苏联之行本身的结果而言，除了重复支持国民政府的外交辞令以外，斯大林没有对国民党接收东北作出任何切实的承诺，尤其是在中共问题上，按斯大林的说法，似乎苏联与中共毫无关系，令国民党想寻求苏联的支持亦不可得。蒋经国此行可说是基本无所获。蒋介石评估蒋经国访苏的结果是："经儿访俄如期归来，史大林对我之心理，与对美之观念得窥其一斑，此乃最大之收获，至于东北与新疆形势，则依然如故，并未有所

---

① 《斯大林与蒋经国会谈记录》，1945年12月至1946年1月，见《中共党史资料》第61辑，193～219页；蒋经国：《访苏交涉记》，见《中华民国重要史料初编》第7编第1册，112页。

② 参见《傅秉常日记》，1945年12月30日、31日。傅秉常还在日记中记载了一段趣事："蒋与斯系用俄语直接谈，余因不欲对于其直接畅谈有所妨碍，是以译员虽在，余亦不着其翻译。经国间有译与余听者，余亦请其不必，俟返馆后稍为告余便可。实则余之俄文程度虽不佳，但彼等讨论，因余已知题目，是以亦可知晓六七成。"（《傅秉常日记》，1945年12月31日）

③ 《傅秉常日记》，1945年12月30日、31日。

转变也。”①

国民党的外交努力由于自身原因并未取得应有的成果，只在两个主要方面与苏联达成了协议，其一是苏联同意延期撤军，其二是苏联同意国民党行政接收东北若干城市与省份。

东北行营自长春撤退时，国民党军尚无一兵一卒进入东北，苏联当然不能在此情况下撤军，给国民党留下口实，因此主动提出延期撤军事，同时还可借此尽可能占据东北更多时间，获取东北更多资源，并压国民党在东北经济合作问题上让步。国民党本来是反对苏军缓撤的。在熊式辉赴东北接收之前，曾提出“恐苏军撤退期届，而我尚无军队到东北接防，致为共产党军队所乘，不如责苏军缓撤”。但王世杰认为，“苏军如有意扶植共军，则彼多留一日，结果将更坏一日”。蒋介石因而决定“在任何情形之下，不请其缓撤”②。然而东北行营撤退后，国民党改变初衷，因其以为有苏军在，苏联顾虑国际反应，总会对中共有所约束，可为自己运兵赢得时间，一旦苏军立即撤离，在当时情况下，东北势必完全落入中共手中，因此决定可允苏军暂缓撤离。双方在这个问题上很快达成了协议，11 月底决定苏军延期 1 个月撤离，12 月底又将苏军撤离时间定为次年的 2 月 1 日。此事表面上对国民党有利，可因此在苏军保护下接收东北若干城市，但实际上，苏军在东北的存在，首先束缚了国民党的手脚。所以中共认为，“苏军延长驻满时间，对我在满多有一些时间进行工作，是有利的。”③ 毛泽东指示东北局，“请求我们的朋友，尽量拖延国民党军队进驻满洲的日期”④。对国民党而言，这实在是颇有讽刺意味，如果其知道自己争夺东北的对手也希望苏联延期撤军，不知该作何感想。

---

① 《蒋介石日记》，1946 年 1 月 31 日。1946 年 1 月 22 日至 25 日，蒋介石还派其夫人宋美龄到东北“慰问”苏军，以示“亲善”，但只有礼仪作用，而无实际意义。

② 《王世杰日记》，1945 年 10 月 11 日。

③ 《中央关于东北的工作方针等给东北局的指示》，1945 年 11 月 19 日，见《中共中央文件选集》第 15 册，429 页。实际上，中共在 10 月底即主动要求苏联延迟撤退时间至次年 1 月或 2 月，以便中共可以在东北继续发展。李宗仁认为，国民党“两度要求苏军延期撤退，贻苏联以拒不撤退的口实，而予中共以从事发展的时机”（《李宗仁回忆录》，899 页，南宁，中国人民政治协商会议广西壮族自治区委员会文史资料研究委员会，1980）。

④ 引自王永祥：《雅尔达密约与中苏日苏关系》，409 页，台北，东大图书股份有限公司，2003。

担任东北一线作战任务的52军军长赵公武的判断是："出关仅有两军，斩俘虽众，但未聚歼，我虽进展，兵力益分，停战后奸匪继续东移，时机一至（青纱帐起），则燎原难图，若不速加肃清，实可忧惧；政治经济我仅有首长而无干部，军事所及，未能立治，匪则军政一体，强民遂欲，无何敢违，是匪紧凑我松懈。"① 唯受制于当时的内外环境，国民党既无法自苏联得到对其派兵进入东北的支持，故也只能与苏方协议暂缓撤军，企望由苏军替其看守东北城市，以免东北"更形糜烂"。

苏军在延期撤离的同时，同意国民政府接收东北若干城市与省份的行政权力。蒋介石以及国民党内许多人对无军队随行的行政接收并不热心，何况实际接收人员担心安全问题，亦多"声明候命，照命令行事"②。加上苏联此时提出经济合作问题，更使蒋认为"应一本行营撤退之方针进行，以免中途再受其胁制，陷于进退维谷之境"③。直到12月20日，蒋介石方决定，"各市长可即往接事，省主席月底月初亦可往接"，并向接收人员保证"安全是所置怀，不会忽略，各人应放胆工作"④。随后国民党派人于12月22日接收长春，27日接收沈阳，1946年1月1日接收哈尔滨，8日接收辽北省和四平市，12日接收松江省，24日接收嫩江省和齐齐哈尔市。⑤ 张嘉璈力主多接收省市行政，他曾致电熊式辉提出："现在各地匪氛甚炽，各省主席若不迅速赴任，编练保安队，国军若不早到接防，分别布置，一旦苏军撤防，必致无从应付。今撤兵限期已迫，一切行动必须把握事机，此一月内必将上两项办到，方不致贻误事机，务请鼎力坚决主持。"⑥ 但在国民党接收了东北几个省市的行政权后，因为中苏经济合作谈判的停滞，苏联为向国民党施加压力，行政接收再度停顿，原定接收的兴安、黑龙江、合江省及若干城市未能如期接收，以至熊式辉曾经发狠说："作极不利时之打算，准备以对沦陷区办法，派人

---

① 《赵公武呈蒋介石电》，1946年1月24日，见《蒋中正"总统"档案·革命文献·戡乱时期（接收东北与对苏交涉）》上（二）第一册，328页。

② 《熊式辉日记》，1945年12月17日。

③ 《"总统"蒋公大事长编初稿》卷5（下），901页。

④ 《熊式辉日记》，1945年12月17日、20日。

⑤ 参见《国民政府主席东北行辕工作报告》，见熊式辉档。

⑥ 《张嘉璈致熊式辉》，1946年1月4日，见张嘉璈档，Box 26。

赴内地建立政权。”① 不过，已经接收的省市行政尚且难以维持，哪里还能再“赴内地建立政权”。在中共部队已经遍布东北各地的情况下，接收人员大都坐困围城，需要苏军保护，根本无法真正展开工作，“对于各项政务之推行均感棘手，处境之艰难当可想见”②。如张嘉璈所言，“因无充分武力，处处为八路军所阻碍”，“在各地接收政权，等于虚饰”；“将来政治收拾亦不易着手，现各省县城十九尽为匪占，可忧之事，莫此为甚”③。何况，自东北行营撤退之后，国民党在东北现地实际无人能够真正负责，“在长春各机关无人可统一指挥，张公权多注意政治经济，董彦平无力统驭，形成漫散状态，殊为可虑也”④。1946 年 2 月张嘉璈回重庆后，东北更无能负责之人，与中共在东北建立的统一高效的领导机构相比，更显国民党在东北工作之无力。不过，由于苏联延期撤军并同意国民党接收东北若干省市，双方对外都算是有了交代，国民党可以此宣示建立对东北的国家主权，苏联则可以此表示出对中苏条约和国际关系原则的尊重。

二、中共的东北战略布局

国民党接收东北受挫，中共在东北的发展也并非一帆风顺。中共部队初入东北时，苏联方面并未完全认可。⑤ 为了照顾苏联的立场，中共指示所有进入东北的部队“不要声张，不要在报上发表消息”，“不要勉强与红军作正式的接洽与联络，亦不要请求红军给我帮助”⑥。9 月中旬，苏军代表到延安与中共联络，随后中共东北局在沈阳成立，中共与苏军当局建立了经常的联系。这种联系随着苏联全盘外交战略的变化而时紧时松，时起时伏，总体而言，对中共在东北的发展还是利大于弊。正是因

---

① 《熊式辉日记》，1946 年 2 月 13 日。

② 刘翰东：《本省接收一年来之回顾与前瞻》，见高永昌主编：《四战四平》，365 页，长春，中共吉林省委党史工作委员会，1988。

③ 张嘉璈：《东北接收交涉日记》，1946 年 1 月 18 日；《熊式辉日记》，1946 年 1 月 30 日。

④ 《王叔铭日记》，1946 年 1 月 16 日，藏台北“中研院”近史所。

⑤ 曾克林部初到沈阳，苏军不让入城，经过三天交涉才予同意。（参见曾克林：《戎马生涯的回忆》，212～218 页）

⑥ 《中共中央给晋察冀分局等的指示》，1945 年 8 月 29 日，军事科学院图书馆藏档抄件。

为苏军在东北的存在，在一个时期内挡住了国民党军进入东北的可能性，使中共自信可以控制全东北，尤其是在国民党撤退东北行营前的一段时间内，中共东北局和苏军当局的互动相当频繁且有成效。10 月 7 日，彭真在主持召开东北局会议时发言，认为："我们的任务是发展满洲，力争控制满洲，建设新满洲；进则控制整个满洲，退亦在满洲保持政治、军事的优势；控制全满洲的条件是存在的，但亦有困难。"① 11 日，彭真会见苏军领导人后认为："辰兄暗中助我之态度愈明显……亦催我迅速接收政权，并接收企业。"② 18 日，彭真致电中共中央，告知苏军代表"与我保持经常联系。……近一周来，苏方更积极些放手些，如促我阻击顽军，如解除反动武装，如接收政权等。但近三日来在形式上又似转趋谨慎，但实际上仍是积极的，上下都表现，只怕我们不能在此成家立业。苏方极注意美国动向，特别是美苏间在华之微妙关系"③。25 日，彭真又电告中共中央，"辰兄态度愈积极，关系皆好"。"如果过去需要谨慎些，现在应该以主人自居，放手些干。"表示苏将"协同我打击……劝我监视机场，防止空运部队。……诸事均督促我快些。兵工厂交我"。苏方劝共产党将中心移到此间；劝其速派人接工业中心之城市及工业，并表示共产党可逐渐接收政府；劝共产党一面练兵，一面搜集炮兵资材，一面生产炮，要积极些。④ 亲历其事的陈云认为，中共夺取东北的胜利，第一个原因就是苏军出兵东北，"为我们的大部队能抢在国民党前面迅速进入这个地区，为改善我们的装备，创造了十分有利的条件。那时，苏联党对我们的力量估计不足，并有雅尔塔协定的约束，但他们还是尽力帮助我们的"⑤。应该说，彭真和陈云的看法符合当时历史演进的实际过程。国民党因为苏联在中苏条约谈判中承诺所有援助

---

① 《彭真年谱》第 1 卷，309 页。

② 《彭真传》第 1 卷，345 页。

③ 《彭真年谱》第 1 卷，314 页。

④ 参见《彭真传》第 1 卷，356～357 页。

⑤ 陈云：《对编写〈辽沈决战〉一书的意见》，1983 年 8 月 9 日，见《辽沈决战》编审小组：《辽沈决战》（上），2 页，北京，人民出版社，1988。周恩来也提到："在可能条件与许可情况之下，它（指苏联）没有不愿意援助中国人民和支持中共谈判的。只是这种援助必然是不公开的，这种支持必然是暗示式的，远方朋友（指苏联）曾为此向我们做过多次解释。"（《关于国共谈判》，1945 年 12 月 5 日，见中共中央文献研究室、中共南京市委员会编：《周恩来一九四六年谈判文选》，6 页，北京，中央文献出版社，1996）

只给予国民政府，从而认为苏联将支持其接收东北。其实，这是一厢情愿的误判。实际上，苏联自始对东北问题就有其自身考虑，而其对中共的支持也很难被理解为违背其条约承诺。美国情报机关向国务院的报告明确指出，苏联在条约中没有做出任何特别的承诺，将中共排除在东北之外。①

苏联对中共初入东北最有意义的帮助，一是拒绝国民党军在东北各港登陆，从而为中共部队在战后初期进入东北发展创造了宽松良好的环境；二是向已到东北的中共部队提供实际帮助，如供应部分缴获的日军武器装备，使他们得以"鸟枪换炮"，成为中共各战区中装备最好的部队；三是允许中共接收部分地方政权，建立行政体系，从而为中共创建根据地提供了充分的可能。俗话说，兵贵神速，中共在战后出兵东北从决策到行动确实非常迅速，但是，中共能够在东北站住脚并有大发展，也和苏联的大力支持是分不开的。

在提供武器装备方面，苏联的态度随时间和地点的不同而不断变化，大体早期宽、后期严，但无论宽严均不允许公开进行。据曾克林回忆，他的部队接收了大量工厂和军用仓库，包括全国闻名的沈阳兵工厂和关东军最大的苏家屯仓库，仅在苏家屯仓库，就用了 3 天时间，拉出步枪 2 万支，机枪 1 000 挺，各种炮 150 门，其后还给山东送去 500 万发弹药。②有统计称，仅长春一地，在两个月内，中共部队就运出步枪近 6 万支，轻机枪 2 000 挺，重机枪 800 挺，迫击炮 20 门，山野炮 5 门，弹药 1 200 万发。③ 而据黄克诚回忆，他的部队到东北后，既未得到接收物资，也无后勤供应，"部队的给养相当困难"④。比较权威的数字来自中共领导层。9 月 30 日，彭真、陈云报告中共中央："曾克林在延安报告我所控制之军火、物资数量及我在沈阳之权力是夸大的。自入东北到目前止，我用各种非正规争取方法，只得到一万余枪。"⑤ 11 月 29 日，陈云和高岗在给

---

① Manchurian Prognosis, Fall 1945, Levine, Steven I. *Anvil of Victory -The Communist Revolution in Manchuria, 1945-1948*, p. 30, Columbia University Press, New York, 1987.

② 参见曾克林：《戎马生涯的回忆》，223 页。

③ 参见高树桥：《东北抗日联军后期斗争史》，316 页。

④ 《黄克诚回忆录》，333 页，北京，解放军出版社，1989。

⑤ 《彭真年谱》第 1 卷，305 页。

中共中央的报告中提到，“苏对我援助是秘密的，有限的（枪 10 万，炮 300)”。毛泽东在中共政治局会议中提及，“枪接收了十二万支，还有些炮”①。据国民党情报估计，苏联给中共的武器“以轻武器及少数火炮为主”②。由此可知，10 余万支枪的轻武器与实情大体相符。③ 在建立政权方面，由于苏联的默许，截至 1945 年 11 月中旬，中共已先后成立滨江（1946 年 1 月改名松江）、辽宁、安东、辽北、嫩江、合江、嫩江省政府和沈阳、大连市政府，控制了东北近半的县份，并以各省市县政府作为公开机关，同国民党争夺东北控制权。在苏军占领下的城市，中共大多通过警察或公安部门实际控制着城市行政权。以中共东北局为领导中心，

---

① 《陈云和高岗给中央的报告》，1945 年 11 月 29 日，军事科学院图书馆藏档抄件；《抗战胜利三个月来的局势和今后若干工作方针》，1945 年 11 月 12 日，见《毛泽东文集》第 4 卷，74 页。

② 《中华民国重要史料初编》第 7 编第 1 册，597 页。出于维持与苏联关系的考虑，蒋介石当时似不愿多提苏联在东北对中共的武器援助。他曾经专门电令熊式辉和杜聿明，要求“今后对新闻报道，切不可再提匪在东北获得新式武器或飞机之接济以及某国顾问训练等字样，希切实告诫所属，严厉禁止，并通令前方各部”（《蒋介石致熊式辉、杜聿明电》，1946 年 8 月 29 日，见《蒋中正“总统”档案·筹笔（戡乱时期)》，第 15924 号，藏台北“国史馆”）。国民党撤至台湾后，对于苏联交付中共部队武器数量的估计开始扩大化。1952 年，台湾驻联合国代表蒋廷黻在联合国大会称苏联在东北交给中共枪 30 万支，炮 2 700 门。（参见《蒋廷黻在联合国大会上的声明》，引自刘馥：《中国现代军事史》，梅寅生译，257 页，台北，东大图书股份有限公司，1986）中苏交恶后，出于政治斗争的需要，苏联对于当年在东北对中共的支持也开始扩大化。1975 年，苏联出版的著作称交给中共枪 70 万支，炮 4 200 门。（参见阿坚科等：《苏联在中国人民解放斗争中所给予的军援》，引自《两次大战与中国前途》，65 页，台北，“中国大陆问题研究中心”，1985）

③ 实际上，武器装备的数量与其实际效用未必能够直接对应，盖因武器装备需要制式化配备与后续供给。例如，一定数量的枪炮必须有一定基数的枪弹炮弹支持，方可在战场上发挥作用，否则，再多的枪炮也无实际效用。再如，某个部队的武器装备应该尽量做到型号的一致化和制式化，并且能够有较为充分的训练时间，如果配备的是混杂不堪的武器装备，即便是先进的装备，又未经过训练，也未必能发挥应有的作用。得到美国制式化武器装备支援的国民党军队，在东北战场尚且不时受困于补给不足。蒋介石曾告杜聿明，“东北部队对于美械弹药应设法节省，不得浪费，希特别注意，通饬所属遵照办理为要”。蒋并将此情形告在美负责采购军火的毛邦初，令其“可以汝所知之实情转告。美械子弹之奇缺实为严重情形之主因也”（《蒋介石致杜聿明电》，1946 年 12 月 29 日，《蒋介石致毛邦初电》，1947 年 12 月 6 日，见《蒋中正“总统”档案·特交文卷·交拟稿件》第 23 册，第 2034、2072 号，藏台北“国史馆”）。陈毅根据其作战经验，认为国民党军队的装备，“美械使火力增强，但火器复杂，干部无法掌握，不能灵活机动，消耗弹药甚多，缺少运输工具，供给不上。野战能力很弱。美械化害多利少，最多不过利害相等”（陈毅：《一年自卫战争总结》，1947 年 12 月，中央档案馆藏档抄件）。因此，中共部队在东北得到苏军提供的枪炮后，如何在实战中运用，仍然是值得深入研究的问题。

各地方党委员会及政府为工作支柱①，部队为武装依托，不出两个月，中共已在东北初步建立了自上而下的、相当完整的党政军领导体系。反观国民党，此时除了在长春有个足不出营门的行营外，在广大的东北疆域内尚无一兵一卒，更不要说行政架构了。

国民党撤退东北行营之后，苏联也相应改变对中共发展的策略，要求中共撤出中长、北宁铁路沿线及东北各大城市，以适应其外交需要。中共认为：这是“由于我党在满洲的发展，蒋军不能顺利进入满洲，国民党在满洲的接收工作不能顺利开展，美、蒋在满洲问题上已对苏联采取了外交攻势。……最近苏军态度变化，暂缓撤退，当亦为此种情况之反映。国民党现在是抓住中苏条约，使苏联不能在满洲现在的情况之下脱身。这是一个严重的世界斗争”②。虽然苏美外交和国际关系角力同样影响到中共在东北的发展，但中共与国民党决策的不同处在于：其一，中共对国际形势的估计较国民党更为准确，认为美苏两强之争，并不能完全决定各国内部政治的运行轨道，因而中共可以在东北独立发展而不必太多顾虑美苏的干涉；其二，中共认定苏联是决定东北命运的关键力量，主要考虑与苏联的关系，着力利用并扩大苏联与国民党的矛盾；其三，中共与苏联有意识形态和革命目标的一致性，苏联即便对中共在某些方面有约束或限制，但如在国共之间作抉择，苏联还是宁迎共产党而拒国民党，何况中共非执政党，对许多问题的处理较国民党具有相对大的自由度。因此，在国共关于东北问题的角力中，11月间东北形势的变化，对中共虽有不利面，但其活动空间仍然很大，并未从根本上影响中共在东北的发展。

东北行营撤退前，中共已得到情报③，由于苏方要求中共撤出大城市和主要铁路沿线，情况似乎对中共并不有利。在“大局现在还是没有最

---

① 中共进入东北后，短时期内即建立了长春、松江（哈尔滨）、沈阳、黑龙江、牡丹江、吉林、延吉等地委，开始发展党组织的工作。

② 《中央关于东北的工作方针等给东北局的指示》，1945年11月19日，见《中共中央文件选集》第15册，429页。

③ 11月13日，中共中央告东北局：友人方针已定，恐难改变，我们应服从总的利益，立即重新部署力量，适应新形势。（参见《中共中央致东北局电》，1945年11月13日，军事科学院图书馆藏档抄件）

后确定”时，中共采取了谨慎的态度。11 月 19 日，苏方通知彭真、林彪：长春路沿线及城市全部交蒋，有苏军之处不得与国民党军作战，并要求中共退出铁路沿线若干里之外，但“彭、林未答应”。彭真要求苏方重新考虑其作法，并向上转达他的意见。苏军驻沈阳卫戍司令斯坦科维奇态度傲慢，对彭真说：“要你们退出沈阳，这是上级的指示。如果你们不走，我就用坦克来赶你们走！”彭真回敬以：“一个共产党的军队，用坦克来打另一个共产党的军队，这倒是从来没有的事，能允许这样做吗?”据在场的伍修权回忆，“大家毫不客气地吵了一架，闹得不欢而散”；下面的部队也“颇有些想不通”，因为“好容易占领了沈阳这样的大城市，却要白白让给国民党”①。中共中央本来还指示东北局，要求“在顾及苏联国际信用的条件下力争大城市”②。但在与苏方沟通之后，中共中央即改变方针，指示东北局：“彼方（指苏联——作者注）既如此决定，我们只有服从，长春路沿线及大城市让给蒋军，我们应作秘密工作布置”；“应迅速在东满、北满、西满建立巩固的基础，并加强热河、冀东的工作，应在洮南、赤峰去建立后方，作长久打算”；“只要我能争取广大农村及许多中小城市，紧靠着人民，我们就能争取胜利”③。在不能继续占领大城市的情况下，中共退而沿用传统的根据地战略。但是，为了在东北立下更牢固的根基，中共也对苏联提出了若干要求，请苏方“尽可能推延蒋军进入满洲及各大城市的时间”，并要求保有锦州、葫芦岛及北宁路之一段。④ 随着其后东北局势的发展，可以明显看出，苏联与国民党在东北接收问题上并无中共所担心的协调一致的行事，所以中共认为，“苏方在东北态度已甚为明显，目前所取步骤，既便严拒美军入

---

① 《刘少奇年谱》，531 页；伍修权：《往事沧桑》，162 页，上海，上海人民出版社，1986。

② 《中央关于东北的工作方针等给东北局的指示》，1945 年 11 月 19 日，见《中共中央文件选集》第 15 册，429 页。据跟随苏军行动的周保中报告：“苏军表示在撤退前，在可能限度内一定给我物资帮助，但是讲究方法，并尽量制造困难给顽。”（沈志华：《冷战的起源：战后苏联的对外政策及其转变》，173 页，北京，九州出版社，2013）

③ 《中央关于让出大城市及长春铁路线后开展东满北满工作给东北局的指示》，《中央关于东北撤出大城市后的中心任务给东北局的指示》，1945 年 11 月 20 日，见《中共中央文件选集》第 15 册，431、434 页。

④ 参见《中共中央致东北局电》，1945 年 11 月 20 日，军事科学院图书馆藏档抄件。

满，又便我方谈判和发展”①。中共与苏联的默契合作，对中共在东北的发展是有利的。

由于东北情况的不断变化，中共中央和东北局之间以及东北局内部对东北未来形势的估计存在着不尽一致之处。林彪主要是从军队现状出发，主张避免仓促作战，先行整顿军队，再图发展。东北局则从未来发展和扩大中共力量考虑，较为关注尽可能多地保有东北地盘。中共中央力争东北的总方针是一定的，但具体如何执行，则又不断根据情况有所变化。因此，中共在东北的发展战略在一段时间里不无某些矛盾与摇摆之处。

中共早先部署在山海关作战的最主要目的，就是“使蒋方有所顾虑，先在关内集中兵力”，如此“则将给我党以布置东北及热河全盘工作之时间”②。为与山海关作战相配合，11 月 12 日东北局部署夺取沈阳、长春、哈尔滨三市，得到中共中央的同意，要求“准备坚决消灭蒋顽在沈、长、哈三处着陆部队，夺取三大城市，其中最有决定意义的是沈阳城”③。山海关作战失利后，中共认识到，“我主力初到，且甚疲劳，不能进行决战，而国民党已乘虚突入，占领锦州，且将进占沈阳等地。又东北问题已引起中美苏严重的外交纠纷，苏联由于条约限制，长春铁路沿线各大城市将交蒋介石接收，我企图独占东北，无此可能，但应力争我在东北之一定地位”；因为“蒋介石困难甚多，即使苏方以重庆为移交东北对手，蒋亦无法接收，如我能迅速组织与巩固自己的力量并在锦州方向大量消灭蒋军，则我争取满洲仍有极大可能”④。不过，根据形势的变化，中共中央随后又指示东北局，“以控制长春路以外之中小城市、次要铁路

① 《中央关于再开谈判之门给董必武、王若飞的指示》，1945 年 12 月 1 日，见中央统战部、中央档案馆编：《中共中央解放战争时期统一战线文件选编》，33 页，北京，档案出版社，1988。

② 《坚决作战控制东西北满》，1945 年 11 月 2 日，见《毛泽东军事文集》第 3 卷，117 页；《中共中央致东北局电》，1945 年 10 月 27 日，军事科学院图书馆藏档抄件。

③ 《中共中央致东北局电》，1945 年 11 月 15 日，见《辽沈决战》(下)，596 页。

④ 《中央关于撤出大城市和主要铁路线后东北的发展方针给东北局的指示》，1945 年 11 月 28 日，见《中共中央文件选集》第 15 册，447 页；《中共中央致东北局电》，1945 年 11 月 23 日，军事科学院图书馆藏档抄件。

及广大乡村为工作重心”①。

山海关战后，林彪率部退往辽西阜新地区进行整顿，中共东北局也撤离沈阳进驻本溪。11 月 26 日，东北局发出关于今后工作的指示，要求“一切既不影响苏联外交，又可以在城市立足之干部，应坚决留在城内”；在已撤退的城市，应“准备力量，以便在不久的将来里应外合，收复这些大城市”；总之，“目前的任务，是在尊重苏联外交政策照顾苏联国际信用的条件下，力争大城市。一切工作的部署，都为着这一伟大的斗争目标”②。至少在一段时间内，东北局的工作重心保持了城市与农村并重的局面。

对于如何实现最大限度控制东北的战略方针，中共中央与东北局之间有着频繁的往复商讨。随着形势的发展，东北局多数领导人也倾向于首先整顿军队，巩固后方，因为“根据情况无独占满洲的可能”，“但力争优势仍有充分可能”③。黄克诚认为出关部队有“七无”，即“无党（组织）、无群众（支持）、无政权、无粮食、无经费、无医药、无衣服鞋袜等，部队士气受到极大影响”，提议“作长期斗争之准备”④。林彪则根据自己的亲身经历和现地观察，建议须肃清土匪，充实后勤，整训部队，“做长期打算与大规模打算”⑤。不仅如此，在城市工作等非军事领域，中共面对的形势也不同于以往。据李兆麟的报告：“一般群众中间势力，商工业资本家，都对国民党中央抱很好的幻想，认为国民党政府是正统，能解除他们的痛苦，能降住毛子兵，故在任何场所听到中央军中央政府来了就好了，工人生活没办法也说中央来了就有办法了。国民党乘机宣传中央接收人员来迟，是八路军共产党之过，形成当时一般人的反共反八路军的空气。”“各阶层群众因苏联红军纪律不好，反苏空气依然

① 《中央关于撤出大城市和主要铁路线后东北的发展方针给东北局的指示》，1945 年 11 月 28 日，见《中共中央文件选集》第 15 册，447 页。

② 《东北局关于撤出大城市后工作任务的指示》，1945 年 11 月 26 日，见《中共中央文件选集》第 15 册，435～436 页。

③ 《陈云、高岗给东北局及中央的报告》，1945 年 11 月 29 日，《李富春等给彭真等的报告》，1945 年 12 月 11 日，军事科学院图书馆藏档抄件。

④ 《黄克诚回忆录》，334 页。

⑤ 《林彪致东北局及中央电》，1945 年 12 月 11 日，军事科学院图书馆藏档抄件。

未变，一般群众都希望红军走。”“由于我们主观力量太小，宣传工作及群众工作近日做得很不够，群众尚未有意识的依靠我们。一般群众对国民党中央、蒋介石还有很大的幻想。”① 等国民党大员接收之后，情况反开始变化，因为国民党接收官员“卖官贪污，优越感，看不起本地人，大吃大喝不干正事，由失望到部分起而反对”；“各阶级各阶层中都起着相当明显的变化，这些变化对我们是有利的”②。因此，在当时情况下，无论是军事方面还是政治方面，中共尚不具备独力控制东北的条件。③

中共中央对东北形势的估计，根据实情而逐渐趋于务实。12 月初，东北局提出，“我们应积极准备夺取沈阳，以造成对于和战均有利之局面”。但中共中央回电强调，“第一由于目前的国际条件不够；第二由于我们在东北还有各种缺点，我们企图独占东北特别是独占东北一切大城市，已经是肯定的不可能”；“应以控制长春路两侧地区，建立根据地，利用冬季整训十五万野战军，建立二十万地方武装，以准备明年春季的大决战为目标来布置一切工作”；同时提出，东北的力量对比还待发展而定，“而苏联又要求满洲局势安定，因而达到一种妥协有一个时期的和平局面也是可能的”④。随后，东北局和东北人民自治军总部召开会议，研究战略部署，对东北工作以城市为主还是以农村为主有所讨论。会后，

---

① 李兆麟、杨维：《国民党接收哈尔滨时社会情况》，见中共哈尔滨市委党史研究室、中共宾县县委党史研究室编：《中共中央北满分局》，38～39 页，哈尔滨，黑龙江人民出版社，1998。

② 同上书，36～37 页。

③ 1961 年，在四野战史编辑过程中，罗荣桓回顾当年东北的情况，认为：“一开始，我们想控制全东北，这是从当时客观形势考虑的。红军占领了东北，华北根据地控制着通往东北的几条交通干线，华东根据地可以进行配合，而国民党只能从大后方经海上和空中向东北运兵。显然，我们是有控制全东北的可能的。但是，后来情况变了。美国人一插手，帮助国民党海运空运部队；苏联因同国民党订有条约，对它进东北不能拒绝；我（山东）一师还在赶路，（山东）三师也掉在敌人后面，加上主力部队到东北，可武器大部都留出发地，又没有根据地群众支持的条件，因此山海关、锦州一被敌人突破，我全部控制东北的条件就不存在了。”（《辽沈决战》（上），39 页）

④ 《中央关于东北工作方针与任务给东北局的指示》，1945 年 12 月 7 日，见《中共中央文件选集》第 15 册，465 页；中共中央文献研究室编：《任弼时年谱》，503 页，北京，人民出版社、中央文献出版社，1993。

东北局下发指示，提出“为了争取我在东北之一定地位以至优势，主要力量应放在控制沿长春路两侧广大地区（包括中小城市及次要交通联结点），建设根据地，加紧肃清土匪，放手发动群众，组织地方武装，并使主力求得休整，与新军合编，以充实主力，巩固新军”；同时又提出，对个别大城市，“我们应不放过时机以适当兵力争取控制之”，对次要城市及工业动力基地，“亦应争取控制之”①。这表明东北局已经开始将工作中心向乡村根据地转移，但也没有完全放弃在可能情况下夺取城市的想法。

根据形势的变化，12 月 24 日，刘少奇致电彭真，提出：“你们今天必须放弃争取东北大城市的任何企图。在东北今天的情况下，没有大城市即没有优势。但你们不要在自己立足未稳之前，去企图建立在东北的优势。你们今天的中心任务，是建立可靠的根据地，站稳脚跟。然后依情况的允许去逐渐争取在东北的优势，这应作为下一阶段的任务。”② 28 日，毛泽东为中共中央起草给东北局的指示，提出：“我党现时在东北的任务，是建立根据地，是在东满、北满、西满建立巩固的军事政治的根据地。”“建立巩固根据地的地区，是距离国民党占领中心较远的城市和广大乡村。”“我党在东北的工作重心是群众工作。”“只要我们能够将发动群众、建立根据地的思想普及到一切干部和战士中去，动员一切力量，迅速从事建立根据地的伟大斗争，我们就能在东北和热河立住脚跟，并取得确定的胜利。”③ 这两次指示使中共在东北的工作重心由争取与巩固城市转入传统的以建立农村根据地为中心，后来被形象地概括为“让开大路，占领两厢”④。为落实中共中央的指示精神，12 月下旬，彭真在东

① 《东北局关于当前东北形势与准备作战的指示》，1945 年 12 月 15 日，见《中共中央东北局重要档案汇编》，14 页。

② 《以主要力量建立东、北、西满根据地》，1945 年 12 月 24 日，见《刘少奇选集》上卷，374 页。

③ 《建立巩固的东北根据地》，1945 年 12 月 28 日，见《毛泽东选集》第 4 卷，1179～1181 页，北京，人民出版社，1991。

④ 此语最早出自 11 月 22 日刘少奇为中共中央所拟致重庆代表团的电报，针对苏联要中共力量撤出东北各大城市的举动，中共中央指示东北局，“服从彼方决定，速从城市及铁路沿线退出，让开大路，占领两厢”（《刘少奇年谱》上卷，531 页）。

北局和东北民主联军总部直属机关干部会讲话时提出：东北的前途怎样？有一个时期共产党想控制全东北，那时有可能，现在没有这个可能。将来如何？看斗争决定。现在共产党的方针是依靠次要铁路、次要城市和广大乡村，创造强固的根据地，动员群众起来，这是现在的中心。①

不过，中共中央的东北工作方针以后又随着形势变化而有相应的变化，1946 年春再度赋予东北方面夺占并巩固城市的任务。正因为如此，相应地，在当时的东北局和东北民主联军内部，对于东北的工作中心问题是有些不同意见的。1946 年 3 月 6 日至 8 日，东北局和东北民主联军总部在抚顺召开干部联席会议，林彪发言认为，东北局“没有一比较突出的、一切工作的出发点”，“城市与乡村的问题，看法很不一致”，“东北局没有战争观念”，“发动群众不敢放手，有右的倾向”。林彪的看法在东北中共领导人内部引起了不同的反应，但不少人认为，这是因为过去东北局诸负责人大多不在一起，也没有开这样的会，让大家充分讨论问题，有些问题认识上没有互相交换，希望今后要多在一起开会，交换意见，认识容易统一。彭真也就有关问题作了解释。8 日，林彪在会议结束时说，他的发言有关东北局没有战争观念和不敢放手发动群众、有右的倾向是不对的，是不妥的。② 其实，林彪和彭真在战后中共争夺东北过程中的一些争论，各有其出发点，但是因为过去反复的政治斗争，往往有些被夸大了。平心而论，林彪和彭真各有各的历史背景和革命经验，在中共争夺东北的过程中，他们的目标是一致的，而且各有各的贡献，他们之间的矛盾分歧也不是根本性的，或许只是来自他们所处的不同地位和面对的不同问题而已。作为东北局的领导，彭真需要面对政治、组织、城市、农村等各方面的问题，尤其是如何与东北苏军当局打交道，决策牵扯较多，较易引起争议。而作为军队的领导，林彪首先需要确保打胜

---

① 参见《彭真年谱》第 1 卷，363 页。

② 参见《彭真传》第 1 卷，418～419 页。有研究者认为，林彪在东北局内没有任何职务，但是，多年来，他指挥作战时都处在第一指挥员的地位，从来没有当过别人的助手，而又惯于抓权，很有霸气，因此对协助彭真指挥，他是不会服从的。彭真“在军事上，没有独当过一面，更没有指挥几十万大军与数十万国民党作战的经验”。而且，林彪和彭真到东北后长期不在一起，沟通主要靠电报来往，林彪与延安中共中央之间又有直接往来渠道，“客观上就形成彭真和林彪之间一定的隔阂”（田酉如：《彭真主持东北局》，161～162 页，北京，人民出版社，2007）。

仗，目标单一，处事也难免直奔主题。毛泽东对他们其实也无特定的偏向，而视如何确保中共控制东北为至高目标，故毛既不乏支持彭和也不乏支持林的言论。所以，当时的东北局书记彭真过后认为：“当年，东北问题牵扯着错综复杂的矛盾，形势又不断发生巨大的变化。开头，不光我们（那些没有在东北工作、生活过的人）对那里的情况不了解，就是东北的同志在时隔十四年以后再回到那里，也不熟悉了，许多情况都要从头摸起。中央、中央军委、毛主席根据形势变化，适时调整部署、方针，是正常的。东北局领导内部在工作问题上有不同意见，也是正常的。时至今日，也还有不同意见嘛！有没有两条路线？拿事实作证明，没有。不论东北局、东总，还是我个人，都是严肃执行中央、中央军委、毛主席的决定、指示、命令的，没有另搞一套。当然，在那九个月的工作中也有失误，需要总结，需要吸取，但不存在与毛主席革命路线相对立的所谓‘错误路线’。”①

三、中苏东北经济合作交涉

1931年“九一八”事变后，日本侵占东北14年，在掠夺东北丰富的工矿农牧业资源、为日本军国主义对外侵略扩张服务的同时，也在东北进行了若干建设，其中尤以采矿、钢铁、电力、机械等重工业和铁路、公路交通设施为中心。这是一笔相当庞大的产业，而且是日本军国主义剥削压榨中国人民所得，日本投降后理应归中国接收。1944年筹备联合国的敦巴顿橡树园会议期间，中国外交部曾为此提出：“鉴于中日战争时间之长久及日本对华经济破坏之深刻，日本当按其实际支付能力，对我支付相当数量之赔偿，以抵补中国战时之一般损失。除金钱支付外，可以实物支付。”②

1945年2月，美国与英国在美英苏三国雅尔塔首脑会议上对苏联作出让步，同意苏联在战后东北据有相当的特权，从而使中国在对战后东

① 《彭真传》第1卷，447页。
② 《战后国际和平机构及其他有关问题》，见胡世泽档，Box 2。

北问题的处理上自始即处于不利地位。在随后进行的中苏条约谈判中，蒋介石曾指示宋子文："关于东北原有各种工业及其机器，皆应归我国所有，以为倭寇对我偿还战债之一部分，此应与苏方切商或声明者也。"据宋称，苏方"对此事允予同情考虑"①。但据参与谈判的蒋经国告张嘉璈，在谈判中斯大林表示，"特种公司产业应归苏有，'满洲国'者则苏不染指，即此一谈，此后遂搁置，未加注意"。张嘉璈认为，苏方"今则公然认为战利品。只当大任者不能细心密虑，今铸此大错，可为痛心"②。由于中方对一些具体问题未及深思熟虑，如何谓斯大林所称之"特种公司"等等，在中苏条约和有关文件中均未加以明确的界定，从而为未来东北的经济接收留下了变数，也为苏联留下了可乘之机。

熊式辉、张嘉璈、蒋经国等飞抵长春后，在10月17日和驻东北苏军总司令马林诺夫斯基的会谈中，提出接收日本和伪满政府独营与满日合营之产业，但马氏称这些产业为"苏军战利品"，应由苏方处理。马氏说法表明苏方"意欲藉战利品为名，攫取东北工业，继承日本在满洲经济所占有之特殊势力"，并为全面介入东北经济预留伏笔。③ 张嘉璈马上感到这个问题的严重性，因为如照马氏说法，东北大多数产业有日本投资，则"东北所有工厂势必均归苏有"。他向蒋介石建议，迅由外交部向苏方提出：东北所有敌产，应以抵偿所欠人民债务，如有剩余，应以赔偿中国战争损失；苏联若提出战费问题，则只能由中国政府付给，不宜合办工矿事业。④ 张嘉璈此时不仅主张将东北日伪产业收归国有，而且反对苏联以经济合作为借口控制东北经济的企图。但是当时国民党正全力交涉东北接收，并寄希望于苏联的协助，蒋介石接到张的报告后，虽"令外交部切实研究后再定交涉步骤"，但似乎尚未将此事置于决策的中心位置。⑤ 苏联则企图以既成事实压中方让步，也不急于解决这个问题，此事

① 《蒋委员长致宋子文院长令与苏方切商东北工矿应归我所有电摘要》，1945年8月7日，见《中华民国重要史料初编》第7编第1册，241页。

② 《张嘉璈日记》，1945年10月17日，见张嘉璈档，Box 18。

③ 参见姚崧龄：《张公权先生年谱初稿》，523～524页，台北，传记文学出版社，1982。

④ 参见《张嘉璈主任委员呈蒋主席报告苏方视东北工业设备为战利品函》，1945年10月20日，见《中华民国重要史料初编》第7编第1册，371～372页。

⑤ 参见《蒋介石致张嘉璈函》，1945年10月25日，见张嘉璈档，Box 10。

最初并未成为中苏双方东北接收交涉的重点。

然而，中苏双方不谈东北经济产业的情况并未能持续多久。在苏联方面，其对东北经济的方针可分为两部分：一是对动产和可以拆卸的不动产尽量运回苏联（事实上也这样做了）①，二是对无法或不便拆卸的不动产或所谓经济权益要求中苏合办、共同经营。对前者苏联根本不愿谈判，以等待既成事实，榨取尽可能多的经济利益；对后者则想通过谈判获得合法权益，将东北经济命脉控制在自己手中，并排除其他方面尤其是美国卷入东北事务，以确保其在远东地区的国家利益。就法理而言，苏联的要求毫无根据，国际法对战利品的解释并不支持苏联的说法②，而苏联也曾同意战争赔偿问题应由同盟国共同向日本提出；再者，中国和苏联为第二次世界大战中的同盟国，既为同盟国领土上的产业，即便是敌方产业，也不应视为“战利品”；更不必说经济合作这样完全超出战争善后范围之外的问题。但苏联自恃强权，在基本运走了有价值的动产并拆卸了能拆的不动产之后，顺势提出其他不能拆卸的不动产问题，企图获得更多更大的权益。在国民党方面，虽然对苏联的强横做法很是不满，不愿涉及所谓“战利品”和经济合作问题，但形势的变化导致了国民党态度的变化，尤其是主持东北经济接收的张嘉璈，经过在接收过程中与苏方的交涉，认识到苏联对国民党接收东北具有关键的作用，而经济合作问题是苏联全盘战略的一部分，简单的拒绝不仅无济于事，反而将增加苏联对国民党的恶感和戒心，不利于国民党接收东北并确立在东北的统治地位，因此他转而主张就东北经济问题与苏联谈判，并在可能情况下满足苏联的要求，以此换取苏联对国民党接收东北的支持。正所谓形势比人强，中苏双方抱着不同的目的开始了有关东北经济问题的交涉。

10月27日，张嘉璈与苏军经济顾问斯拉特科夫斯基进行了“彼此语气均含有试探性质”的首次接触。斯氏询问中方对东北经济的基本政策，

---

① 有关苏军对东北工业的拆迁和损毁情况，详见下节所述。

② 据权威的《奥本海国际法》，“在公有不动产所在的领土未经兼并而成为占领国的国家财产之前，没收这些不动产是不合法的”。有外国学者认为，苏联对所谓“战利品”的解释，“超出了国际公法和国际实践普遍承认的战利品的概念”（薛衔天：《苏联拆运东北机器设备述评》，见《中共党史资料》第81辑，86～87页）。

张表示“此来拟致力于中苏两国在满洲经济上之合作”，东北日本工业应赔偿中国抗战损失，“希望苏方开诚以意见相告”①。还在此次商谈之前，10 月 24 日，斯氏已直接要求前满洲重工业株式会社和前满洲电业株式会社将其所属产业移交苏联。在苏军压力下，“满业”和“满电”于当月底与苏方达成移交协议，而中方对此事的全过程毫不知情。11 月 7 日，马林诺夫斯基对张嘉璈说：“此后第一幕工作为阁下之工作，阁下向在经济界负有声望，富有经验，阅名已久，且知阁下为有思想之人，必能解决一切，但望勿为金元（即美元——作者注）所左右。”张氏不明底里，“不知何以在其语气中如此注重我之工作”。直到 13 日，他得到苏方与“满业”和“满电”签署的文件，方才“得其端倪”，“乃知苏方注意满洲工矿业，必欲染指，为排斥美国势力之侵入，阻滞我方军队之运输之一重大原因”②。

就在苏联预谋以经济合作而控制东北经济的同时，东北形势已经发生了令国民党始料不及的变化。苏联拒绝国民党军队在东北各港登陆，并对国民党接收东北设置种种障碍。国民党本指望依靠苏联的帮助接收东北，然而客观现实却是，军队登陆受阻，接收缺乏强力支撑，熊式辉等在与苏方交涉中屡屡受挫，一筹莫展。与此同时，中共军队迅速进入东北并扩大势力范围，已经构成对国民党恢复东北统治的严重威胁；美国为国民党运兵到东北的举动引起苏联的强烈怀疑，使其对国民党接收东北设置更多的障碍。东北接收本为中苏之间的国家关系问题，但自国民党接收东北之始，除了与苏联直接打交道之外，中共进军东北和美国欲在东北插足这两个因素即如影随形，交织于国民党接收东北的全过程之中，并通过与苏联和国民党的互动关系，影响到国民党接收东北的成败，表现出强烈的政治意义。

面对东北接收的不利局面，11 月上中旬，蒋介石连续召集国民党和国民政府高级官员讨论东北局势，提出撤退东北行营，暂时“搁置”东北接收的计划，得到多数同意，并于 11 月 15 日付诸实施。国民党的东北

① 《张公权先生年谱初稿》，532～534 页。

② 同上书，545、551 页。

接收计划遭遇重大挫折。但是，颇为耐人寻味的是，就在国民党准备撤退东北行营的前夕，11月14日，斯拉特科夫斯基向张嘉璈提出，苏联在东北的商业机构拟向中国政府立案，并拟以没收敌产作为苏方财产与中国合作经营，这是苏联第一次向中方提出东北经济合作问题。16日，斯氏复催问张如何考虑此事，表示苏方愿将东北日本工业资本以中苏合办形式经营，双方各占一半股份。此时，东北行营正待撤退，奉命留守长春的张嘉璈对东北交涉如何进行心中无数，只能表示将等候政府的指示。为了对以后的谈判预作铺垫，张还提出，“政治环境可妨碍此种经济合作之发展”，并在斯氏追问时明确表示“政治问题与经济问题须同时解决”，将其以经济合作交换苏联支持国民党接收东北的想法传达给苏方。20日，斯拉特科夫斯基向张嘉璈正式提出苏联关于经济合作的设想：组织中苏合办之股份公司，经营“满业”和“满电”的产业；股本双方各半，苏方以两会社日本资产的一半作为己方股本；中方担任总裁，苏方担任总经理。斯氏在谈话中特意表示，“环境可藉丰满之工作克服之”，暗示苏方将以此决定对国民党东北接收的态度。① 张嘉璈当即急电重庆，请示方针，并在22日返渝汇报。

11月25日，张嘉璈回到重庆，向蒋介石建议早定东北经济合作方案，以便接收顺利进行。因为身处东北交涉一线，备尝与苏方交涉的艰辛，张嘉璈对苏联在东北举足轻重的作用和其长远意图有更深一层的了解与体认。他认识到，“苏方设计以战利品名义先自日本手中攫取工矿之所有权，同时又恐计不得逞，再拆迁重要机件入掌握之中，故经济问题不得解决，即接收问题无法解决，又灼然可见”。他认为“与苏方须得一精神上之谅解，否则种种交涉均是枝节”②。所谓“精神谅解”就是国民党应以行动表现出对苏友好及对苏联在东北势力范围的默认与容忍，因为东北与苏联接壤，有较为长久的历史渊源，苏联不会容忍东北成为对其国家安全利益的威胁，而国民党的历史与现实及其美国背景不能不使苏联心怀疑虑。苏联目的是“使今后东北成立之政权，不能有与苏联不

---

① 参见《张公权先生年谱初稿》，556～559、563～565页。

② 同上书，551、554、546页。

友好之意思与行动，更不能与苏联作敌对之准备”；“使今后东北不能为美国所染指，一方面预绝他国利用东北觊觎苏联之野心，一方面亦预绝中国利用东北作以夷制夷之幻想”①。正是抱着这种认识，张嘉璈由起初反对与苏联谈判东北经济合作问题，改而主张不能不与苏联谈判解决此一问题，以对苏让步得到苏联对国民党接收东北的支持，并在以后的交涉中一直坚持了自己的看法。

蒋介石对与苏联经济合作本有考虑。东北行营撤退前，蒋介石曾经对蒋经国交代四点，作为对苏让步的底牌，其中就包括东北经济与苏联合作。② 但在国民党内部，一直有反对向苏联让步的强烈呼声，从而不能不影响蒋的决策。11 月 28 日，蒋介石召集行政院院长宋子文、外交部部长王世杰和张嘉璈、蒋经国等讨论东北经济合作问题，张嘉璈对苏让步的主张遭到强烈反对。宋子文认为，东北日产作为苏联战利品再投资合办产业，超出中苏条约范围之外，“无论如何不能同意”。王世杰认为，在东北接收之前谈经济合作问题，无异屈服于苏方高压，“必引起人民反感，是以必须政治问题解决之后，方可谈到经济合作”。宋子文与王世杰是中苏条约谈判的主持者，东北接收受挫，两人因此而承受了国民党内外的极大压力，甚而被指为“祸国害民”。在这种情况下，宋、王虽不主张对苏决裂，但为顾及自身地位和名誉而反对向苏联再做让步实为情理之中。张嘉璈也承认宋、王的主张“于法于理确是正当”，但他又自信自己主张的正确，认为“经济解决，虽不敢谓可完全顺利接收，然可望解决问题之大半”③。但张嘉璈本为金融专家，非国民党正统出身，在国民党决策层的影响有限，他无力说动国民党决策层的多数人同意自己的主张。这样，一方面是国民党内多数人主张先接收而后谈经济，反对对苏再作妥协；另一方面是苏联有意无意将经济合作与接收相联系，先经济而后谈接收，国民党暂时便无法改变在东北接收问题上的僵局，只能是暂时“搁置”东北问题，而这又对中共在东北的发展有利。经济、外交

① 《张公权先生年谱初稿》，541～542 页。

② 参见《蒋委员长致蒋经国特派员指示解决东北问题途径函》，1945 年 11 月 14 日，见《中华民国重要史料初编》第 7 编第 1 册，146 页。

③ 《张公权先生年谱初稿》，570～571、577 页。

与国民党、国共关系和中国国内政治就是这样以其特有的方式纠缠一体并影响着战后东北的历史进程。

11 月 28 日，蒋介石召集国民党高官商谈东北经济合作交涉问题，决定“东北未接收完成以前，决不与其商谈经济问题”。12 月 1 日，蒋介石召见张嘉璈和蒋经国，告以“对俄之经济合作，必须在东北行政接收完毕以后再谈，但亦不能谈全部之工业经济，以此乃将来赔偿会公决之事也”①。因为国民党决策层无意对苏让步，张嘉璈的经济合作主张不能实行。他在 11 月 28 日会后，根据讨论结果拟定了对苏答复原则：1. 苏军未撤、东北接收未完成前讨论此事将予外间不良之误会；2. 中国愿在东北接收完成后与苏方商讨经济合作办法；3. 中方将在所定经济建设方案范围内尽力与苏方合作。其后他又与资源委员会副主任委员钱昌照拟定了中苏经济合作大纲，原则为：商务合作订立以货易货协定，技术合作尽量聘用苏籍专家，资金合作欢迎苏方投资，工业合作双方指定种类商议办法。② 此大纲得到蒋介石、宋子文和王世杰的同意。

12 月 4 日，张嘉璈和蒋经国回到长春。次日，在与马林诺夫斯基会见时，马氏特别提出“东北经济合作问题，希即开始商讨，并有所结果”。张嘉璈遂提出在重庆拟定的原则方案，并强调须俟苏方撤军后再谈合作问题。③ 7 日，斯拉特科夫斯基约张嘉璈谈话，催问中方关于经济合作的具体方案。张重申了已交马氏的经济合作大纲内容，并告诉对方，经济合作之所以暂时不能进行，是因为东北接收发生问题，而且苏方提议“无异日本帝国主义之故伎”。斯氏闻之甚为不满，“认为莫大侮辱”。他重复苏方一贯做法，打压与拉拢并施，大棒与胡萝卜并用，一方面表示“经济问题如能解决，政治问题亦随而解决”；另一方面又威胁，此事如不能解决，东北工业将“任使其尽数破坏”④。9 日，马林诺夫斯基与

① 《蒋介石日记》，1945 年 11 月 28 日，12 月 1 日。

② 参见《张公权先生年谱初稿》，571、574 页。

③ 参见《蒋经国特派员呈蒋委员长报告与苏军总司令马林诺夫斯基会谈情形电》，1945 年 12 月 5 日，见《中华民国重要史料初编》第 7 编第 1 册，158 页。

④ 《张嘉璈主任委员与苏军经济顾问斯拉特科夫斯基关于东北工矿合作问题谈话纪录》，1945 年 12 月 7 日，见《中华民国重要史料初编》第 7 编第 1 册，387～394 页。

张嘉璈、蒋经国再度会谈，马氏直截了当地表示，“苏联要求经济合作之目的，仅为获得本身之安全……仍望此事以迅速及简单之方法解决之”。在这几次谈话后，张嘉璈与蒋经国联名致电蒋介石，认为“适值紧要关头，迎拒之间，十分微妙。实不敢负此重任，务请中央早日定一原则，是否愿于经济上稍作让步，以求接收撤兵之顺利”①。

根据斯拉特科夫斯基12月11日对张嘉璈所言，苏联希望列入合办事业的厂矿占东北总产量的比例为：煤炭18%，机械33%，有色金属（包括钢铁）81%，水泥37%，电力89%。两天后苏方提交的清单具体列出了合办单位细目，计9处煤矿，14处电厂，3处钢厂，3处铁矿，19处非金属与轻金属厂，6处机器制造厂，8处化工厂等，共计81个单位；苏方要求组织11个合资公司，其中钢铁、非铁金属、水电、民用航空、煤矿等5家公司，苏方占51%的股份，董事长和总经理由苏方担任，其余公司苏方占49%的股份。苏联的胃口相当大，所谓经济合作几乎包括了东北工业的精华，尤其是钢铁与电力两大基础工业的绝大部分均囊括其中。② 在对苏方方案的分析意见中，张嘉璈认为：化学、机械工业及本溪钢厂设备已为苏军掠去，不妨同意合作；鞍山钢厂设备虽被拆走，但宜保持；煤矿可以部分合作；有色金属多应予保持；电力除丰满电站外均应自办。但此事既须国民党决策层的多数同意，又必须顾及民众和舆论的反应，而且将影响东北以至中国未来的发展前景。此时的张嘉璈，既感在国民党内得不到支持③，也对同意苏联要求后东北能否顺利接收心怀疑虑（苏方在谈判中只作空洞承诺而不提实际问题），既不能更不愿自作主张，只是等待国民党高层的决策。

蒋介石对东北经济交涉本不以为然。12月13日，他在北平召见熊式辉和蒋经国时，还特别表示“俄谓东北动产为战利品之非，是以东北为

---

① 《张公权先生年谱初稿》，587页；《张嘉璈主任委员蒋经国特派员呈蒋委员长告与苏军经济顾问斯拉特科夫斯基商谈经济问题电》，1945年12月8日，见《中华民国重要史料初编》第7编第1册，395页。

② 参见《张公权先生年谱初稿》，588～594页。

③ 1945年12月3日，张嘉璈在路过北平与李宗仁见面时，李宗仁批评“对苏交涉太懦弱”，张嘉璈感叹说，“可见外间不明真相，易于批评”（《张嘉璈日记》，1945年12月3日，见张嘉璈档，Box 18）。

其盟国领土，不可以对欧洲敌国领土内之敌产相比拟也”①，说明他不会在东北经济合作方面对苏联有大的让步，但格于现实环境，又不能完全置之不理。12月19日，蒋介石、王世杰和自东北归来的张嘉璈、蒋经国讨论东北对苏外交问题，决定再作适当让步，以延期撤兵费名义付给苏方东北流通券10亿元，苏方不再提战利品问题；合办事业分为若干单位，不搞成一个大公司，电力不列入合办；先由经济部派人至长春商谈，俟苏方撤兵后再正式谈判。② 其时，蒋介石决定派蒋经国赴苏，开始新一轮外交努力，因此他同意就经济合作与苏方作初步商谈，不无以此向苏方示好、得其协助接收之意。蒋介石在和王世杰、张嘉璈和蒋经国谈经济合作交涉时，认为“我国对俄方应示以宽和，不宜峻拒，不妨先与试谈”；应将“此时不能固拒不谈之意告之。至于对俄，一来增进中俄同盟之义，并不愿因共党关系而阻碍我中俄邦交”③。而苏联也有意通过在东北接收方面向国民党表示“善意”而得到国民党在经济合作方面的让步。马林诺夫斯基特意向张嘉璈表示，双方合作“并无困难”，希望国民党空运部队早日到来，苏军当协助国民党逐渐建立政权，甚而对张嘉璈“最好劝八路让出铁路线以外”的要求，“马答极是”，“语气极为肯定坚决”④。

1945年12月30日，蒋经国抵达莫斯科。在与斯大林的会谈中，蒋经国向斯大林保证，“东北永远不会成为反苏基地”，“坚持门户开放政策，但依然保持苏联在经济方面的主导作用”。斯大林坚持苏联有权获得东北的“战利品”，认为“中国方面并不会因此而有任何损失。作为战利品的企业将在平等的基础上由中苏双方共同经营”。蒋经国提出，可以别的名义而不作为“战利品”，将这些企业的半数转给苏联；同时，因为中国缺少重工业，应将部分企业交给中国管理；并希望在苏军撤走后再签有关条约。斯大林表示可以考虑，但认为现在可以谈判，协定晚些时候再签署，不过越快越好。⑤ 蒋经国此次访苏，在经济合作交涉方面没有取

① 《蒋介石日记》，1945年12月13日。

② 参见《张公权先生年谱初稿》，603页。

③ 《蒋介石日记》，1945年12月20日、21日。

④ 《张嘉璈致熊式辉》，1945年12月23日，见张嘉璈档，Box 26。

⑤ 参见《斯大林与蒋经国会谈记录》，见《中共党史资料》第61辑，202～205、208页。

得多少实际成果。

就在蒋经国访苏前后，留在长春的张嘉璈继续与苏方进行有关东北经济合作的交涉。1945 年 12 月 24 日，他将中方意见通知苏方。1946 年 1 月 16 日，经济部特派员孙越崎抵长春，带来行政院副院长兼经济部部长翁文灏所拟交涉方案及合办大纲草案。由于国民党内对中苏东北经济合作问题意见不一，且反对声浪很高，经济部的方案比原议方案有所后退，不再提撤兵费一事，缩小合办事业的种类和规模：电力、化学、石油不能合办；矿业应避免合办；可合办者只有本溪钢厂及相关产业（改组为钢铁公司），前“满洲自动车”和“满洲机械”所属工厂（改组为机械公司）。张嘉璈认为“中央指示，与苏方所提，相距太远”，因此致函蒋介石与翁文灏，力陈现“距离苏方撤兵期，只有半月。如此迁延，徒使苏方作种种不利于我方之准备与布置，将更增接收之困难”，主张“请将我方所提，再加放松”①。蒋介石的态度则有矛盾之处，一方面他认为，“俄国对我提出东北经济合作具体方案，其要求范围甚广而苛也”，“忍痛受辱极矣！”另一方面，他又注意到苏军延期撤军的动向，担心因此而影响国民党对东北的军事接收，故其考虑“惟有忍痛牺牲利益，以求达我收复领土之目的。但利益不妨忍让，而主权不能牺牲，故必须不违反我国之公司法为交涉基准，亦以此为交涉范围也”②。然蒋既无“忍让”的决心，又不能不考虑国民党内对经济合作交涉退让的强烈反弹，故其指示张嘉璈“关于经济合作方针，此时只可缩紧，不宜太宽。此事已考虑再三，不能不如此”③。张嘉璈与孙越崎研究并商蒋经国后，提出在煤矿、钢铁、机械等方面再做适当让步。参与研究的孙越崎认为，“苏之目的，非仅在经济上之满足，而在于扶植亲苏政权”④，对让步成效表示怀疑，更不必说国民党决策层始终坚持苏联不撤军即不签约的态度，中苏经济合作交涉难有大的进展。

事实果如张嘉璈所言。1 月 25 日，他将经济部的方案交给苏方，苏

---

① 《张公权先生年谱初稿》，625～628 页。

② 《蒋介石日记》，1946 年 1 月 19 日、20 日、21 日。

③ 《蒋介石致张嘉璈函》，1946 年 1 月 16 日，见张嘉璈档，Box 10。

④ 《熊式辉日记》，1946 年 1 月 30 日。

方极为不满。26 日至 28 日，斯拉特科夫斯基与张嘉璈等连续会谈。斯氏声称，中方提案“无法使每一公司有发展之基础，实在不敢报告政府”。他还威胁说：“此项讨论，拖延已久。若再拖延，势必影响军事政治一切问题。”张说明“我政府方面已尽最大之努力”，“请其将苏方原提案加以修改，作最大之让步。吾方亦再考虑，作最后之让步”。2 月 1 日，张嘉璈会见马林诺夫斯基，马氏直言不讳地告张，中方对于经济合作问题，“如仍拖延不决，作赌牌式勾心斗角之种种举动，则工业停顿，且继续遭受破坏，东北秩序始终不能恢复”。张嘉璈认为，“此次谈话无异苏方之最后通牒，不能再事迁延不决矣，故决定即返渝一行”①。中苏有关东北经济合作的交涉，未及正式开始，便已陷于僵局。

1946 年 2 月 1 日，蒋介石与王世杰“商谈东北俄军未撤之对策。今后俄军未撤以前，不再与其谈经济问题矣”②。4 日，张嘉璈回重庆汇报交涉情况，与蒋介石、宋子文、王世杰、翁文灏等商量对苏方针。此时已届苏军延迟后改定的撤兵之期，国民党东北接收停滞不前，中共在东北已形成较为稳固的势力范围，形势发展对国民党不利。但在国民党内，多数人仍反对对苏让步。据张嘉璈所记国民党主其事者宋子文、王世杰、翁文灏的态度，“宋、王二人因当签订《中苏友好条约》之冲，唯恐再受攻击，宋则取极端冷淡态度，王则取极端谨慎态度，翁则以宋、王态度为转移”。蒋介石则“为主权与法理两理论所拘束”，不愿让步。在 4 日的会议上，蒋介石决定，“如苏方不撤兵，吾方即不前进，亦不谈经济合作问题，任其搁置再说”。王世杰“仍主消极不予以口实为止，而不取反对形态也”。张嘉璈认为，如此一来，“苏必利用共产党扩充势力于长城内外，若东北全赤，则华北亦赤”，因此建议蒋“重加考虑，决定方针。一则绝对不再与苏方讨论经济合作；一则再提答案，作最大之让步”③。7 日，蒋再召王世杰、翁文灏、张嘉璈、蒋经国等讨论，决定稍作让步，将鞍钢和鹤岗煤矿列入合办方案，并由张嘉璈回长春与苏方接洽。但宋

① 《张公权先生年谱初稿》，639～646、653、655 页；秦孝仪主编：《“总统”蒋公大事长编初稿》卷 6（上），35 页。

② 《蒋介石日记》，1946 年 2 月 1 日。

③ 《张公权先生年谱初稿》，630、656 页；《蒋介石日记》，1946 年 1 月 30 日。

子文实际并不赞成，他多次对张嘉璈表示，“恐交涉不能有结果。若继续交涉，徒使我方愈陷愈深，不如置之不理”，要张不必再回长春。①

就在中苏东北经济合作交涉不得进展之际，美国人的插手使事态更趋复杂化。美国资本对东北始终抱有经济扩张企图。1945 年底，美国特使马歇尔到中国后，在与国民党高层会见时，不止一次提到东北经济问题，“对东北经济合作问题特别注重”②。马歇尔还明确对王世杰表示，对苏联的经济合作要求“不必立予解决”，因为“时间对苏联不利，因为苏军在东北驻扎的时间越久，全世界对苏联蓄意破坏条约就看得越清楚”。这样的意见对主要依赖美国为支持者的国民党而言无疑是有分量的。③ 2 月 11 日，美国大使馆照会王世杰，转达美国政府意见称：中苏东北经济合作“将被认为违反门户开放之原则，明显的歧视美国企望获得参加满洲工业发展机会之人民，并可能对于树立未来满洲贸易关系上，置美国商业利益于显著的不利地位”；“在此时将日本在满洲之国外财产作最后之处置，或以‘战利品’之方式而迁移此项财产，或由中苏两国政府订立关于此项财产所有权的管理之协定，均将视为最不适宜”④。美国国务卿贝尔纳斯在华盛顿公开对记者表示，东北日产问题应由远东委员会讨论解决。⑤ 美国此举的目的在于其自身利益，即防止苏联独占东北，并为美国资本进入东北打开方便之门，但它却使本处于半明半暗之中的中苏经济合作交涉公开化，导致国内舆论的反对，并使国民党内“主张对苏采强硬态度者，觉得吾可藉美国助力以抗苏联，使谈判益增困难”⑥。实际上，美国对国民党的支持是有限的，尤其是在东北这样关系苏联切身利害的问题上，美国不可能为了国民党的利益与苏联彻底决裂。美国对

---

① 参见《张公权先生年谱初稿》，660～661 页。

② 《蒋介石日记》，1946 年 1 月 29 日。

③ 参见《王世杰日记》，1946 年 1 月 29 日，2 月 8 日；Marshall to Truman，Feb. 9，1946，*FRUS*，1946，Vol. IX，p. 426；列多夫斯基：《马歇尔使华与苏中美关系》，见《中共党史资料》第 73 辑，215 页。

④ 《美国驻华大使馆参事施麦斯致外交部部长王世杰有关美国对东北经济合作态度之照会》，1946 年 2 月 11 日，见《中华民国重要史料初编》第 7 编第 1 册，453～454 页。

⑤ 参见《美国注视东北问题》，载《大公报》（天津），1946-02-23，2 版。

⑥ 《张公权先生年谱初稿》，661 页。

东北政策的立足点在于：保持对苏联的压力，支持国民党接收东北的行动，但不直接卷入东北事务。这也是美国对战后中国基本政策的反映。对国民党而言，这无疑有点口惠而实不至。

接下来的事态发展更是急转直下。就在美国照会送达的当天，雅尔塔密约全文正式公布，其中将日本在东北的权益转让苏联的内容，使国内“一般人民睹此协定，必大起愤懑无疑”。舆论的强烈反应，既不能不为国民党所重视，又为国民党强硬派提供了借口，使国民党决策层所处的内外环境发生重大变化，对东北问题更失回旋余地，对苏强硬的主张占了上风。就连一直主张对苏让步的张嘉璈也认为，即使此时与苏方达成协议，“不特主持交涉者将遭唾骂，即交涉协议亦势难实行”①。

2 月中旬，张嘉璈与王世杰、翁文灏拟出新的经济合作方案。17 日，蒋介石令“照兄等所拟办法，作为最后之尝试。但切不再有一字之增加。……必须以此为最后一步之决心”②。次日，王世杰约见苏大使，告以中方提出最后方案，将由张嘉璈和蒋经国在长春与苏方谈判。但前此美国提出有关东北经济交涉问题的照会，被蒋介石认为“此固为于我有利之提议”，“或于我不无补益也”，认为“如何因应不失其机会，应慎重处理”，18 日急电王世杰、张嘉璈、蒋经国，令“长春交涉经济合作问题暂中止，缓行静观局势后再定”③。20 日蒋又致电王世杰转张嘉璈，强调令其“暂留重庆”待议。④ 虽然张嘉璈一直“以为此事早日解决于我方有利，苟拖延，苏方以为我无诚意，必助中共与中央对抗，困难更多”⑤。但他无力改变大局，2 月 25 日致电留在长春的董彦平，告以“最近种种演变，似应先由两国政府间开诚交换意见后，弟等再行返长，因此行期展缓”⑥。随后，国民党强硬派挑起全国范围的反苏游行。3 月间召开的国民党六届二中全会，通过一系列对苏强硬提案，进一步向蒋介石和国

① 《张公权先生年谱初稿》，659、666 页。
② 同上书，664 页。
③ 《蒋介石日记》，1946 年 2 月 12 日、16 日、18 日。
④ 参见《蒋介石致王世杰电》，1946 年 2 月 20 日，见张嘉璈档，Box 26。
⑤ 《傅秉常日记》，1946 年 3 月 4 日。
⑥ 《张嘉璈、蒋经国致董彦平电》，1946 年 2 月 25 日，见张嘉璈档，Box 26。

民党中央施加压力，宋子文、王世杰、熊式辉等在被强硬派指为“卖国”的猛烈攻击下，噤口不敢言。① 在这种情况下，中苏关系气氛急剧恶化，中苏东北经济合作交涉的前提条件已不复存在，实际交涉难以进行。

2月28日，张嘉璈致电留在长春的秘书张大同，嘱其告斯拉特科夫斯基他迟来的原因，“俾知我用费一番苦心，而枝节之来，出人意外”。其后，中长铁路理事会总务处处长耿匡（济之）告斯氏，张将在二中全会后返长，斯氏表示张嘉璈“离长已多日，因华方无人负责，一切交涉均归停顿。经济谈判系苏联人民委员会议赋予马元帅及彼两人全权负责办理，苏方专家已齐集此间，故报载在他处另行交涉一说，彼毫无所闻。此事总须予以解决，且已届从速解决之时”。不过据耿匡观察，苏方态度对张嘉璈“个人并无偏见，惟对谈判全未露让步之意”②。

1946年3月，苏联开始自东北撤军，但仍未放弃在经济合作问题上达成协议的努力，并提出了新的方案，作了一些让步。不过，国民党坚持苏联不撤兵、接收未完成则不谈判的立场。3月8日，王世杰告苏联大使彼得洛夫，“关于经济合作之商谈，我方原拟派张（嘉璈）、蒋（经国）两位赴长春继续商谈，而近接报告，苏方拆移机械设备甚多，故实无法再谈”③。9日，返国述职的中国驻苏大使傅秉常会见苏联驻华大使彼得洛夫，告其“因中外舆论均将谓此种谈判系在军队压逼下之谈判，结果好坏均受攻击，于我固不佳，于苏亦不利。现在苏方宜先撤兵后再谈经济合作。……又提及红军搬运机器等事，谓中苏友谊关系两国前途至巨，此种机器于苏联整个建国补益甚少，因此而伤中苏感情，殊不值得。……红军延期不撤，搬运机器种种，均足使怀疑苏联者有所藉口，增加反苏派之力量。苏联真欲与我国永久和好，应对于主张与苏亲善者应不使其为难”④。

---

① 参见《中国国民党第六届二中全会决议案行政院办理情形报告表》，19～20页，附件74～75页，南京，中国国民党中央执行委员会秘书处，1947；《张公权先生年谱初稿》，678、680、687页。

② 《耿匡致张嘉璈电》，1946年3月2日，见张嘉璈档，Box 26。

③ 《张公权先生年谱初稿》，680页。

④ 《傅秉常日记》，1946年3月9日。

此时，由于苏军逐步撤退，国民党军队尾随接收，原以苏军隔离而在东北暂时相安无事的国共军队已处于发生冲突的现实危险之中，张嘉璈颇为担忧，因此仍通过其在东北的部下，与苏方保持联系，希望可以促成苏军在撤离时交由国民政府接收，并为未来可能之转圜留下余地。① 3 月 10 日，张嘉璈致电张大同，告其“中枢方针仍盼圆满解决，保持友好。鄙意目下情形与一月以前迥异，苏方长久友好计，可否即行定期撤兵，将政权交于中央，再谈经济合作。如是，鄙人或可重返长春。若照近日谣传，苏方将撤兵，各地政权将由人民自卫军接收，则无异破裂，即毋须来长”②。次日，张大同等将张嘉璈的意见转达斯拉特科夫斯基，斯氏表示：苏方非不愿撤军，“惟如国方军队不能如期接防，则非政府军队不免乘间侵入”。他主张经济谈判仍在长春举行，并盼张速归主持。27 日，苏联大使将苏方提案交中方，大体接受中方意见，同意在重庆谈判，唯要求合办企业股份双方各半，总经理由苏方担任。③ 31 日，熊式辉告董彦平，“经济合作问题，苏方表示可归中央交涉，今后不在长春商谈，我方亦当视其对我军接防赞助之程度如何而定”④。

自 3 月中旬苏军撤退起始，国共军队在东北发生武装冲突，并随着苏军逐步向北撤离，战事愈演愈烈，冲突地域亦越来越大。张嘉璈“深以长春等地危险为虑”，蒋介石亦以“东北军事紧急”，欲借经济合作“稍灭苏方之阻挠与操纵”，考虑重开经济合作谈判。4 月 4 日，蒋介石约王世杰、张群、张嘉璈等谈东北问题，认为“似应即向苏方表示愿意商谈经济合作问题”。当天王世杰禀命约见苏大使，告以“一俟派定人员，即行开谈，惟望长春、哈尔滨不重演四平街往事，以免中国舆论再行恶化”。但是，王世杰坚持“我决不可因军事上一时之需要”而向苏方让步，对重开谈判并不热心。⑤ 6 日，蒋介石自记：“俄对我东北撤兵亦已

---

① 详见《张公权先生年谱初稿》的有关记载。

② 《张嘉璈致张大同转耿匡（济之）电》，1946 年 3 月 10 日，见张嘉璈档，Box 26。

③ 参见《张公权先生年谱初稿》，681、683、698、700 页。

④ 董彦平：《苏俄据东北》，172 页。

⑤ 参见《张公权先生年谱初稿》，709、713～718 页；《王世杰日记》，1946 年 4 月 4 日。

发表日程，故余已允其经济交涉开始谈判，而彼则急待此一谈判之决定，或可在长春铁路线使我接防较易。今后无论对俄对共之交涉方针应以不妨碍我长春铁路接防为主旨也。”9日，蒋介石约见张群、吴鼎昌、王世杰等研讨东北对俄经济交涉，决定“如其同意后，应即与其进行交涉，以期长春路全线较易接收。只要长春路全线为我接收，则东北总是解决大半矣。雪艇（王世杰）仍犹豫不决，彼之刚柔太过，即不及也”①。蒋介石在会后手令王世杰、翁文灏、张嘉璈：“关于中苏在东北之经济合作问题，由外交、经济两部各指定次长一人，与苏方开始商谈，并指定东北行营张主任委员公权协助该两部规划一切。”②

4月16日，外交、经济两部代表与苏方首次正式会谈。此时，正值苏军撤离长春，国共军队展开激烈的长春攻防战，张嘉璈特告已随苏军撤至哈尔滨的董彦平：“若长春为非法武力进占，政府内空气必转恶化，而影响经济商谈。可以此意使苏方知之。”③ 17日，张嘉璈又会晤苏大使，告以“吾政府十分注重长春、哈尔滨两地之接防。若照目下长春情形，势难圆满继续商谈”，结果被苏大使嘲讽为“何必如此斤斤计较”④。

4月18日，中共军队攻占长春，蒋介石下定动武决心，必俟国民党军队攻下长春后再谈其他。当天，王世杰告张嘉璈：“长春情形如是，显示苏方并无协助吾方接防诚意。吾方对于经济合作谈判，候苏方对于吾方所提协助接防长春，勿重演四平故事一点明确答复后再说。”张当即电告董彦平，“长春情形恶化，本人来长无裨益”⑤。5月23日，长春为国民党军攻占，蒋介石得意之余，声称“哈尔滨收复以后，苏方外交可进行，此时尚无外交可谈也”⑥。宋子文亦告蒋介石，王世杰认为张嘉璈“交涉太懦弱”，因此“最好公权不再前往”，“最好勿使与苏联谈商经济

---

① 《蒋介石日记》，1946年4月6日、9日。

② 《蒋介石致王世杰、翁文灏、张嘉璈手谕》，1946年4月9日，见张嘉璈档，Box 26。

③ 《张嘉璈致董彦平电》，1946年4月16日，见张嘉璈档，Box 26。

④ 《张公权先生年谱初稿》，723、725～726页。

⑤ 同上书，727～728页。

⑥ 《蒋介石致张嘉璈函》，1946年6月17日，见张嘉璈档，Box 10。

合作，此事可完全由外交部洽商”①。

此后，东北成为国共交战的主要战场，经济问题事实无法提上日程，中苏关于东北经济合作的交涉最终不了了之。②

四、反苏游行与苏联撤军

中苏经济合作谈判的不顺利，苏联迟迟无撤军之意，激起了民众和社会舆论的不满与疑虑。国民党强硬派遂利用这种状况策动反苏运动，一方面压苏联撤军，一方面借此对温和派施加压力，以否定强硬派认为对国民党不利的政协诸决议，结果这两个目的都达到了，但国民党并未因此而在国内政治斗争尤其是东北争夺中占据优势。

苏联出兵东北，对中国抗日战争的最后胜利确实有功，但是，苏联出兵既为支持同盟国作战，也在意自身的国家利益，所以才有雅尔塔会议期间，苏联要求得到东北权益的一幕出现。苏军进入东北后，对东北在日占时期留下的物质资源巧取豪夺，苏军官兵以占领军自居，在东北表现出种种劣行，都是不争的事实，并理所当然地引起中国民众的不满与反感。最先出关的中共部队对此感触颇深。据曾克林所见，“在奉天之红军士兵生活甚苦，衣裳褴褛不堪，纪律甚坏……曾每日将红军士兵违犯纪律事实向红军政治部汇报……但仍无法维持”③。伍修权回忆说：“苏军进入我国东北的部队，有的纪律相当坏。据反映在他们的连队里，有部分士兵不是正规军人，而是一些刑事犯人……这些人原来不是正路人，来华后又以胜利者自居，不断酗酒滋事，甚至骚扰群众，在沈阳的大街上，时常见到醉酒的红军士兵……后来他们撤出东北回国时，又从工厂

---

① 《宋子文致蒋介石电》，1946年5月27日，见宋子文档，Box 58。

② 其后张嘉璈日记中还曾几次提到经济合作问题。6月24日，蒋经国告苏联“曾答复经济合作愿让出抚顺（煤矿）”。11月4日，蒋介石告张嘉璈，苏大使曾与蒋经国谈，应将一切问题提出讨论，如大连、旅顺、中长路及经济问题。1947年2月14日，在东北被中共一度拘留又被释放的张大同，在南京对张嘉璈“谈及经济顾问斯君已回哈尔滨，似将与共方合作矣”（《张嘉璈日记》，1946年6月24日、11月4日，1947年2月14日，见张嘉璈档，Box 18）。

③ 《中共中央致重庆代表团电》，1945年9月16日，军事科学院图书馆藏档抄件。

的机器设备到日伪人员的高级家具等等，都一一拆运带回苏联。”①

作为当时的执政党，国民党对苏联在东北的行动所知亦当不少。熊式辉和张嘉璈初到东北，在给蒋介石的报告中都提到苏军在东北的所作所为。熊报告：金融业，现钞均被提走，银行全部停业；交通业，铁路车辆“均为苏军征发运赴它处”；工业，“重要工厂机械已有多数撤去”；通讯业，电报电话完全停顿。熊认为：“照上述情形，经济方面，前途十分棘手。”② 张在报告中写道：“工厂机器大宗均被拆迁，即电厂电机亦已部分拆走，交通通讯工具多数拆运，甚至机关家具亦多搬走，都市成一空城。”③ 据事后统计，东北著名的电厂丰满、抚顺、阜新，钢厂鞍山、本溪及煤炭、机械、化学、水泥工业均受到严重破坏。东北最大的钢铁企业鞍山满洲制铁会社，全部设备的2/3和7万余吨物资被苏联运走，其中包括全部炼钢、炼铁、轧钢、选矿设备，以及大半发电、锅炉、机械设备，使生产能力平均下降为原来水平的1/3。④ 国民政府驻苏联远东海参崴、伯力、海兰泡、新西伯利亚、赤塔等地的外交官员均有苏联将大批物资运回其国内的报告。⑤ 据当时美国《纽约时报》的公开报道，斯大林曾经命令，“不要留下任何能够移出满洲的东西”，并从苏联国内派来大批技术专家，指导拆迁和运输工作。⑥

由于当时在东北现地无人监督苏军行动，国民党尚未接收，中共也不可能插手苏军的接管，苏联占领期间对东北工业生产力的破坏，一直没有确切的统计数字，后人对此的计算方法与结论各有差别。

日本侵略占据东北14年，为适应其以东北资源支持战争的需要，在东北重点发展矿业和重工业，形成了相当庞大的资产设备和生产能力，

---

① 伍修权：《往事沧桑》，163页。

② 《熊式辉主任张嘉璈主任委员呈蒋委员长报告长春当地金融交通经济情形函摘要》，1945年10月13日，见《中华民国重要史料初编》第7编第1册，242页。

③ 张嘉璈：《东北接收交涉日记》，1945年10月14日。

④ 参见张克良：《国民党接收鞍钢面面观》，见《鞍山文史资料》第1辑，158～159页，鞍山，鞍山市政协文史资料委员会，1983。

⑤ 参见中国驻苏联海参崴、伯力、新西伯利亚、海兰泡、赤塔领事馆呈外交部报告，见《中华民国重要史料初编》第7编第1册，244～246页。

⑥ 参见张振江：《冷战与内战——美苏争霸与国共冲突的起源（1942—1946）》，159、242页，天津，天津古籍出版社，2005。

其知名重点企业有：1. 满洲重工业开发株式会社及相关产业，总资本 565 676 万日元，其中钢铁业资本 57 500 万日元，年生产能力铁矿石 265 万吨，生铁 250 万吨，钢 133 万吨；煤炭业，资本 59 000 万日元，年生产能力 2 260 万吨；金属业，资本 34 750 万日元，年生产能力铝 1.2 万吨，铜矿石 1.3 万吨，铅矿石 3.3 万吨；机械业，资本 3 亿日元，练习机年产能力 1 300 架，汽车装配年产能力 8 000 辆。2. 满洲电业株式会社，资本 11 亿日元，装机总容量 120 万千瓦。3. 满洲铁路株式会社，资本总额 26 亿日元，管理东北和朝鲜北部的铁路线 1.2 万余公里。① 据东北行营的调查统计，日本在东北的资产总额为 240 亿日元，约合 56 亿美元，其中被苏联接收 52 亿日元，约合 12 亿美元。②

1946 年 12 月 15 日，美国国务院发表美国驻远东盟国赔偿委员会代表鲍莱于 1946 年中视察东北后提交的报告。该报告估计，苏联占领期间东北工业的直接损失为 85 800 万美元，其中电力 20 100 万美元，煤炭 1 亿美元，钢铁 14 100 万美元，铁路 13 700 万美元，金属业 15 000 万美元，如果加上间接损失，则高达 20 亿美元，各业的生产力下降程度都在 50% 以上，尤以钢铁、电力、机械等行业损失惨重。苏联“除了把这种原料和某种全部的工业设备拿走以外，还拿走了大部分的各种动力及变压器、电气发动机、试验工厂、实验所及医院等，对于机械工具，他们仅把最新式最好的拿走，留下来古旧的，例如在旧的沈阳兵工厂里，仅将机械工具的大约三分之一拿走，而在新的兵工厂里，实际上一切东西都被拿走或被破坏”。报告认为，“东北工业大部分的破坏都是发生在苏军占领的期间，而且主要是由于苏联对各种设备的迁移”所致。苏联还接收了伪满银行 5 000 万元以上的现钞和价值 300 万美元的金条。③

1947 年 2 月，东北工业会及东北日侨善后联络处发表《苏军驻留期内东北工业损失调查报告书》，估计东北工业损失为 123 600 万美元，如

---

① 参见《东北日本产业资料》，见张嘉璈档，Box. 5。

② 参见曹振昭：《日人在东北之资产抵充我国赔偿数字之计算》，载《中央日报》（沈阳），1947 年 10 月 18 日至 19 日。

③ 参见《鲍莱调查东北工业报告》，1946 年 12 月 15 日，见《中华民国重要史料初编》第 7 编第 1 册，263～267 页。

加上无法确证者不下 20 亿美元，其中电力 21 954 万美元，钢铁 20 405 万美元，铁路 19 375 万美元，机械 15 887 万美元。①

中共方面的数字，“根据有关资料的不完全统计，共损失各类机器 40 269 件，发电设备 1 537 046 千瓦等，共计折合美金 352 815 851 美元”。其中毁于战火或散失原因不详者，折合 135 129 331 美元，苏军拆走者约合 189 934 947 美元。②

无论按上述何种统计，东北经济产业和物质财富的损失数量都不是小数③，尤其是在考虑到当时中国的现代工业整体发展水平不高的情况下，这样的损失数量就更为惊人。而且，“许多工业设备既已拆去，剩余部分，即无法运用。例如抚顺煤矿，电力设备因被迁拆四分之三，故电力不足，抽水机不能大量使用，煤矿被水淹没，全部不能工作；又如鞍山钢铁厂，因炼焦炉被毁，不能炼焦，既无焦炭，则所余之平炉、化铁炉即毫无可用之途；又如轧钢厂，虽一切设备未动，而精小之轧钢机则被苏军拆走，该轧钢厂犹如人之心脏被挖，丝毫不能生产；更如机器厂之皮带，苏军于临撤退时，皆斩为寸断，论其生产能力之损失，亦等于百分之百，故苏对我东北工矿业之抢劫与破坏，绝不能以区区之数字所能表示于万一也”④。

苏军进入东北后，根据中苏双方的协议，由苏军当局发行军用票(俗称“红军票”)，以解决苏军的军用开支花销，其价与伪满券等值，但发行数额并未约定。⑤ 1946 年 6 月，苏方通知中方，军用票共发行 972 500 万元，而日本投降时伪满券的发行总额不过 808 500 万元（另有

---

① 参见《苏军驻留期内东北工业损失调查报告书》，1947 年 2 月，见《中华民国重要史料初编》第 7 编第 1 册，274～275 页。

② 参见《王首道回忆录》，469 页，北京，解放军出版社，1988。

③ 据苏联官方在 1947 年 1 月 29 日公布的数字，东北“战利品”总值为 9 700 万美元，这个统计其后没有公开出版的文献资料支持。如果这个统计是这些“战利品”在运到新地点重新安装后的价值，而这种新价值由于种种损耗和其他因素，大约只有原价值的 10%至 20%，则苏联的统计应增加 5 倍至 10 倍，可能更接近于事实。(McLane，Charles. *Soviet Policy and the Chinese Communists，1931-1946*，p. 235，Columbia University Press，New York，1958)

④ 郭克悌：《东北的盘据与劫掠》，见《中华民国重要史料初编》第 7 编第 1 册，263 页。

⑤ 1945 年 12 月 10 日，中苏签订在东北发行苏军军用票的《财政协定》，但苏军军用票自苏军进入东北后即开始发行。

统计为 1 368 846 万元)，即苏军进驻东北 8 个月发行的军用票总数，超过日本占据东北 14 年发行的伪满券总数。苏军撤离后，军用票还在流通，未能完全收回。直到 1948 年 9 月国民党实行币制改革时，在东北登记的军用票总数还有 228 154 万元，实际收兑 204 551 万元。① 军用票的用途超出中苏原协议范围，不仅用于苏军军用，而且扩展到民用领域，被苏军用以任意购置物资、支付劳务等，助长了东北的通货膨胀。关于军用票的去向，中苏双方协议由中方回收，再由日本赔款支付，但由于日本赔款问题后来不了了之，等于是中国为苏军进驻东北的巨额花费买单，也可以说是苏联在强行获取东北机器产业等物质财富之外，对东北经济的又一重剥夺。

苏联在东北的所作所为，有违同盟国共同对日作战的初衷，没有条约法理依据，表现出大国强权主义做派以及对同为同盟国和胜利国的中国国家主权的轻视。此种情形的逐渐披露，给沉浸在胜利喜悦中的中国民众兜头泼了一瓢冷水。

中国民众对苏联在东北所作所为的反应由于雅尔塔密约的公布而更形强烈。1946 年 2 月 11 日，美英苏三国正式公布雅尔塔密约。在此之前，中国民众多认为苏联出兵东北是支援中国抗战，并由中苏条约界定了两国关系，但密约的公布，使人们得知在表面文章之下，还有大国之间的交易，而中国完全处于被动无援的地位，一切都是由大国强加给中国的，从而激起中国民众的强烈不满。由于东北处在苏军占领下，苏军不仅有种种伤害民众感情的举动，而且迟迟不撤兵（尽管这在很大程度上是出于国民党的要求)，并在经济合作谈判中处处要挟中方，因此中国民众对大国交易的不满便主要针对苏联而发。从 2 月 13 日《大公报》发表《读雅尔达秘密协定有感》为开端，全国各报连续发文，抨击苏联的所作所为。知识界的反应更为强烈，傅斯年、王云五等领衔发出《我们对于雅尔达秘密协定的抗议》，中央大学、西南联大等校教授联合签名发出关于东北问题的宣言，黄炎培、沈钧儒、张君劢等中间党派领导人发

① 参见滕茂桐：《东北币制整理之回溯》，载《经济评论》，第 4 卷第 2 期，5～6 页；《东北苏军军用票发行资料》，见张嘉璈档，Box 8。

表对时局的主张，一致批评雅尔塔秘密协定“实为近代外交史上最失道义的一个记录”，苏联的作为“完全违反对侵略的法西斯国家共同作战的目的，违反列宁先生与中山先生共同建设的中苏友爱的新基础，违反苏联多次的对外宣言，尤其是对华放弃帝俄时代不平等条约的宣言，违反《大西洋宪章》以来各重要文件的精神。……苏联乘人之难，提出这种要求，其异于帝俄对中国之行为者何在？这种行为，难免造成今后世界战祸的因素。为中国，为世界，我们不得不提出严厉的抗议”；要求“政府披露中苏签订条约以来，一切有关东北问题的谈判经过，并拒绝再作妨害主权的任何协商；政府与苏联均应忠实履行中苏协定，苏联应尽速撤退在我东北驻军，归还一切工厂设备与资源，不得有超出中苏条约范围以外之任何行动或措施”①。

中国人民历经艰辛、含辛茹苦，在同盟国共同作战中付出重大牺牲，然而少数大国为了一己私利，以牺牲中国国家主权为代价，私相授受，无异使中国仍处于二等国地位，当然为中国人民和舆论所不满。这种不满和反感是完全正当的。然而，这种情绪也给了国民党强硬派可乘之机，他们本就对政协会议前后中国政治走向的民主化进程不甚满意，这时更借此挑起全国范围的反苏反共游行示威，以实现他们改变政协决议和国民党战后政策走向的企图。美国则利用这个机会，极力鼓动中国排挤苏联。2月8日，王世杰征求马歇尔对苏联迟迟不撤兵一事的意见。马歇尔建议，不要向苏联作任何让步，无论是正式的还是非正式的。他认为时间对苏联人不利，如果他们不撤兵，他们就在全世界面前成为条约的破坏者。他还建议让同盟国记者进入东北，对苏联发起心理战。王世杰告诉马歇尔，将公众注意力转向东北一事正在考虑中。② 在美国公布雅尔塔密约前，王宠惠“曾劝其不可”，但美国认为“对彼国舆论批评不能再守秘密”。密约公布后，国民党和蒋介石认为，“于我殊为不利”，“对我又加一耻辱”，“于我外交上应付国人不易”③。可见，美国人做什么不做什

① 《中央日报》（重庆），1946年2月22日、23日。

② Marshall to Truman, Feb. 9, 1946, *FRUS*, 1946, Vol. IX, p. 426.

③ 《蒋介石日记》，1946年2月16日、28日；《傅秉常日记》，1946年2月24日。

么还在于其自身利益，而不在意中国的利益和国民党的感受。

自 2 月中旬起，首先是东北旅渝人士会议并游行请愿，接着重庆各校学生开始酝酿游行示威，反对苏军继续占据东北，要求苏军尽早撤离。一直对学生运动心怀警惕的国民党此次一反常态，在事先已得到情报的情况下，不仅没有阻止学生的举动，而且党团人员在学校频繁活动，力图将游行导向对国民党有利的轨道。20 日和 21 日，国民党党政小组举行临时谈话会，分别由陈立夫和吴铁城主持，决议对学生游行不能劝止时应尽量避免发生意外，学校当局和教职员应参加游行，游行后之宣传由吴国桢等负责，游行当日党内负责人应坐镇中央党部，“以便应付一切”①。会后，国民党中央执行委员会致电各省市政府与党部，称对学生行动“制止恐不可能，但本党只宜善为引导”，而“引导”方向为“避免正面攻击苏联”，“东北问题，乃是共党阻挠国军接收问题”，“应痛加指责”，“予以驳斥”，并要求各省市“特加注意，妥为运用，并将该省市情况随时电报为要”。吴铁城、陈立夫等还电告正在杭州的蒋介石：重庆学生酝酿游行，“观察现势，劝阻已不可能，因此次运动，为青年民族意识国家观念之自动自发，学校中反共空气之浓厚，出于自然，故只能使其减少反苏成分，及防止不生意外”②。由此说明，国民党支持游行可谓醉翁之意不在酒，党内强硬派企图将游行导向反共之途，以此加强自己的党内地位，并为在即将召开的六届二中全会上改变政协决议预做舆论准备。

2 月 22 日，以中央大学为主体的大中学校学生及教职员工 2 万多人，举行“重庆市各校学生爱国运动游行大会”，发表《告全世界人士书》《告全国同胞书》《对苏联抗议书》《质中共书》等文件，要求苏军立即撤出东北，苏联切实履行中苏条约，尊重中国领土主权的完整，并进而提出反对东北“特殊化”、反对“割据东北”、拥护政府接收东北等矛头指

---

① 《重庆党政小组临时谈话会会议记录》，1946 年 2 月 20、21 日，见《中华民国重要史料初编》第 7 编第 1 册，639～642 页。

② 《中国国民党中央执行委员会对陪都学生为东北问题酝酿活动事致各省市当局指示处理方针电》，1946 年 2 月 20 日，《吴铁城陈立夫等上蒋总裁报告沙坪坝学生酝酿游行出于自动势难劝阻正设法疏导电》，1946 年 2 月 21 日，见《中华民国重要史料初编》第 7 编第 1 册，638 页、642～643 页。

向中共的口号。在游行队伍经过民生路《新华日报》营业部时，被人煽动捣毁了该营业部。游行当天，国民党中执会指示各省市党部特别注意：1. 使此项运动对东北之接收有所裨益，而不致因此增加政府任何困难；2. 此项运动应为纯洁之学生运动，不使外界参加，但在游行时，其组织最好有为学生所信仰之教授参加；3. 标语口号应照前电，以巩固国家统一，保障领土主权之完整，要求苏联履行《中苏友好条约》，并警告共党不要忘记祖国，凡破坏中苏邦交，过分刺激国际感情，及足以引起外交上不必要之误解所有文字图表均应避免；4. 严防异党分子转移爱国运动之目标和领导权以反对政府；5. 各地党团应与军政各机关首长举行会报，密切联系，妥慎应付，特别注意保护苏俄居民及领馆；6. 应与各学校当局及能领导学生之教员保持密切联系；7. 各地有关情况应随时以最迅速方法报告中央；8. 此事之宣传报道，尤应特别注意，一字一句均应力求慎重为要。① 事后，国民党中央秘书长吴铁城和组织部部长陈立夫联名电呈还在杭州的蒋介石，告以游行大体经过，认为“情绪激昂，秩序良好，民众大为感动。发表文告尚平正，有《质中共书》一项，义正辞严。所呼口号，除打倒新帝国主义欠妥外，尚无语病”。至于《新华日报》营业部被砸事，“完全出于爱国，激于义愤，并无别情，正由警局依法处理中”②。其后重庆续有游行，全国各地也都发生类似游行示威及抗议活动③，北平还发生冲击军调部中共代表团办公处事件。国民党控制的传媒乘机推波助澜，夸大事实，鼓吹反苏反共言论。④

此次反苏反共游行，是国民党多年来第一次运用学生运动达到自己的目的，而其实是达到党内强硬派的目的。国民党温和派对强硬派采用如此激烈的公开动作颇为忧虑。王世杰事前曾邀集孙科、邵力子、王宠惠、张嘉璈等商议，均认为应和苏联继续商谈，不宜采取激烈行动。王

---

① 参见《国民党中执会致各省市党部团部电》，1946 年 2 月 22 日，国民党党史馆，特 9—2.12。

② 《吴铁城等致蒋介石电》，1946 年 2 月 22 日，国民党党史馆，特 9—2.11。

③ 三青团广东支团部还曾为中山大学的游行垫支经费 5 万元。(参见《三青团广东支团部致三青团中央电》，1946 年 2 月 23 日，国民党党史馆，特 9—2.15)

④ 参见游行前后国民党控制的传媒《中央日报》《和平日报》等报道。

世杰认为："本党同志之反对政治协商会议者，亦颇思利用群众此种心理以打击中共并推翻党派之妥协。政局确走入极严重状态。"因此他致电在杭州的蒋介石，"谓情形严重，盼其急电党中同志，阻止扩大此种政潮。但恐无济于事"。游行发生后，王世杰"十分忧虑"，认为"蒋先生在杭州似未十分明了近日陪都情形演变之严重性"。24日，他与陈布雷、邵力子、吴铁城、吴鼎昌、张治中、傅秉常等集议，"会商外交问题"，议定请蒋介石速"返渝主持"①。

蒋介石在杭州静观事态发展，不急于动作，表示了他的态度。强硬派的行动实际得到蒋的支持，他内心未尝没有借此压苏联和中共让步的想法。24日，蒋介石从杭州回重庆，王世杰告其重庆情形，"甚以学生示威运动为忧虑，使对俄外交陷于绝境"，请其作适当之公开表示，以安苏联之心。蒋介石"以其为过虑也"。在内心世界里，蒋介石认为"各地学生对东北问题游行示威实为俄国在华廿五年来未有之教训"，他是颇为得意的。当然，蒋介石也知道此事继续扩大的利害得失，认为"自此应即阻止矣，不可扩大"②。25日，蒋发表公开谈话称，"东北问题必能合理解决，切不可轻听外间无根据之传闻，而有激昂过分的行动"③。

国民党强硬派的轻率举动，使中苏关系气氛急剧恶化。2月23日，东北苏军总司令马林诺夫斯基在长春演讲时，警告中国"切勿受第三者之挑拨离间，苏联在满洲之红军系保卫苏联领土之先锋力量，断不可侵犯"④。26日，苏联大使向中国外交部提出抗议，认为中国政府应为反苏游行承担责任。苏军参谋长特罗增科发表声明，指责"某些中外机关的报刊上出现的关于苏军故意拖延撤出满洲的种种报道，都是敌视苏联的、反动的、反民主分子诽谤的结果"⑤。马氏的经济顾问斯拉特科夫斯基指

① 张嘉璈：《东北接收交涉日记》，1946年2月15日；《王世杰日记》，1946年2月19日、21日、22日、24日；《傅秉常日记》，1946年2月24日。

② 《蒋介石日记》，1946年2月24日。

③ 《中央日报》(重庆)，1946-02-26。

④ 《张大同致张嘉璈电》，1946年2月24日，见张嘉璈档，Box 26。

⑤ 薛衔天：《中苏国家关系史资料汇编（1945—1949)》，66页，北京，社会科学文献出版社，1996。

反苏游行为“政府方面有组织之举动，其理由为，事出陪都，仅要求苏军撤退而未及美军”①。

中方对苏联抗议的回应，是要求苏军尽快撤离东北。本来，国民党认为苏军留驻东北于己有利，所以同意苏军延期撤离。但苏军延期撤离之期2月1日已近，苏军并无撤退之意，并称由于运输、接收及若干问题尚未解决，全部撤离将可能继续延期至开春以后②，从而引起蒋介石的“特别注意”，考虑苏军“如不如期撤退，则如何准备，若其撤退而其各地皆为共匪侵陷，则又应当另作准备，此为本国内惟一之大问题也”。蒋判断苏军“拖移撤兵日期，其意有二，甲、必须经济合作条件达成其要求目的而后撤兵；乙、或待美国在华北陆战队撤退时，彼乃同时撤退”。不过，此时正值停战令刚刚发布，政协会议正在举行，国内和平气氛甚浓，蒋介石还没有下定动武之心，何况他还期待“近日国际形势与俄国注重欧洲与反英政策，其或能如期撤退”；“在干路沿线，彼或不致利用共匪阻碍我军之接防，此为乐观之设想也”。故其认为：“今日俄军之态度只能做一步算一步，尽我人事，而一面应作牺牲之准备。惟应研究俄人心理，如我能予者予之，投其所好，使之不能捣乱，否则，彼必无益而有害，或使之能知两败俱伤之意，则彼不利用共奸为其工具然而难矣。”蒋介石的决策是：“不能不防其意外之阻碍，故仍应一照预定计划，甲、准备沿线要地皆为共匪占陷，决心待俄军撤退后进剿；乙、我军主力集结于北宁路，并进入沈阳近郊，完成接收工作之准备，待其正式交代。……丙、我于沈阳未正式接防以前，决不派正式部队空运长春，使其无所胁制，此为一最重要之对策也。最后一着，如俄真违约久占，则提交联合国会议解决，此为一贯之主张也。”③ 于此观之，蒋介石决策的重心此时仍在静观待机，但不令苏军继续延期驻留。

1946年2月1日是苏军延期撤离之到期日，此前，国民党中央党政军联席会议秘书处讨论因应之策，认为“苏联目前拖延东北驻防军撤退

① 《耿匡致张嘉璈电》，1946年3月2日，见张嘉璈档，Box 26。

② 参见《张嘉璈主任委员致蒋经国特派员告苏军缓撤理由电》，1946年1月29日，见《中华民国重要史料初编》第7编第1册，173页。

③ 《蒋介石日记》，1946年1月13日、19日、26日、28日。

时间，似确有利用此时间完全充实中共军之实力，滋长共党在东北蔓延之趋势。一俟将来苏军撤退，则共军装备亦已完成，根据地亦已巩固，即国军北进既难克尽收复之任务，且对装备优势之共军亦无可奈何”①。国民党由此开始改变过去请求苏军延期撤离的主张，要求苏军尽快撤离，以为自己能在东北放手动武准备条件。1月30日，王世杰致电在长春的张嘉璈，令其“转告董副参谋长彦平，于二月一日向苏军询明苏军撤退情形电示。董君询问时可力持友好态度，但必需询明”②。反苏游行发生后，国民党正可借“民意”向苏方施加压力，要求苏军早撤。2月13日，蒋介石通令熊式辉，对苏军“阻扰国军接防，延宕撤退期限”的对策是，“不再许苏军撤兵之延期，赶运国军先控置于山、锦、沈之间”③，以备因应苏军的撤离，随时接收。

事实上，自1946年初起，苏军已经开始自东北撤离，只是撤离进程比较缓慢，而且经常与东北政情发展相联系，用以对国民党方面表示苏方的态度。1月中旬，苏军开始自南满新民、彰武、鞍山等地撤离，苏军当局在撤离前曾通告中方，“该地带八路军及非法武力势力雄厚，国军如往接收，须准备较大武力，庶不致遭受挫折”④，显有借此要挟之意。在此情况下，刚刚在东北数省接收不久的国民党官员，面对苏军即将撤离的形势，又缺乏己方的军事安全保证，人心惶惶，更无心工作。3月初，在锦州主持东北行营工作的熊式辉致电在重庆的张嘉璈，告其“已接收之各省市主席市长皆极度感觉不安，迭电来请示进退方针。在长春等处接收人员亦如此。接收工作至此似应加一番检讨，以前方式恐须改变也”⑤。这表明熊式辉注意到问题的严重性。不过，还不等国民党中央“检讨”东北接收工作，东北形势已经发生急剧变化。

---

① 《中央党政军联席会议秘书处关于中共军与苏军“勾结”情形之研究》，见《中华民国重要史料初编》第7编第1册，584页。

② 《王世杰致张嘉璈电》，1946年1月30日，见张嘉璈档，Box 26。

③ 《熊式辉日记》，1946年2月14日。

④ 《张嘉璈致熊式辉、杜聿明电》，1946年1月25日，见张嘉璈档，Box 26。

⑤ 《熊式辉致张嘉璈函》，1946年3月2日，见张嘉璈档，Box 26。

3月6日，中国外交部照会苏联驻华大使，要求“转请贵国政府令饬现在仍驻中国东北诸省之苏军即行撤退”①。3月9日，张嘉璈致电熊式辉，告其外交部要求苏军撤离的情况，“望嘱沈阳方面密切注意对方动向，并竭力保持沈阳、锦州间交通”。同日，他又致电在长春的董彦平，“望密切注意对方动向”，“如有发生特别变化，哈市中央人员可撤至长春。请随时相机处置”②。

出乎国民党意料的是，此次苏方一反常态，反应迅速。3月11日，苏军参谋长特罗增科通告董彦平，即日起苏军自沈阳开始撤离，董认为苏方“语气态度较前次好转”③。但在蒋介石心目中，苏军撤离“不宣布其原由，且对我驻长春之联络人员皆避而不见，使我疑惧不决”；“俄军退去沈阳，事前并不通告我军，亦未商有交代，其不友谊之态度自可想见”。但因国民党军已进至沈阳近郊待命，故能在苏军撤离时立即入城接收，总算令蒋松了口气，认“此为半年来对俄慎重坚忍之效果”④。

不过，苏军自沈阳撤离实暗含玄机。苏军在向国民党方面通告其撤离决定时表示，“由于城内已有一部分中国军队，故无须办正式接防手续”⑤，而苏方并未明确说明中国军队的概念。事实上，东北的多数城市或其周边，当时都有中共部队，故苏军以已有“中国军队”为理由而不办理正式交接手续即行撤离，无异为其将撤离城市交给中共，为在东北现地有大发展的中共部队接收苏军撤离的城市、从而控制东北大开方便之门。此等情况的出现，显然是苏联对反苏游行不满情绪的直接表现，国民党不得不为自己的轻率举动付出代价。

了解东北情况的张嘉璈，对苏军撤离将引发的问题颇有所虑。3月11日，他致电熊式辉提出：“长、哈、沈三地形势瞬息万变，留在各地人

---

① 《外交部为东北苏军逾期未撤退事致苏联驻华大使馆照会》，1946年3月6日，见《中华民国重要史料初编》第7编第1册，187页。

② 《张嘉璈致熊式辉电》，《张嘉璈致董彦平电》，1946年3月9日，见张嘉璈档，Box 26。

③ 《董彦平致张嘉璈电》，1946年3月11日，见张嘉璈档，Box 26。

④ 《蒋介石日记》，1946年3月13日、16日。

⑤ 《董彦平致张嘉璈电》，1946年3月11日，见张嘉璈档，Box 26。

员安全，必须为万一之准备，目下每星期能时有飞机赴长，人心可稍安。拟请与航委会驻平办事处接洽，准备相当飞机。”① 留守东北现地的国民党官员对于情势发展的认识更贴近实际，他们认为：“根据以往经验，接收步骤似宜以军事为主，政治次之，经济第三。”② 唯以当时的情形，国民党军队还在沈阳以南集结，在苏军将撤未撤之际，为了避免可能引发的冲突，国民党军队难以立即大举北进，故蒋介石主张，“对东北不求急进，而求纯一，有多少实力收多少主权”；以期“不为俄军与共匪所算，不慌不忙，循序渐进，以期克服此最后之一大难关也”③。

3月13日，苏军自长春铁路从沈阳北进至长春的咽喉要点、辽北省会四平撤离。中共部队旋发起对四平的攻击，辽北省省长刘瀚东率保安团队数千人在四平坚持。14日，张嘉璈致电董彦平，对“刘主席处保卫武力是否充足，极为系念”；要求董对“各省市人员安全问题，盼随时注意请示熊主任办理”④。董认为，四平“可望坚守一星期”，“所有危急尚不难应援”⑤。但在中共部队猛攻之下，刘部独立难支，18日四平失守，刘等亦被中共部队俘虏拘押（26日释放）。⑥ 18日当天，张嘉璈尚致电董彦平，令其对“省府同人安全望为注意，如有危险，只好退出”，殊不知此时刘瀚东已成中共部队的俘虏。董彦平紧急联络苏方，希望会见特罗增科，了解情况，但特罗增科拒绝见面。张嘉璈认为，这说明“苏方安排非法武力抗拒我方接收，不愿与我方以任何协助，已十分清楚”⑦。苏方还在私下里一再向中共强调：凡苏军撤退之地，中共都可放手大打，并希望大打，而长春以北如哈尔滨等地，则应坚决控制，不应让出。因为国民党正在利用美国反苏反共，苏联希望中共全力坚持东北，使国民

---

① 《张嘉璈致熊式辉电》，1946年3月11日，见张嘉璈档，Box 26。

② 《耿匡、张大同、杨湘年致张嘉璈电》，1946年3月11日，见张嘉璈档，Box 26。

③ 《蒋介石日记》，1946年3月13日、21日。

④ 《张嘉璈致董彦平电》，1946年3月14日，见张嘉璈档，Box 26。

⑤ 《董彦平致张嘉璈电》，1946年3月16日，见张嘉璈档，Box 26。

⑥ 刘瀚东被释回沈阳，熊式辉在会见刘时，自觉“与言似甚厌烦者，毫无表示慰藉之意，此种冷落态度，岂为居人上者所应有之耶”（《熊式辉日记》，1946年3月28日）。于此亦可窥国民党内官场生态之一斑。

⑦ 张嘉璈：《东北接收交涉日记》，1946年3月20日。

党无法达其目的。① 亲历其事的黄克诚评价说："国民党当局本来以为苏联红军撤出东北会对他们有利，却未料到会由此促成我军得以进占大城市的局面。我军进占大城市后，装备得到很大改善，给养也不成问题了，给了部队以非常有利的修整、补充时机。"②

四平落入中共部队控制，从而扼住国民党军北进通路，使国民党感到形势的严重。21日，王世杰紧急约见苏联驻华大使，表示"我预定担任接防之军事人员，遂感受重大困难"，要求苏方预先通知撤退日期，"对中国接防军队予以便利与协助"。次日，苏方正式通知外交部，"苏军依照政府之决定，本年四月底将自满洲撤退完毕"，但对是否协助国民党军接防全无表示。③ 苏军参谋长特罗增科在长春告董彦平，"关于接防问题，如贵军在苏军预定撤退之日期以前到达，我军可采一切必要之步骤交防接防，如未到达，苏军亦不能改变预定计划"；苏军"仅知遵奉命令完成任务，不遑顾及其他，并声明苏军在长春以北所警备之区域，不能株待中国国军接防，而只能将防务交付地方现存之武力，如华军不及开到，则苏军不能因此停止撤退"。至于长春以南，苏军虽表示可以交国民党军接收，但又称因鼠疫停止一切铁路客货运输，中国军队应在公主岭停留10天以接受检疫；"四平街事件发生后，路线割断，沈阳附近铁桥亦被炸"；"煤炭因抚顺供应断绝而缺乏"：总之，对于国民党军接收不提供任何帮助。④ 马林诺夫斯基则对董彦平称，苏军"因等待甚久，外间误会滋多，故不得不及早撤退"⑤。因为国民党不断公开要求苏军尽早撤离，故对此亦无话可说，真是有苦难言。东北国民党接收官员认为，"据今日形势，苏军全部撤退已在眉睫，而苏方迄未通知协助运输，恐无诚意，

① 参见杨奎松：《失去的机会——抗战前后国共谈判实录》，253页，桂林，广西师范大学出版社，1992；《中共与莫斯科的关系》，566页，台北，东大图书股份有限公司，1997。

② 《黄克诚回忆录》，344页。

③ 参见《王世杰部长为先期通知我方撤军日期事致苏联驻华大使彼得洛夫照会》，1946年3月21日，《苏联驻华大使彼得洛夫致外交部部长王世杰通知苏军于4月底撤退完毕照会译文》，1946年3月22日，见《中华民国重要史料初编》第7编第1册，188～189页。

④ 参见《张大同、耿匡致张嘉璈电》，1946年3月20日，《董彦平致张嘉璈电》，1946年3月27日、4月6日，见张嘉璈档，Box 10。

⑤ 董彦平：《苏俄据东北》，180页。

前途暗淡”①。

苏军的突然撤退，不仅使国民党接收行动不及展开，而且使国民党已经派出的部分接收官员处境尴尬，不安于位，熊式辉不得不部署紧急撤退计划。3月15日，松江省主席关吉玉等致电张嘉璈称：“哈市近郊发现番号不明武装两万余众，似有乘隙进占。……我方仅有保安队四连，实难应付，且一旦苏兵撤退，国军未到，更为危险。拟恳：（一）急调国军一师先行来哈接防；（二）要求苏方在我军未到达以前，负责维持地方治安；（三）请苏方即准我方使用哈市机场，以便军输国军及联络人员；（四）经以外交方式请苏方切实保护我方所有接收人员安全。……查哈市为北满重心，地位冲要，如彼侵占，影响太大。我公忠诚谋国，对东北方面素极关心，务乞转陈委座暨熊主任，迅赐核饬办理。”② 张嘉璈复电称：“北满情形殊为焦虑，国军恐一时不易进达长春以北。要求苏方切实保护我方接收人员一节，已由外交部向苏大使提出。一切诸惟珍摄。”③ 在熊式辉的安排下，北满各省的国民党接收人员，陆续由哈尔滨撤回长春。

苏军撤离四平之后，长春苏军的动向成为各方瞩目的焦点。3月15日，苏军参谋长特罗增科照会中方，称“中国飞机已终止大批来长，此间机场已无驻中国飞行队驻地勤务人员之必要，请将该员等撤出，于各别飞机抵长时，所需之勤务人员，可临时派遣”④。其间意蕴十分明确。19日，张嘉璈致电在长春的秘书张大同，令其转告苏方，“苏方既已准备由长、哈撤退，亟盼将由长、哈撤退交由我方接防日期见告，并允确实协助我方由铁路运输队伍至长，璈等当即返长一行。璈等处境困难，苏方当亦明了”⑤。20日，中长路理事会总务处处长耿匡禀命与苏军经济顾问斯拉特科夫斯基会晤，“彼对撤兵问题，以非其职权不愿倾听，嘱径向特（罗增科）中将接洽”。斯氏又对国民党军在沈阳致苏联经济机关职员

① 《张大同、耿匡致张嘉璈电》，1946年3月20日，见张嘉璈档，Box 10。

② 《关吉玉、杨绰庵、吴瀚涛、韩骏杰致张嘉璈电》，1946年3月15日，见张嘉璈档，Box 26。

③ 《张嘉璈致关吉玉、杨绰庵电》，1946年3月18日，见张嘉璈档，Box 26。

④ 《熊式辉致王世杰、张嘉璈电》，1946年3月18日，见张嘉璈档，Box 26。

⑤ 《张嘉璈致张大同电》，1946年3月19日，见张嘉璈档，Box 26。

2人死亡及恐吓抢劫苏联职员等情事提出严重抗议，“谈时声色俱厉，内情无法揣测”①。同日，董彦平会见特罗增科，特氏告董，在长春、哈尔滨等地苏军未撤前，苏军将绝对保障国民党接收人员的安全，并禁止非政府军进入市区。对于运兵问题，特氏表示，苏方对国民党由中长路向长春运兵无异议，但是按条约规定，中长路秩序由中国路警维持，请即负铁路安全责任，意为中长路交通断绝的责任不在苏军。绕了一圈，还是回到原点，国民党还是不能得到苏军当局对运兵的具体帮助。董彦平对此次会见的印象是，“迩来苏方态度较为和缓，似有厌倦之意”；“察其情形，对于东北问题已不似以前之为难”②。唯“态度较为和缓”，并不解决任何实际问题。过后在董彦平派人与中长路苏方副理事长卡尔金面商运兵问题时，卡氏承诺“下令路局给予一切便利与协助”，但“需用机车及燃料，饬由沈阳路局与我军当局就地解决”，结果仍然是决而不行。③苏联方面红脸白脸两手运用，配合默契；国民党方面半是天真，半是无奈，东北接收也只能蹉跎时日，几无所成。

事实上，自反苏游行发生后，苏联对国民党感情恶化，蒋介石关注的基本面在苏军撤退后如何武力接收，而对“俄共狼狈，当在预计之中”④；国民党决策层强调的是东北主权问题，强调“苏军撤退必须交于吾方接防”⑤；熊式辉在锦州主持东北行营的工作，着重军事与人事，更兼迎来送往，常为“客来求见，纷纭不已”而头疼；他们对苏军撤离的具体问题和东北接收的实地状况似均不甚了了，唯有张嘉璈，还在关注东北局势的具体发展，虽其自感处境“逆多顺少”，“将至无能为力之境调”，但还在通过留守长春的董彦平和行营经济委员会同人的关系，对苏军撤离前后的具体问题有所指示。一方面，张嘉璈关心东北留守接收人员的处境，3月21日指示经济委员会人员“俟多数撤退后，如形势不佳，兄等可至沈阳”；中长路人员请与中方理事“商量同进退”；“电信员工除

---

① 《张大同、耿匡致张嘉璈电》，1946年3月20日，见张嘉璈档，Box 26。

② 《熊式辉致张嘉璈、蒋经国电》，1946年3月20日，见张嘉璈档，Box 26。

③ 参见《董彦平致徐永昌、张嘉璈电》，1946年3月22日，见张嘉璈档，Box 26。

④ 《蒋介石日记》，1946年3月31日。

⑤ 《张嘉璈致董彦平电》，1946年3月31日，见张嘉璈档，Box 26。

留必要人员外，可撤至沈、锦”[①]。另一方面，他还在继续努力，企望得到苏军当局哪怕是些微的让步。22 日，张嘉璈致电董彦平，告其“关内空气非苏方所能想象”，“原盼苏军表示自长、哈撤退日期，预定接防手续，并协助我军抵长，以期空气可以改善，璈等可返长一行。今苏方既表示四月底撤完，但无明确长、哈两地接防日期，尚有公主岭停留之条件，尚难祛除众疑。极盼苏方顾到目前中央处境，及百年友好大计，转移全局。璈等始终愿尽最大努力，改善中苏友好关系。斯顾问所提苏方职员在沈被害事，已电彻查”。31 日，他又致电董彦平，“望告苏方，沈、长间沿线本无地方非法武力，长春附近亦早不存在，故目下沿途阻碍及将来设或共军进占长春，不能不谓由于苏方不照协定协助之故。吾军如能到达长春，关内空气可至为之一变，友好工作仍可继续。苏方当能领会，希婉达之”[②]。但张嘉璈的努力可谓徒劳无功。4 月 1 日，董彦平会见特罗增科，“面提接防问题，并说明中苏军队在接防上之合作，实为将来在东北其他一切合作之起点。如我军在今后一个月内能由于获得贵方合作之故，顺利适时到达长春、哈尔滨以及东北其他各地接防，则对于两国合作当有良好影响，盼作深远考虑”。特氏的回应是，“可将撤离长春、哈尔滨及其他各地之确期通知。但因苏军系大规模撤退，亦惧沿途被袭击之故，自长、哈等地撤离之日期实不容延缓，盼中国军队及时赶到各地。于四月中旬时苏军在长春数量即将减少至最小限度，不能留置一有力之部队，盼中国军队届时已有相当军力进驻长春”[③]。国民党要求的是苏军协助其运兵北进，苏军当局的回应则是希望中国军队早来；苏军在明面上并不拒绝国民党军的北进，而在得不到苏军协助的情况下，国民党军实际又无法顺利北进；如此一来一往，国民党的硬要求总是撞在苏军推拒的软墙上，正应了张嘉璈所言——“迎拒之间，十分微妙”。决定“微妙”的关键，又在于国民党的对苏态度及其作为，国民党既无法有关键性的让步，那么，苏军当局对国民党要求的回应总是不能如其

---

① 《张嘉璈致张大同、耿济之电》，1946 年 3 月 21 日，见张嘉璈档，Box 26。

② 《张嘉璈致董彦平电》，1946 年 3 月 22 日、31 日，见张嘉璈档，Box 26。

③ 《董彦平致徐永昌、张嘉璈、蒋经国电》，1946 年 4 月 1 日，见张嘉璈档，Box 26。

所愿也在情理之中。

4月3日，驻东北苏军参谋长特罗增科约见董彦平，奉令宣布：苏军驻东北总部将于6日撤离长春，苏军各部将于4月上旬撤离佳木斯及其以北各地，中旬撤离长春和吉林，下旬撤离哈尔滨和齐齐哈尔，月底撤离牡丹江，4月30日可自东北全境撤至苏联国境以内。① 至此，东北苏军撤离进入最后阶段。当董彦平询问特氏，在苏军总部撤离后，如何与苏军保持联络时，特氏告其驻长春苏军未撤前，与该地苏军司令卡尔洛夫联络，苏军撤离长春后，与驻哈尔滨苏军司令高福同联络，直至苏军最后撤离；政治事项，可与留驻长春的苏军顾问巴罗富契夫联络。② 对于国民党军接防事，外交部部长王世杰向苏联驻华大使提出，"苏方应迅速设法修复中长路交通，应以一切可能方法协助排除中长线沿途及其他各地障碍，俾国军于苏军撤退前按期到达各地接防。若苏军撤退，各地让共军侵占，重演四平街故事，不能不认为苏方违背友好精神"③。但特罗增科在4月5日与董彦平会见时，明告其"无可置复，亦未接政府任何新指示"④。是否"违背友好精神"并不在苏方考虑的范围之内，何况在苏方心目中，国民党也未必是能够保持"友好精神"的交涉对手，所以以董彦平的体验，苏方的回应哪怕是表面上的热络他也感觉不到，确实是冷冰冰的。

驻东北苏军总部如期于4月6日撤离长春，其余苏军部队亦在准备撤离，中共部队云集长春四周，形势更形紧张。4月9日，驻苏军总部担任联络的董彦平等人，跟随苏军撤离长春转进哈尔滨，而他们在哈市面对的形势是，中共部队已经进入，经他们与该地苏军司令高福同的交涉，对方才允"转饬该军于二日内撤出离市十公里之地带"。苏军当局还故作姿态，11日对董彦平表示，四平至长春铁路可令中长路当局予以修复，哈尔滨至满洲里和绥芬河铁路可以运送中国政府军，中方可以空运部队至

---

① 参见《董彦平致白崇禧、徐永昌、张嘉璈、蒋经国电》，1946年4月3日，见张嘉璈档，Box 26。

② 参见《董彦平致徐永昌、张嘉璈电》，1946年4月4日，见张嘉璈档，Box 26。

③ 《张嘉璈致董彦平电》，1946年4月7日，见张嘉璈档，Box 26。

④ 《董彦平致张嘉璈电》，1946年4月5日，见张嘉璈档，Box 26。

哈尔滨及齐齐哈尔等地。① 在中共部队已经占据四平，切断中长铁路的情况下，苏方如此表示毫无现实可能性。当董彦平提议，在不影响苏军全部撤退计划的前提下，苏军可否在各主要城市酌留少数部队，负责警备，以便国民党军接防时，苏军当局立即表示，苏军将“忠实履行诺言”，于4月底前撤完。② 在国民党方面反复请求苏军“协助”的言词前，苏军当局倒可以居高临下、义正辞严地表示其履约的坚定性，如此这般的历史进程，对国民党而言更似讽刺。

就在苏军将要全部撤离、国共两军在东北即将大打的关键时刻，蒋介石又曾动过以东北经济合作谈判换取苏方让步的念头（见前述）。张嘉璈认为，如此则“苏方态度当可改善”，请随苏军行动的董彦平转达苏方，谓经济问题希望能获圆满解决，他稍后即可返回长春继续商谈，目下最急要者为国民党军早达长春，及于苏军撤退前抵达哈尔滨，希望苏方迅速协助国民党军到长春。③ 但是，现实仍然只能令张嘉璈失望。董彦平向苏方转达张嘉璈的意见后，苏方的回应是，“中国军队之接防，数阅月既未能前来，苏方无法再予有效协助，深表惋惜”；“苏军撤退之处，即有不幸事件发生，中国官方未能事先预为防止约束，而美国人到处受到周到保护，是否对于同盟国家有不平等待遇”④。

4月14日，苏军自长春全部撤离，中共军队与留驻长春的国民党保安部队随即发生激战。18日，中共部队攻占长春，部分留守的国民党接收人员被拘押（过后被陆续释放）。4月25日，苏军自哈尔滨全部撤离，驻苏军军事代表团团长董彦平及团员前一日即乘苏方提供的专车离哈，稍后到达伯力，在哈尔滨集中的各省市接收人员或已空运撤返沈阳，或随苏军撤离，到达海参崴。⑤ 中共部队随后进入哈尔滨、齐齐哈尔等北满各市。5月23日，苏联驻华大使照会中国外交部，宣布苏军

① 参见《董彦平致张嘉璈、蒋经国电》，1946年4月10日、11日，见张嘉璈档，Box 26。

② 参见《董彦平致张嘉璈电》，1946年4月12日，见张嘉璈档，Box 26。

③ 参见《张嘉璈致熊式辉电》，《张嘉璈致董彦平电》，1946年4月14日，见张嘉璈档，Box 26。

④ 《董彦平致熊式辉电》，1946年4月17日，见张嘉璈档，Box 26。

⑤ 撤入苏境的接收人员于5月中旬回国，军事代表团成员暂驻伯力，处理善后问题，6月中旬回国。

已于5月3日自东北全部撤退完毕。至此，困扰国民党大半年的东北苏军驻留问题告终，不过对国民党而言，此时中共已经占据了东北的半壁江山，国民党对东北接收的军事行动刚刚开始，而且面对着不得不以武力方式接收并为此而背负内战骂名的尴尬处境，更多的难题还在后面。

五、国民党内关于东北交涉的激烈争执

1946年3月召开的国民党六届二中全会，是全盘讨论战后国民党各项政策并决定其基本走向的最重要的一次中央全会。对苏外交和东北问题，是此次全会讨论的重要内容，并在会上引发了激烈的争执，影响及于中苏关系及东北接收。

自“九一八”之后，日本侵占东北。对日抗战开始后，收复东北成为中国抗战的基本目标之一，并且在太平洋战争爆发后，得到了同盟国方面的认可与支持。但因争取苏联参加对日战争的需要，1945年2月，美英苏三国首脑在雅尔塔会议达成秘密交易，将中国对东北的若干主权擅自让渡给苏联。中国虽对此持强烈的异议，但因实力所限，迫于三大国的压力，于抗战胜利前夕，与苏联签订《中苏友好同盟条约》，被迫接受了三大国对东北地位的安排。中国虽然损失了东北的若干主权，但也得到了苏联支持国民政府接收东北的承诺。正因为如此，抗战胜利之初，国民党对中苏关系以及在苏联协助下接收东北抱持乐观态度。但大大出乎国民党意料的是，其接收东北的过程远不及当初设想的顺利，其中最关键的是，由于苏联的反对，接收军队无法在东北登陆，已到东北准备接收的东北行营诸大员在苏军的约束下几无活动余地，而同时期中共部队则大举出关，占据了东北的广大地盘。事实上，国民政府已无法如其预期地顺利接收东北，东北问题很快演变成对苏外交与对共关系的外交与内政的双重纠葛。

中苏双方在东北接收问题上的矛盾冲突，引起国民党内若干人士的强烈不满。国民党内部的派系颇为复杂，对所谓“党国”利益有不同的考量与现实的追求，并在战后政治上大体形成对苏对共强硬与温和的不

同分野，其中以CC系、黄埔系及若干坚持反共立场之高级官员为强硬派中坚，而以政学系、英美系及若干与蒋接近之高级官员为温和派代表。对东北接收僵持不下及对苏外交失败，国民党强硬派早有不满，对主其事者——外交部部长王世杰、东北行营主任熊式辉、东北行营经济委员会主任委员张嘉璈等均目为政学系干将，提出强烈批评。蒋介石出于对中苏关系及国共关系大局的考虑而压制其公开表露，更激起强硬派的不满。至1946年初，在诸多因素的共同作用下，国民党内对对苏外交及东北问题的不同意见渐趋公开化。

苏联不仅对国民政府接收东北持消极态度，对东北资源强掠强占，而且还提出对东北资源及经济由中苏合作经营开发的要求，企图以合法手段占有东北的资源，控制东北的经济，以为其谋取更大的利益（详见上节）。自1945年11月到1946年2月，中苏双方为此进行多次交涉，均因苏联提出的要求过高而无法达成妥协，由此升高了国民党内对苏联的不满。1946年2月，美国政府提出对中苏东北经济合作交涉的反对意见，使国民党强硬派觉得可用美国助力以抗苏。正值此时，雅尔塔密约全文正式公布，又使国内舆论对大国外交牺牲中国利益的行径表示强烈不满，为国民党强硬派提供了可资利用的舆论及群众助力。2月下旬各大城市爆发的反苏反共游行，就是他们挑动与运作的结果。2月13日，中共发表对于东北问题的四点主张，提出参与东北政治的要求①，又激起本来就对政治协商与国共和解不满的国民党强硬派的反弹，而苏联延迟从东北撤军的举动，亦被他们解读为对中共占据东北的支持，更使他们作出种种强烈反应②。

上述因素的相互叠加及其共同作用，使国民党处理东北问题的决策

---

① 参见《中共中央文件选集》第16册，77页。

② 据傅秉常在全会期间的日记所记，孔祥熙“对于苏联之力量，极端怀疑，以为我国对苏应多表示强硬，不宜过于让步，否则我自己不说话，安能请美国采强硬政策”。白崇禧“语气间对苏联似甚怀疑，以为苏联对其东西南各邻邦欲以武力逼其成为苏联之附庸，对东三省、内蒙及新疆亦如此，并主东北问题提出安全理事会”。国民党中宣部部长梁寒操“对东北及中苏问题发表其长篇之言论，均似极有成见者”。外交部次长刘锴谈及东北及苏联问题，“亦似有成见”。（以上参见《傅秉常日记》，1946年3月2日、3日、5日）除了白崇禧之外，上述谈话中所涉之人均非一般认为的国民党强硬派，于此亦可见当时国民党内的对苏气氛。

环境发生重大变化，埋下了六届二中全会对苏外交及东北问题争执的种因。

1946 年 3 月 1 日，检讨国民党战后政策得失并决定其后政策走向的六届二中全会在重庆开幕。全会听取的主题报告涉及政治、经济、军事、外交等多方面内容，其中对苏外交及东北问题成为 5 日、6 日、14 日会议讨论与争执的重点。

3 月 5 日下午，全会举行第五次会议，外交部部长王世杰作外交报告，其中谈及联合国、对日管制、对苏外交及东北接收、对越关系等若干问题。王世杰深知对苏外交及东北问题较易引起争议，因此在报告时并未作为重点阐释，且语调平静温和，表现出力求通过对苏交涉解决东北问题的基本立场。他在报告中提及，“据苏方所表示，苏军撤退之延缓，系因技术上的困难，我政府现正向苏方继续催询中”；对于中苏经济合作交涉，“中苏两方，对于此一问题之见解，迄未一致，惟苏军之撤退依照协定原不附带任何条件，因之，此一争议之存在，应不能措成苏军缓撤之原由”。他强调，“中苏亲善诚如本党总裁所云，不特为中苏两国所需要，抑实为全世界的和平安全所需求。本人深望双方同本亲善友好精神，使苏军撤退问题迅获解决”①。

王世杰的苦心并不为出席全会的国民党中央委员所谅解，他的报告结束后，国民党元老邹鲁首先在讨论中发难，提出：“我们办外交不能像路上叫化那样哀求老爷太太乞讨的态度所能达成任务”，“像现在我们这种外交的作风是最要不得的”。“再就东北事情来说，自然有很多苦衷……但对于这些问题的处理，仍应以正当公正的外交方式去求解决。”“王部长总怕得罪苏联……我真不知是何道理？……如果说弱国无外交，那就不必办外交。”邹鲁的发言引发了讨论的燃点，继其后发言的诸位中委，均对政府外交政策和王世杰的外交处置提出了强烈的批评。②

白崇禧在发言中认为：“我国是弱国……因为没有力量，就要用公

① 《中央日报》（重庆），1946-03-06。

② 本次会议的发言均出自《国民党六届二中全会第五次会议速记录》，中国国民党中央委员会党史馆（以下简称党史馆），台北，6.2/6。

理，如其要用公理，便须把公理宣布出去。”“有力量的人家可以帮助我们，我们不但没有喊人家帮助，还要客客气气地送给强盗。这样的弱者，等于被打了还不准哭不准喊。”“这样的对苏外交政策、外交作风，实在应该改变。”“这种情形，实在拿我们中华民国，中华民国的人民、军队，党政同志，太不算人。”

资深外交家、亲历 1920 年代初期中苏建交谈判的王正廷认为：“此次所订之中苏条约，可以说等于倒退了四十来年，又回到了李鸿章时候的情况”，“危险性实在太严重”，“应该想补救的办法”。“根据国际公法，因时势的变迁，可以请求修改条约。”“我们的外交，虽然没有武力可以做后盾，但我们的人民可以做我们外交的后盾。”“我们可以运用民意，得到修改条约的目的。”“外交上的事情，能办的时候就办，不能办的时候，可以换一个。譬如甲办不了，可以换乙，乙办不了，可以换丙，这是国际外交上的惯例。所以王部长对于这个问题，如果认为办不了，政府可以另找他人出来办理，这样才可使中苏问题在最有理、最诚恳的态度之下，去修改纠正，得到合理的解决。”王正廷的发言，不仅牵涉对苏外交正误的问题，而且提出了追究先前对苏外交责任、修改中苏条约以及更换外长人选的问题，是当天发言者中态度最激烈者。

胡秋原在发言中呼应了王正廷的意见，认为：“这问题的严重程度实已无以复加，可说不是本党执政以来最失败的外交，也是近百年来失败最大的一项外交。”“怕友邦，办委曲而不能求全的外交，要外交干什么?”“‘九一八’以后有恐日病者，今天又有新的恐苏病了，这种心理要不得。”“条约要信守，但是除此之外，丝毫不能再让了，今天外交部应该给我们一个保证，不能再让。”

CC 系干将谷正鼎在发言中认为：“订了中苏条约之后，苏联有许多越出条约以外的事，为什么我们连要求她履行条约的力量也没有，甚至也不敢说?”“我们得不到保障，外交当局反讳莫如深。”“她不履行条约，我们抗议也不敢了，抗议怕得罪对方的友谊，如此屈服忍让，就可维持邦交吗?”“今天谈外交，不容讳言，外交是有失败的，但是要挽救失败，必须唤醒我们的舆论和民众，我们办外交，要凭全国的舆论和国际间的公理。”

在当天的发言者中，只有宋宜山的态度较为缓和，他认为：“对苏外交有三种基本的看法，第一，中国是国际的一环，现在世界的趋势是要求和平，我们是要从保障和平方面着手，将来局势改变，自可转移；第二，外交是靠力量为后盾。追求与国并不完全可靠，人家决不愿意牺牲自己来为你打仗的；第三，中苏虽已订立友好条约，但苏联对中国是不是有怀疑，是不是怀疑中国趋向于美国方面。从这些地方看来，我们对苏外交，应该取很郑重很和平的态度去处理。”

5 日的会议结束后，外交部部长王世杰在日记中写道：不少人“均以激烈攻击之语调，指责予之外交软弱，或主张将中苏争执（东北问题）提付国际会议。萧铮在会场发言，主张罢免外交部长”①。而在旁观者眼中，王世杰的报告被认为“稳健而有条理”，但批评者“言均激切，掌声不少”②。其实，这些批评者的言论均回避了中苏条约实际决定于雅尔塔密约，而以中国当时的地位以及国民党的现实需要，很难与三大国对抗。

因要求发言者人数众多，3 月 6 日，六届二中全会举行第六次会议，继续安排讨论对苏外交问题，火药味则较前一日更浓。战后颇为活跃的黄宇人首先提出追究外交部部长王世杰的责任问题。他认为：“对苏外交失败，不是政策问题，而是执行政策的问题。所以现在的责任，不在政策的决定机关，而在政策的执行机关。”此言避开了国民政府外交政策的实际决策者蒋介石的责任问题，而将追究责任的重点放在王世杰身上。他重提签订中苏条约的时机是否妥当的问题，认为：“中苏条约签订的时候，我们已在湘西等地反攻，日军的颓势已显，在这种情形之下，我们外交当局为什么要像捡金银似的去订条约，这一点我们不了解。”他还批评中苏条约谈判是秘密外交、私自协定。③

继黄宇人的发言之后，王星舟、方治、齐世英、彭昭贤、刘文岛、潘公展等在发言中都提出，应该追究外交当局的责任，并对中苏条约的作用予以重新估计和检讨，如果苏联不能依照条约行事，则应考虑因其违反条约而将东北问题提交联合国，利用国际力量迫使苏联让步，或者

---

① 《王世杰日记》，1946 年 3 月 5 日。

② 《王子壮日记》，1946 年 3 月 5 日。

③ 本次会议的发言均出自《国民党六届二中全会第六次会议速记录》，党史馆，台北，6.2/6.10-12.1。

干脆宣布废除中苏条约。周异斌甚至提出："万一不能达到目的，本党要集中力量，把握时机，不惜再来一次光明神圣之抗战。"

东北问题除了与对苏外交的关系之外，与国共关系实际亦密不可分，但或许是因为全会安排了专门时间讨论国共关系问题，故在有关对苏外交的讨论中，发言者多未涉及中共问题，只有CC系干将谷正纲直言不讳地提出："我们要认识东北问题的复杂和严重，是因共产党进入东北。""苏联在东北不撤兵，是在扶植中共部队，三五月以后，共产党武装起来，也许苏联就会撤兵，使东北的外交问题成为内政问题。所以现在不把握时机，不把这件事情办了，将来对付苏联格外困难。"不过他的发言没有得到其他发言者的回应。

在6日的讨论中，只有罗霞天和刘健群的发言，态度稍见缓和。罗霞天认为："在原则上说，中苏友好是没有问题的，而且大家都感觉有此需要。然而我们看看实际情况……我们接收东北的目标不能达到，是友好的吗?""一般人说，弱国无外交。其实强国无需外交，弱国才需要外交，弱国必须运用外交手段，获得胜利。所以，我们对于外交政策应加以检讨。"刘健群认为："外交问题我们应以冷静的头脑来处理。""《中苏友好条约》的目的在求全，所以委曲……但是现在委曲而并不求全，这是我们的痛苦。""对于中苏的交涉，我们要本着外交方式去做是很困难的。……这个问题是左右为难。"以后怎么办呢?"友好条约我们固然要遵守……但是还要随时注意现实的发展。""所以我们要和苏联讲明白，苏联不应以国民政府为对手，我们虽不是亲苏，至少不会反苏。"

在两天的会议近20位发言者中，除了个别人态度稍为缓和但也批评了外交当局之外，无人出面为对苏外交辩护，在当时会场的激动环境下，事实上也容不得辩护者的言论。作为战后国民政府外交政策的当家人，外交部部长王世杰在两天会议的大部分时间中，"除于事实不符时有所声辩，余无一言"，没有为自己辩护，其他温和派人士为避免引火烧身，更是噤口不言。① 只是在6日任卓宣发言，批评外交当局是"官僚外交"，主张实行"民主外交"，依靠舆论和民众的力量办外交时，王世杰才忍不

① 参见《王子壮日记》，1946年3月6日。

住插话说，“人民说话，会刺激外交困难”，因此不主张操弄民众情绪，增加外交的复杂性和危险性。结果又遭到任卓宣的当场驳斥，他坚持认为：苏联的行为，不是因为刺激了才发生的。“我们主张以后要实行国民外交、民主外交，凡事都应公开于人民，利用人民的力量、舆论的力量来做后盾。”

在两天的会议讨论中，除了与会者的发言外，还有张九如、韦永成、唐纵提出了书面质问，他们都批评了外交当局处理对苏外交的失策，韦永成还提出，应向联合国安理会控诉苏联的行径，如果苏联不从东北撤兵，则应宣布取消中苏条约。

两天的讨论结束后，全会决定由指定的审查委员会准备有关外交报告的决议，并由王宠惠、程天放、李惟果等根据讨论意见起草决议。由于与会者已经对外交政策提出了激烈的批评意见，受此影响，在决议起草过程中，审查委员会有人主张废止中苏条约，有人主张宣告条约无效，有人主张修改条约，还有人主张提交联合国安理会。不过，中苏关系牵涉到国民政府的外交格局，且与国民政府最终能否顺利接收东北密切相关，王宠惠等亦不敢贸然定议，而推由国民党领袖蒋介石作最后的决定。蒋介石此时虽然希望给予苏联一定的压力，使其尽早从东北撤军并支持国民党的接收，但又不希望将事情闹大，以免使苏联对国民党的态度更趋恶感，从而不利于其接收。因此，他对会上对苏联和外交当局的批评指责采取了默许态度，并未强予压制，但对将要公开发表的决议文字则采取了慎重态度。因为蒋的决策，决议文字基本上未采纳会上的批评意见，而着重于正面阐述中苏关系的现状。7日，在起草外交决议案的讨论中，王正廷、任卓宣等又提出责任问题。前一日晚，颇感“委屈”的王世杰已向蒋介石要求辞职，但未得允可。此时，王世杰遂“郑重声明，自去岁八月予就任外交部长至今，一切外交政策与措施，其责任均属于我，因为予可执行之政策，均为予所提议或赞同之政策，至于成败得失，则此时尚非论定之时。予并云，如为国家利益需要予辞职，予决不多当一日。予此时尚未辞职，只是遵守临难毋苟免之古训”①。实际上，正如

① 《王世杰日记》，1946年3月8日。

有会议参加者所论，代表们“攻击各点未尝不对，一则限于实力，再则一切重大问题商得主席之核准，外长不能擅专”①。国民政府的外交官员不过是国民党决策的执行者，将对苏外交的责任全部归罪于外长王世杰，确有其过分之处。正因为如此，在蒋介石的坚持下，决议案未写外交当局的责任问题。

在 3 月 16 日召开的全会第十八次会议上，王宠惠专门为决议文字解释说：“现在国家情势复杂，瞬息万变，究竟采取何种办法最为有效，或应否采取进一步的步骤，一时不能作肯定的决定，结果将各委员意见报告总裁，我们相信总裁一定参酌各位意见，采取有效的步骤，务必达到保持东北领土主权的完整，所以目前没有作硬性的规定。”苗培成当场发言反对说：“我们应当表示我们坦白实在负责的精神，并且还要把这个意思写出来。对于苏联的不友好，与平等互惠原则不符合的情形，都要公布出来，所以本席主张将此项文字增加并修改。”至此，在全会上一直没有就对苏外交问题表态的蒋介石不能不表示：“苗同志要加上几句话，我看没有什么必要。这个对于我们党，对于政府，对于人民没有多大好处，还是照原文发表较好，并且若照这样修改，对现在和苏联交涉时没有多大利益。”格于蒋介石的权威，对决议有异议者此后再未表示异议。②

国民党六届二中全会通过的《对于外交报告之决议案》，其中对中苏关系陈述说：“我国与苏联边境绵亘，允为近邻，必须和平相处，中苏两大民族间之永久友谊与互相信赖，实为太平洋安定与世界和平之基础，为此政府以最大决心与最友好态度，与苏联订立友好同盟条约，此约自当双方遵守，在该约中，苏联曾有‘对中国在东三省之充分主权，重申尊重，并对其领土与行政之完整，重申承认’之声明，应责成政府切实交涉，履行该约，并将在我国境内之苏军迅即撤退，交由国民政府派军接防。”③ 与全会讨论发言中的浓烈火药味相比较，外交决议案的表述确实相当温和，这也多少体现出当时国民党在对苏外交问题上的两难处境。

---

① 《王子壮日记》，1946 年 3 月 6 日。

② 参见《国民党六届二中全会第十八次会议速记录》，党史馆，台北，6.2/6.26-29。

③ 中国国民党中央执行委员会秘书处编：《中国国民党第六届中央执行委员会第二次全体会议记录》，119 页，重庆，1946。

对苏外交实际关系到的主要是东北问题，但东北问题除对苏外交之外，还牵涉到国共关系以及对接收当局因应得失之讨论，故国民党六届二中全会在讨论对苏外交之外，特别在 3 月 14 日举行第十六次会议，安排对东北问题的讨论，由军令部次长刘斐报告东北军事问题，东北行营经济委员会主任委员张嘉璈报告东北经济与接收问题。在他们报告之后，与会者讨论发言之热度，丝毫不亚于对苏外交的争执，其中不少发言者为东北籍人士，他们多年离开故土，发言充满怀乡之情，为讨论增添了一抹悲情色彩。①

就在六届二中全会讨论东北问题的当天上午，东北旅渝同乡会、辽宁省复员协进会、吉林省复员协进会、黑龙江省复员协进会、东北建设协会、东北难民救济委员会、东北义民还乡救济委员会等团体，推派代表向全会请愿，经全会主席团委派陈诚、陈立夫接见，收下他们的请愿书后方才散去。据陈诚其后向全会报告，请愿书除提出苏联应履行中苏条约即日撤兵，采取强硬措施、加派军队、武力接收东北，不能对中共以党派协商方法解决东北问题等要求外，特别提出惩办接收失职负责人、东北行营主任熊式辉的要求。请愿书列出熊式辉的失职之处为：其一，不但迟迟其行，反斤斤于人事摆布，省区之划分，因循坐误，目前严重局面之形成实导源于此。其二，不谙外交，举措失宜，畏缩不前，规避责任，擅离职守。其三，对接收东北，事前毫无准备，即电台与中苏条约原文亦未携带，一时传为笑柄，具见其窃位素餐，视接收如儿戏。其四，昧于大势，倒行逆施，不但延不接收，且停止地下工作，摧残地下武装，沮东北人士内向之心，演成混乱局面。他们还向陈诚和陈立夫当面提出惩办熊式辉的要求，指责熊式辉到东北后，不去接收人民与人心，而是为他个人接收东北物资，从飞机上运回的有一百多件行李。这些东西都是东北的宝贝等。归结为一句话，要求撤换并惩办熊式辉。陈诚和陈立夫不便具体作答，但就原则上答复，都很同情他们的话，并表示二中全会全体委员，假使听了他们的话，也莫不寄以同情。此次请愿活动

---

① 本次会议的发言均出自《国民党六届二中全会第十六会议速记录》，党史馆，台北，6.2/6.26-29。

有无其他背景（如政学系反对者的指使），目前尚无资料佐证，但至少他们的请愿活动以及陈诚颇具感情色彩的介绍，起了不小的煽情作用，更增加了与会者讨论东北问题的兴趣与激烈程度。

朱霁青在发言中首先提出："今日东北问题的严重性，一是外交孤立，二是接收迟缓。""大家交换意见，一致主张对东北外交应取强硬态度，如果东北交给苏联或是中共，势必影响华北的安全，同时影响整个中国不能安全。"

傅汝霖在发言中，除了重复东北问题之复杂与严重是由于对苏外交失策外，认为东北接收没有办好，主要是由于接收人员对东北问题的认识错误。接收东北的机构，措施不善，错误甚多；东北行营对苏联没有认识，故不预备自己力量，反先做划省工作，好大家分配主席。行营最注意忙于布置人事，到了东北，一切准备不全，苏联问你根据什么来的，又拿不出中苏条约来，只有中东铁路一理事带了一份条约去，始有条约参考，找寻根据。熊式辉对地方民众不肯接近，对武力不敢收编，甚至曾经当过兵、受过训练的东北同志也不予理会。熊式辉到了东北以后，一切措施方面错误的事情真是太多了。这局势的造成，为东北行营认识错误最大的过失，因为认识错误，一切行动也跟着错误。他提出：调整东北行营机构，多派接收东北军队，尽量收编地方武力，恢复东北党部活动，尤其是东北人事要重选，希望有老成持重、公正廉明的人去主持。他强调：今天东北的局面，是熊式辉一手造成，假使不肯认错，听其错误下去，前途更不堪设想。

王星舟提出："我们接收东北，一定要争取民众，争取民心。不然，就要造成共产党的机会，结果无异替共产党做了工作。希望大会对这些问题有切实的检讨。"

黄宇人提出：他见过的东北官员"一致认为东北行营有官僚作风，对上敷衍，对下凌辱，欺弱怕硬，对各项事情自己解决不了，还不愿意中央知道，封锁一切报道，不准任何消息泄露"。"这些官僚作风如果继续下去，不加纠正，很可能断送东北。主持这件事的人要负责任。"

14日的会议亦决定推专门的审查委员会准备有关东北问题的决议，并由朱霁青、顾维钧、萧同兹等担任起草工作。发言者对东北问题基本上并无不同的意见，从而为起草决议打下了基调；再由于东北行营主任熊式辉时在北平、锦州，指挥东北接收军事行动，未如王世杰那样出席会议报告并听取意见，更激起与会者的不满，决议草案点名批评了熊式辉，并提出撤换他的建议。决议草案言辞直率，认为造成东北问题的根本原因，在于苏联未能遵行中苏条约及接收人员尤其是东北行营主任熊式辉认识错误，顾忌因循，临事不能据理力争，致造成现时危局。决议草案提出解决东北问题的方法是：外交方面，应拒绝苏联一切有损权益之要求，忠告苏联切实履行中苏条约，迅即撤兵，务于最短期间交由国民党军接收，否则苏联应负破坏中苏条约之责任；军事方面，应在东北迅速增强国民党军，责成地方政府编组保安团队；政治方面，调整东北接收机构，撤换东北行营主任熊式辉，各项人员之任用，必须注意资望，郑重遴选，以资号召，凡在东北艰苦奋斗著有成绩之人士，尤须尽先任用。① 可以想见，如果将此决议草案提交全会讨论并最终通过公布，将在国民党内外引起的反响与震动。

事态演进至此，如果听任关于东北问题的决议草案提交全会，以当时之形势，通过的可能性远大于不通过的可能性。为了避免因此引起国民党内外之震动，影响对苏外交及东北接收，国民党领袖蒋介石不得不再次出面，摆平有关各方的意见，压下对东北决议草案的表决。蒋自记，二中全会期间“对于东北问题与全会宣言费心最苦也”，部分说明了他当时的处境，即既要释放国民党内对苏对共的不满情绪，有利于他以后的东北决策；又不能使其超出一定范围，影响其东北决策的顺利实行。②

在16日召开的全会第十八次会议上，蒋介石就东北问题发表讲话，起始即提出：“全会是要对国家负责任的，东北问题应知其严重性，不能照决议意思办到。”他告诫与会代表说：“东北问题不只是国民的成败和国家的成败问题，且可以引起第三次世界大战，正是世界安危和战的问题，此问题不是我们可以不满现状随便决定的。现在我们是否有此决心……国际形势和中国政治情形是否会引起这个战争，引起了这个战争

---

① 参见《对于东北问题决议案》，党史馆，台北，6.2/11.5-15.2。

② 参见《蒋介石日记》，1946年3月16日。

以后，于中国有何好处，我们曾考虑到了没有。”“我们应从此着眼，明白自己的责任，彻底检讨。”因为熊式辉出任东北行营主任出自他的决策，蒋又为熊式辉辩解说：“述及人事，我可以说，熊主任没有责任，这个责任应该我来负的。因为熊主任的一举一动，没有越出我的命令范围，与其说熊主任错了，毋宁先来问我，因为他没有责任。”“在前方负责任的人，我们如果不顾事实，不问利害，说是要取消他，以后再没有人肯到前方负责任。这样，除非我自己到东北去冲头阵了。”蒋的如此说法，将东北问题提升到他个人的责任，与会者自然无法再多说什么。最后，蒋介石表示：“东北问题我愿意负责任，各位同志如果相信我，由我一个人负责处理，我愿意负这个责任，各位同志信托我，交给我处理，不要发表这个决议文。”结果，全会同意将东北问题交国民党中常会处理，决议草案未付讨论和表决，实际即不了了之。①

对苏外交和东北问题确为国民党在战后面对的重大挑战之一，如何既维持对苏关系的大局，顺利接收东北，确立国民党在战后中国的优势地位，又在主要依靠美国支持的同时而在苏美之间保持适当的平衡，并压制中共在东北的发展，实在是国民党所欲追求而难得之两难目标。另外，就外交与内政的关系而言，如何不使中国内部的情势发展影响外交，从而有损于中国的国家利益，又使外交得到社会民意的支持，增强弱势外交面对强势时的对策底气，亦为国民政府所面对之两难选择。再者，对国民党领袖蒋介石而言，如何既利用国民党内的反苏反共情绪，在国共相争之时对外表现国民党及其个人的强势，继续国民党的专断“党治”和其个人的独断“人治”，又维持国民党内派系的大体平衡，便于其个人操控运作，也是蒋介石面对的两难处境。国民党六届二中全会有关对苏外交和东北问题的讨论及争执，就是国民党、国民政府及其领袖蒋介石所面对的诸般两难选择之表征。

由于东北对国民党在各方面的极端重要性，国民党不能不坚持接收东北，而要顺利接收东北，则不能不取得苏联的合作，可是，苏联视东北为其势力范围并提出种种过高要求，又使国民党格于内外环境而难以

① 参见《国民党六届二中全会第十八次会议速记录》，党史馆，台北，6.2/6.26-29。

轻易满足。本来，国民党在接收东北之初，尽管也遇到了苏联的拖延和刁难，尽管其党内对此也有不同意见，但其对苏外交仍保持了较为谨慎的态度，异议亦基本保持在党内。而六届二中全会关于对苏外交及东北问题的讨论，则使国民党内的分歧意见几近公开化，对苏外交的天平开始有所倾斜，造成的直接后果是，自反苏游行之后本已恶化的中苏关系的气氛更趋恶化，苏联对国民党“亲美反苏”的疑虑大增，从而更不利于其接收东北。

国民党六届二中全会结束后，据莫斯科电台的广播，苏联公开批评那些“受外国支持的中国反动分子，不惜用各种方法和手段，干反苏的挑拨勾当。红军驻在中国境内，成为他们不断进行反苏的对象。而红军在击溃日本帝国主义，解放中国人民的事业中是起了巨大作用的。中国和美国报纸不断批评红军的延缓撤退，藉此开始反苏运动，但红军撤退的事实，他们似乎并无所悉”①。苏联对国民党的批评不仅仅停留在纸面上。3月13日，在不通知国民政府、不等国民党军接防的情况下，驻东北苏军突然开始自沈阳由南向北撤退，使已经在东北有很大发展的中共先得其利。

国民党六届二中全会对苏外交和东北问题的讨论与争执，一个不能忽略的背景是国民党内的派系之争。国民党内本就派系林立，国民党六大之后，其党内部分少壮新进力量抬头，结合为“革新派”势力，要求对已趋“老朽”的国民党进行全面“改革”。② 在手握国民党组织大权的CC系的推波助澜之下，国民党内的“民主化”呼声高涨，发展到六届二中全会，与会者几乎对全会所有的议题均有激烈的、少受约束的讨论和争执。在国民党内部派系斗争的背景下，不如其意的对苏外交和东北问题为派系斗争所炒作，成为派系斗争可利用之热点。而在当时国民党一度实行的对苏对共缓和政策受到党内广泛批评和质疑的情况下，批评者的意见主导了会场形势，且部分发言者态度嚣张，党同伐异，不容他人

① 《国民党二中全会面目》，无编者及出版者，164页。

② 关于“革新派”的研究，请参阅王奇生：《派系、代际冲突与体制内的自省——以1944年至1947年国民党党政革新运动为视点》，见中国社会科学院近代史研究所编：《划时代的历史转折——“1949年的中国”国际学术讨论会论文集》，成都，四川人民出版社，2002。

发表哪怕是微弱的辩驳意见。以至连具有个人独断权威的蒋介石，也感觉无法控制会议进程。即便是在蒋多次出面讲话的严责之下，“似不能使彼等（批评者——作者注）改变其态度”①。结果，“二中全会因有报告有检讨，颇如议会之对政府，实则如此攻击，无异对蒋先生之抨击”②。蒋介石虽然以其个人独断而最后压制了全会对外交、东北决策及有关负责官员的公开批评，但其个人声望亦因此次全会而大受影响。再就发言者态度而论，此次全会对外交和东北决策的批评意见，部分源自因为种种原因而致之个人情绪的发泄，如有些人不能参与决策的牢骚，有些东北籍人士不能重回东北掌权的失落，等等，而在这种发泄情绪下提出的意见，如废除中苏条约、将东北问题提交联合国等，姑不论其用意如何，至少没有可操作性，实为无的放矢。作为执政党，其政策导向不能建立在情绪发泄的基础上，而外交决策牵涉到复杂的内外、国际关系，尤须避免情绪化趋向，不宜对过于敏感的议题进行几近公开化的讨论。由苏联其后对国民党接收东北的态度所反映，国民党六届二中全会对苏外交及东北问题的讨论和争执并未得到其理想的结果，对国民党凝聚党内共识，与中共争夺战后政治主导权亦非有利。国民党六届二中全会对苏外交及东北问题的讨论和激烈争执，不仅没有解决已有问题，而且还使国民党的相关决策失去了应有的弹性而更趋僵硬，平稳顺利地接收东北已不可能，最终仍然只能回到武力解决的老路。

---

① 《王世杰日记》，1946年3月11日。

② 《王子壮日记》，1946年3月6日。

第三章 东北的战火及国民党东北决策的顿挫

一、一波三折的东北军调

抗战胜利以后，东北虽是国共争夺的重点地区，但在一段时间里，东北问题并没有摆上国共双方的谈判桌。在国民党方面，是根本不愿提，而将其定位为接收国家主权问题，目的是不承认中共在东北的地位，以独占东北。在中共方面，是有意不提，以尽量争取在东北的有利地位，从实力出发迫使国民党作出让步。在苏军未撤的情况下，国民党暂时按兵不动，等待进军时机，中共则致力于建立巩固的东北根据地，双方暂时还能做到相安无事，与全国其他地区尤其是华北的国共武装冲突比较，东北还不算国共冲突的热点地区。随着苏军逐步撤离东北，原先隔离国共武装不使之发生直接冲突的缓冲力量不复存在，东北国共冲突的可能性骤然上升，而国民党内政治情势的变化，又使冲突不可避免。

以CC系为代表的国民党内强硬派和主战军人集团结合，不满于政协决议对国民党一党独大地位的限制，在国民党六届二中全会上，以检讨战后政策得失为名，在国共关系、中苏关系、东北问题上发难，对宋子文、王世杰、熊式辉等人发动了猛烈攻击，并导致国民党战后政策走向的重大改变。国民党内政治动向的这一变化，得到了蒋介石的默许、纵容与支持，在这种情况下，其党内温和派不敢或不便再作主张，从而使国民党在东北问题上失去了应有的弹性，动武大气候已成。而苏军的撤离，更使国民党不再有过去的担心，东北问题的焦点开始从国民党与苏联的矛盾向国共矛盾转化。

蒋介石决定对东北的政策时，从未真正放弃过武力收复的想法，但他一方面顾虑苏联的反应，所谓投鼠忌器，另一方面当时国民党军队力量不足，因此迟迟未下令军队进入东北。随着苏军从东北撤离最后期限的到来，虽然苏军还在找借口拖延，但蒋判断苏军撤离不过是迟早问题，而国民党军队在美国协助下正源源不断开入东北，蒋对东北接收的态度逐渐趋于积极。1946年1月19日，蒋要求熊式辉和杜聿明："凡我军已入东北部队，无论其兵力大小，亦无论行军驻宿，皆须随时完成作战之准备，千万勿忽。"2月13日再次下令，要点有苏军者力予交涉接收，接后坚守其防；要点无苏军者可能占领则占领之，以设防；以防苏联"卵翼奸伪，造成第二华北，陷我军于进退维谷"①。这表明一向迷信武力的蒋介石已准备军事解决东北问题。与此同时，全副美械装备的国民党精锐主力新1军、新6军、71军和60军、93军等部由美国军舰陆续运抵东北，使国民党在东北的部队总数超过了20万人，军事实力大大增强。1月发布的停战令，由于国民党的坚持，规定"国民政府军队为恢复中国主权而开入东北九省，或在东北九省境内调动，并不影响"②。这条规定虽只涉及军队调动问题，但含义并不明确，何谓接收，范围如何确定，军队如何调动，国共双方各有不同解释。③ 实际上，国民党如此坚持这条规定，已透露出其改变对东北政策的信息。停战令生效前后的国共营口争夺战，凸显了东北问题的严重性④，在全国局势的相对平静中，东北开始成为各方关注的焦点。

政协会议之后，中共也开始关注东北问题的解决。由于停战令的颁布，政协会议的召开，整军协议的签订，全国范围的国共军事冲突暂时得以平息，而东北局势的不确定，蕴含着发生冲突的极大可能。随着苏军的即将撤离，中共势将直接面对国民党的军事压力，如果能在此时为解决东北问题确立解决框架，对巩固中共的地位、完成中共预定的战略

---

① 《"总统"蒋公大事长编初稿》卷6，20～21页；《熊式辉日记》，1946年2月14日。

② 《中央日报》，1946-01-11。

③ 国共停战谈判在东北问题上曾有默契，国民党开入东北的军队不得过多，调动须报告北平军调部。（参见《中央关于停战后我党对满洲的政策问题给东北局的指示》，1946年1月11日，见《中共中央文件选集》第16册，20页）

④ 杜聿明为在东北占据海口城市以利其后作战，命52军于1月10日占领营口，随后又为接收沈阳，令其北上，只在营口留置1个加强营守备，中共部队于13日对营口发起攻击，次日占领之。

任务，无疑是非常有利的。何况，经过半年的积极行动，中共已经基本完成了在东北的战略部署，并建立了若干根据地，地位较之过去已不可同日而语，中共自信可以在政协决议的框架下，与国民党讨论解决东北问题，争取中共在东北的合法地位。1946 年 1 月 21 日，中共中央指示驻重庆代表团，“我们现在似须主动提出东北问题与国方谈判，要向他声明如不先谈好，在东北不可避免的要发生冲突，并必然影响全国的和平”。谈判方针为：1. 改组东北行营，容纳各党各派参加；2. 承认中共军队在东北的地位；3. 实行民选，并承认现已存在的民选政府的合法地位；4. 国民党军进入东北须有数量限制。①

由于东北在中共全盘战略中的特殊地位，东北局彭真、林彪等负责人对国内形势有自己的看法。他们认为，国民党可利用停战稳定关内，同时自关内调兵出关，与中共争夺东北，这对中共不利，因此他们建议应以各种手段“逼蒋迅速与我谈判东北问题，承认我在东北之地位”②。此时中共中央对国内和平的前景估计较为乐观，认为“整个国际国内形势不能允许东北单独长期进行内战”，因此中共“对东北的方针，应该是力求和平解决，力求国民党承认我党在东北一定合法地位的条件下与国民党合作”。为此，中共中央在给东北局的指示中提出：“企图独占东北，拒绝与国民党合作的思想，是不正确的，行不通的，必须在党内加以肃清。”“我们完全不应怀疑东北问题有和平解决与国民党实行和平合作的可能。”指示东北局，军事上避免与国民党军冲突，退出长春路及沿线若干大城市，在军事上采取完全防御的姿态，对国民党接收人员表示合作协助的诚意。③ 2 月 12 日，中共中央书记处讨论决定了力求和平解决、

---

① 参见《中央关于解决东北问题的方针给中共驻重庆谈判代表团的指示》，1946 年 1 月 21 日，见《中共中央文件选集》第 16 册，55～56 页。

② 《彭真致中共中央电》，1946 年 1 月 14 日；《林彪致中共中央电》，1946 年 1 月 15 日，军事科学院图书馆藏档抄件。

③ 参见《中央关于目前东北工作的方针问题给东北局的指示》，1946 年 1 月 26 日，见《中共中央文件选集》第 16 册，57～60 页。其后中共中央还决定原拟调往东北的山东叶飞纵队、晋察冀杨得志纵队不再去东北，以免“给国民党以借口”，“结果不仅拖延东北战争局势于我不利，破坏停战协定责任，人民一时也不易了解，反而给战争挑拨者以利用”（《中共中央致林彪等电》，1946 年 3 月 4 日，军事科学院图书馆藏档抄件）。

力求与国民党在东北合作的基本方针。次日，中共关于东北问题的主张，以中共中央发言人答新华社记者问的方式公之于世。与此同时，周恩来在重庆整军谈判中向张治中不断提出东北问题，表示“东北问题长此拖延下去，恐不是办法”①。整军协议签订的当天，周恩来会见马歇尔，提出停战和整军应将东北包括在内，“因这是一严重问题。在上次的停战协议中，此点规定得尚不够明确，致你的提议未能在东北实现。现在整军和停战的协议都有了，以后就要赶紧把冲突停止”②。这表明，在停战、政协和整军谈判取得重大进展之后，战后中国的焦点之一——东北问题登场，成为未来一段时间内中国政治、军事舞台上各方瞩目的主角。

中共和平解决东北问题的建议并未能得到国民党的应有回应。国民党坚持东北接收是关系国家主权的问题，而且有条约依据，不能受任何限制，并不承认中共在东北的地位。当中共军调部委员叶剑英在北平主动找熊式辉谈东北问题时，熊答以东北“为中苏交接问题，非容中国任何党派来破坏”③。中共中央公布解决东北问题的建议后，国民党舆论群起而攻之，东北问题解决的关键在于国民党的态度。

在苏联即将从东北撤军之时，东北纠葛中的另一主角美国登场，从后台走到了前台。美国派出马歇尔使华的主要目的之一，便是解决东北问题，维护美国的利益。他来华不过两个月，就在停战与整军两事上取得了引人瞩目的成功，但东北问题的悬而未决，不仅存在着发生军事冲突的极大可能，而且必然影响全国和平，使马氏曾经的成功付之东流。如同马歇尔给杜鲁门的电报中所说：“过去一个月在中国已经成就的一切能否持久，很大程度上依赖于及早处理满洲正在恶化的局势。”④ 马氏深

---

① 张治中在向蒋介石的请示中认为，“揆其前后再三向职提及东北问题，其用意似希望政府与其商谈者然。但此问题关系甚大，职自未便作任何表示”，并建议蒋，“现在东北问题日趋复杂，政府似有郑重考虑决策之必要”（《三人会议政府代表张治中上蒋主席报告与中共代表周恩来商谈东北问题情形函》，1946 年 2 月 19 日，见《中华民国重要史料初编》第 7 编第 3 册，78 页）。

② 《停战和整军都应把东北包括在内》，1946 年 2 月 25 日，见《周恩来一九四六年谈判文选》，120 页。

③ 《熊式辉日记》，1946 年 2 月 4 日。

④ Marshall to Truman，Feb. 9 1946，*FRUS*，1946，Vol. IX，p. 428. 其实不仅是马歇尔，有关各方都认识到东北问题将是能否实现政协决议的关键因素。

知其中利害，因此在停战与整军问题上达成协议后，便着手解决东北问题。

还在 1 月 24 日，马歇尔便提议派军调小组前往营口，并建议以后遇有同样事件时照此行事。这实际是将军事调处的范围扩大到东北，但却遭到国民党拒绝。1 月 28 日，蒋介石致电军调部国民党方委员郑介民，指示“东九省范围之区域，如有人提议派执行组到营口等处，我方应绝对反对，万勿同意。凡不在协定内之事，非请示后切勿决定为要”①。不过，为了使马歇尔能站在国民党一边，蒋介石也指示熊式辉，将东北接收状况及“奸伪阻扰情形”，“随时通知美大使及马歇尔”②。

2 月 20 日，马歇尔重提向东北派遣军调小组的建议，又为国民党拒绝。这使马氏认识到，“国民政府似乎决心不使它在满洲的行动自由受到任何限制，并且倾向于以军事完全占领满洲全境，如遇到中国共产党军队的阻挠，则消灭中共军队”③。马氏的观察是正确的，但问题在于，马歇尔当时还无意压国民党让步，而美国帮助国民党大规模运送军队到东北，并发表对于中苏经济合作谈判反对意见的声明，使国民党更有理由寄希望于在未来的东北冲突中得到美国的支持，因此，马氏的建议便可能被国民党理解成是其作出的姿态而非对国民党提出的要求。这反映出美国在东北问题上目的与手段之间的矛盾。美国既要伸展其在东北的势力，对抗苏联的利益要求，就不能不支持国民党接收东北，从而也就不能不导致国共军事冲突，而东北冲突的结果必然影响关内，促发全国内战，最终使马歇尔调停失败，并损害美国在华的长远利益。

蒋介石对马歇尔解决东北问题的建议置之不理，反映出国民党此时解决东北问题的基本思路，即不承认中共的地位，坚持由国民党独占东北。在国民党六届二中全会前后的大环境下，这个态度很难再有松动的可能。2 月 24 日，北平行营主任李宗仁等国民党华北军政官员联名致电蒋介石，请速准备几个军于秦（皇岛）榆（关）承（德）朝（阳）地区，

① 《蒋介石致郑介民电》，1946 年 1 月 28 日，见《蒋中正“总统”档案·革命文献·戡乱时期（政治协商与军事调处）》中（一）第六册，78 页。

② 《熊式辉日记》，1946 年 2 月 14 日。

③ *The China White Paper*, Vol. 1, p. 146.

准备适时入关，并得蒋首肯（先前，军令部已于1月25日签呈蒋介石，决定将海运东北各军先控置在沈阳、山海关地区）①，说明国民党已在准备军事解决的方案。

为了说动国民党同意东北军调，马歇尔还曾企图拉入苏联参加，以使苏联能因此而对国民党东北接收有所助益，缓和国民党对东北军调的担心与反对。蒋介石认为，马歇尔"此言殊堪玩味，此事应分别研究，如仅为调处东北国共之冲突问题，则于我有害而无利"；"若为东北国际整个关系而论，美俄共同参加，自于我有利也"②。但以美苏对东北各抱心思、各有利益、不易协调的关系，马歇尔此意并无现实可能性，也未见诸实施。不过，在马歇尔的多次要求下，蒋介石也得给他面子，3月9日，蒋对马氏表示同意向东北派出军调小组，但同时提出5项条件：执行小组只管军事不管政治；小组随政府军行动；小组有权去双方冲突的一切地点；政府军有权接收中长路及两侧30公里内的全部地区；中共军撤出矿区和铁路，凡国民党军队接收时，中共军队不得阻拦并应撤退。当马氏将此转达给周恩来时，周反问他，如此岂不等于中共军队将从全东北撤退？因此当然为中共所拒绝。③ 在马歇尔回国述职前，国共双方都在争取他。蒋介石以"东北问题仍为世界安危之焦点"，促马对苏警惕，"告其俄国如何利用美国宣言，以打击中美关系与合作政策"，并以此阐明"执行小组至东北事之原则"④。周恩来则与马氏连续会谈，解释中共对东北的要求是先停战，再谈其他；外交与内政分开，内政要协商；军事与政治问题同时解决，国民党在东北只保留五个军，实行政治民主，地方自治。周恳切地对马氏转达了延安的表示："你能否把东北问题解决了再走，这样对中国人民有极大好处，而且改组政府事也可决定了，全国的局面就都安定了，这对你回美后要解决各种问题也可有极大便利。"

① 参见《李宗仁、孙连仲、熊斌、郑介民致蒋介石电》，1946年2月24日，见《蒋中正"总统"档案·革命文献·戡乱时期（政治协商与军事调处）》中（一）第六册，108页。

② 《蒋介石日记》，1946年3月2日。

③ 参见《代表团关于东北问题的对策》，1946年3月10日，见《周恩来一九四六年谈判文选》，132页。

④ 《蒋介石日记》，1946年3月10日、11日。

马氏前一阶段大体公平的调处，使中共对通过他压迫国民党解决东北问题寄予希望，然而马氏在东北问题上代表美国利益，显与中共立场有较大距离，他更希望看到的是由国民党接收东北，以排除苏联插手，确保美国利益。针对其“对中共与苏联在东北的关系还未释然”，周恩来特意解释说，“中共和苏联在思想意识上有其共同点，但两者绝然是两个国家”；“至于外交方面，现正由政府和苏联直接办理，我们并未参加意见。因此在解决东北的问题上，我们力避接触到外交问题，而在东北的内政问题上，我们欢迎美国来帮助解决”①。3月11日马歇尔离华当天，根据蒋的五点意见拟出东北军调命令草案，因对铁路沿线接收问题国共意见不一而无法达成妥协，表明马氏此时尚不急于解决东北问题，或许他还想观察形势的发展。马歇尔在东北问题上的大意或是故意，是美国调处中国内战的工作由盛而衰的转折点，而东北问题未得合理解决引发的战火，则是全面内战最终爆发的导火线和国内时局由和而战转换的关键因素之一。

本来，中共从国内外大局出发，准备在东北与国民党达成妥协。但是东北与关内的不同之处在于，关内是现地停战，中共并不损失实际利益，而中共在东北所占地盘，停战后势必要让出若干地方给国民党接收，因此东北方面对此有不同意见自可理解，而且“东北全党全军都是这种心理”，所以在这个问题上，即便是中共中央也感觉“最难说服同志，而可能造成党内纠纷”。正因为如此，中共一方面准备对国民党作出一定让步，另一方面认为“此种让步须有交换条件”，即中共前所提之诸点。为了达到这个目的，中共需要东北方面“采取比较强硬的政策”，作为逼蒋谈判的筹码。因此，中共中央在一度游移之后又同意东北局的意见，“在沈阳以南我军留驻长春路沿线，不自动撤退，作为与国民党谈判条件”，并指示他们准备在国民党军进攻时给以坚决打击，“能完全消灭敌人更好，应努力争取，但能打个平，给敌人以数千人之杀伤，以表示我军之顽强勇敢，使敌人不敢放胆在东北横行，也是好的，也算完成战略任务”②。与此同时，中

① 《关于东北问题的说明》，1946年3月10日，《东北问题必须军事与政治一道解决》，1946年3月11日，见《周恩来一九四六年谈判文选》，125、135页。

② 《刘少奇年谱》下卷，14、18页。

共在与国民党的谈判中，也会提出一些或高或低的条件，无论是作为实际要价还是谈判策略，作为对抗的一方，中共这样做都是合情合理的。但是直到3月中旬，中共“内心的盘子，长春路的主要部分……是要让给国民党的”①。问题在于，中共对于东北问题的缓和主张及其“最难”的让步，并没有得到国民党方面应有的回应，而其六届二中全会更有对中共强硬的表示。国共双方长期的对立与斗争，使双方内心的互相猜忌与疑虑很难骤然消失，国民党的举动，使中共不能不怀疑对方的真实企图，从而相应改变自己的政策。

3月13日，苏军撤出沈阳，国民党军立即进驻，随即以沈阳为中心，向外围扩展，先后占领辽阳、抚顺、铁岭等地，并有北上长春接收的意图。而此时关于东北军调的谈判正在美国调停下紧张地进行。中共认为，在此情况下，“必须打几个胜仗，弄得蒋军在东北处于困难的情况下，蒋军才会在我们所能接受的条件下和我妥协”②。3月16日，中共中央两电周恩来，东北“若无政治上、军事上、地盘上之交换条件并同时解决，我决不能让出地方”。如国民党“不愿如此作，则内战责任在彼方，不管彼方如何死硬，如何高压，甚至以全面破裂、大打内战相威胁，我们亦绝对不屈服”③，表明中共决定在东北问题上采取强硬态度。17日，中共中央电告东北局，“沈阳以北长春路沿线之苏军撤退区同意你们派兵进驻，以为将来谈判之条件，时间愈快愈好”④。同日，东北民主联军攻下四平。24日，中共中央指示东北局：“我党方针是用全力控制长、哈两市及中东全线，不惜任何牺牲，反对蒋军进占长、哈及中东路，而以南满、西满为辅助方向。”为此须：1. 坚决控制四平街地区，决不让国民党军向长春前进；2. 南满主力就现地歼灭向辽阳、抚顺等处进攻之国民党军，牵制其不得北进；3. 如国民党军北进时，南满主力应转移至四平街地区，为保卫北满而战。随后，又在25日、27日连电东北局和林彪等军

---

① 《辽沈决战》(下)，603页；《中央关于东北问题的谈判方针给东北局和中共赴渝谈判代表团的指示》，1946年3月13日，见《中共中央文件选集》第16册，89～90页。

② 《四战四平》，3页。

③ 《毛泽东年谱(1893—1949)》下卷，62页；《刘少奇年谱》下卷，28页。

④ 《辽沈决战》(下)，606页。

事指挥员，强调“尽一切可能不惜重大牺牲”，“必须使用主要力量，并须迅赴事机”，据此“部置力量，指导工作”，以便停战时“保证我军的占领，以待整个东北问题的解决”①。这表明中共对东北方针的重大变化，即由和为主、承认国民党的接收权转为先战后和、在可能时最大限度地占领东北实地，以在未来的谈判中可以照关内现地停战的先例，从实力地位出发和国民党讨价还价。在此前后，苏联由于和国民党的经济合作谈判不顺利，且国民党挑动反苏游行和反苏舆论，因此对国民党态度转恶，支持中共接收东北各大城市与交通干线。3月11日，苏军从沈阳撤退前告中共东北局，“现在一切可以放手，攻沈阳有利”；“包围沈阳无用，应打进去”；“凡我军撤退处，都可打。因为顽方两次要求我们迟撤，同时又借口我们不撤兵，煽起反苏反共运动。现在我们撤出沈阳，谁进沈阳，都与我们外交无关”②。苏方还一再询问中共：为什么对美国如此客气？为什么允许国民党派五个军来东北？强调凡苏军撤退之地，包括沈阳、四平街，中共都可放手大打，并希望大打，而长春以北如哈尔滨等地，则应坚决控制，不应让出。③ 中共力争东北的方针因得到苏联支持而更增强了把握。④

马歇尔回国述职后，东北停战谈判仍在进行，周恩来和张治中以及马氏代表吉伦反复相商，争论的焦点是，国民党要求接收苏军撤退的地区，而中共认为此举含义模糊，使国民党“可指任何一苏军到过的地方都是撤退区，都要进驻，毫无限制，将使我陷于彻底被动。彼方即不承

① 《中央关于控制长春、哈尔滨及中东路保卫北满给东北局的指示》，1946年3月24日，《中央关于东北停战前坚决保卫战略要地给林彪、彭真等的指示》，1946年3月25日，《中央关于目前东北工作方针给东北局及林彪的指示》，1946年3月27日，见《中共中央文件选集》第16册，100～105页。

② 《彭真传》第1卷，421页。

③ 参见杨奎松：《失去的机会》，253页。停战令发布后，苏军对中共在东北的活动本持谨慎态度，他们曾告周恩来，“东北决不能打”，“在满洲发生战争，尤其是伤及美人，必至引起严重后果，有全军复没及惹起美军入满的极大危险”（《中共中央致东北局电》，1946年1月25日，军事科学院图书馆藏档抄件）。

④ 4月18日，中共中央致电东北局提出：东北停战必很快，速催友方从哈市立即撤去，以利我军马上占领。此事万急勿延。20日，高岗电告中共中央，苏军在哈市25日撤完，再不能提早。（参见《彭真年谱》第1卷，429、434页）可知在苏军撤离后中共军队进入哈尔滨为势在必然。

认我军驻地，甚至连维持现状的话都不愿规定，我方当然不能承认彼方此种无限制的要求”①。因此，中共坚持接收只能限于苏军现时撤退的地区，同时国民党应承认停战，解决东北驻军配置及政治问题。3月16日，张治中同意接受中共要求，国民党只接收苏军现时撤退地区，而如进驻中共军队驻地应经商定，结果被蒋介石否决。17日，蒋介石指示张治中有关东北执行小组条件要旨，“先将长春铁路全线以及其两侧各卅公里，由中央军进驻一条办到，则其他条件尽可放宽也”。23日，蒋介石“决徇马歇尔之电请，撤回前提之条件不谈，允其先派执行组，到东北后再谈，但要求美方谅解，将来对于接收东北主权问题必须其坚持停战协定谅解事项，中央军队在东北之行动不受限制之条文，要求美方与我中央一致坚持也”②。27日，国共美三方就向东北派出军调小组事达成协议，规定：1. 小组任务仅限于军事调处工作；2. 小组应在政府军及中共军队地区工作，避免进入苏军驻留之地区；3. 小组应前往冲突地点作公平之调处。东北军事问题由三人会议继续商谈，政治问题另行商谈。③ 这个协议抹去了国共分歧的关键点，即国民党提出的接收权利和中共提出的政治要求，因而没能解决东北的实际问题，反而在实际上鼓动交战双方抢占实地，使军调小组成了观战小组。蒋介石认为，东北军调协议“为美国人员参加我东北问题，实为东北门户开放政策之基因，勿使俄国独占垄断，故现虽于我不利，而根本则对我东北政策有益也”④。

根据协议，东北应成立4个执行小组。3月29日，美方代表白鲁德飞沈阳，与熊式辉讨论派出小组问题，遭到熊的强硬拒绝。对于东北军调，熊式辉认为其后果是，“九省之大，将除我军所占领接收之一小部分外，皆将名存实亡，俱为苏军分布之傀儡所有矣”。所以熊坚决反对执行小组到东北，并通告美方，“小组来人过多，则沈阳招待不便；小组人员如任意赴沈阳城以外，则不敢保其安全”⑤。以至连国民党将

① 《刘少奇年谱》下卷，28页。
② 《蒋介石日记》，1946年3月17日、23日。
③ 参见《中央日报》，1946-03-28。
④ 《蒋介石日记》，1946年3月27日。
⑤ 《熊式辉日记》，1946年3月25日、29日。

领过后都觉得熊的态度过甚，“骄横自大，对争取美国人之技术不甚注意”①。但熊有蒋介石的指示：“凡我军工作有妨碍之处，如执行组有前往视察之要求，亦可暂为婉谢。”尽管白鲁德向熊表白，小组作用“可使国军顺利接收”，“可暴露苏、共勾结情形于世界”，但熊并不领情，回以“不便与小组会议”②。军调部国民党方委员郑介民亦有电给熊式辉，告其东北军调方针为，国民党军有在东北任何地区行动之自由；如有任何势力妨碍国民党军接收东北主权，小组应令其撤退，并协助国民党军接收；中共在东北部队，除小组令其撤退，可向小组指定地点移动外，不得向任何地点移动。③ 4月2日，参加军调小组的中共代表在飞抵沈阳机场时被扣3个小时，原定派出的执行小组大多未能到达战地。④ 而且小组任务“只事调查，不任调处”，被熊式辉认为是“美方对我不但了解并同情”，“其任务亦与我意想相合”⑤。东北军调实际无法进行，东北和平的前景日渐黯淡。

4月1日，军政部部长陈诚接替去新疆的张治中出任三人小组国民党方代表。陈诚是主战派，他甫上任便对美方代表吉伦说：中共必须严格执行军队整编统编事项，不然用不着再谈。他还表示，尽管他个人与周恩来关系尚好，但主义不同，友谊关系不可靠。⑥ 显然，陈诚的强硬与张治中的温和以及他们对国共关系的不同看法，决定谈判更不可能有进展。对于整军和东北局势，陈诚在召集部下讨论后决定谈判方针为：东北按停战协定调军不受限制，以此向美方说明并再运一两个军去东北；东北国民党方的5个军为整编后之数字；中共规定在东北只驻1个军，然而现在超出远甚，希望停止秘密运兵并速整编；只要迅速按基本方案规定国共双方部队驻地，并且中共不在东北接收苏军退出之城镇，冲突自可停

---

① 《王叔铭日记》，1946年4月8日。

② 《“总统”蒋公大事长编初稿》卷6（上），82、88页。

③ 参见董彦平：《苏俄据东北》，184页。

④ 据原定去四平的第28小组中共代表耿飙回忆，他们到达铁岭之后，既不能向前进，又不能与北平联系，实属被软禁于驻地。及至四平被国民党军攻占后，小组才到达该地，但已无事可做。（参见《耿飚回忆录》，390～391页，北京，解放军出版社，1991）

⑤ 《熊式辉日记》，1946年4月7日。

⑥ 参见《郭汝瑰回忆录》，200页，成都，四川人民出版社，1987。

止；全国问题须整个解决，不可因东北局部情况而陷整军于停顿，希中共速按整编方案整军并规定驻地。[①] 由于陈诚的强硬态度，军事三人小组会议多次讨论东北问题而无结果。4 月 8 日，蒋介石致函美方代表转马歇尔：对于国民党军接收苏军撤退地带一事，事关恢复中国主权，必须办到；今共产党军非法占领沿铁路线各据点，造成冲突，中共应负其责。因此，要求中共军队立即沿铁路线各点撤开，俾国民党军可以通过，达成上项任务。至于中共对于东北军事有何其他意见，尽可提出，由三人会议讨论，以谋合理解决。[②] 同日，在三人小组会议上，陈诚指责“发生冲突之根本原因是中共阻止政府军接收主权，或攻击已接收之地区，故必须明确规定中共让政府军接收苏军撤退的地区，并限制中共军队不准攻击政府接收人员，只能如此，方能避免两方冲突”。美方代表吉伦附和陈的意见，提出中共军队不得再事调动，撤出铁路两侧一日行程。周恩来则坚持：“必须先将冲突停止下来，再定如何接防。现在政府推翻原协议而不执行，即或再得协议，也可能被推翻，这样，谈来谈去有何作用?”[③] 会谈不欢而散，陈诚于会后借口去上海治病，不再出席三人小组会议，军事三人小组会议从此无形中断。

由于中共军队攻占四平，切断中长路，整个北满实际已在中共控制下。3 月 30 日，周恩来会见张嘉璈，表示中共“闻国军大量北上，不能不为防卫之策，因此北上之国军已受阻于铁岭，恐再受阻于四平，目前解决之道唯有迅速在政治军事方面同时谋解决”，明确地将信息传给了国民党。[④] 然而两天之后，和平解决的希望便破灭了。4 月 1 日，蒋介石在国民参政会四届二次会议演讲，坚持“东北问题在本质上，是一个外交问题”；“东北九省主权的接收没有完成以前，没有什么内政问题可言”；对中共军队和政权“决不能承认”；“军事冲突的调处，只有在不影响政府接收主权行使国家权力的前提之下进行”[⑤]。这无异于准备动武的声明。

---

① 参见《郭汝瑰日记》，1946 年 4 月 6 日，藏北京军事博物馆；《郭汝瑰回忆录》，201 页。

② 参见《郭汝瑰日记》，1946 年 4 月 8 日。

③ 《郭汝瑰回忆录》，206 页。

④ 参见张嘉璈：《东北接收交涉日记》，1946 年 3 月 30 日。

⑤ 《中央日报》，1946-04-04。

13 日，周恩来在记者招待会上声明：如果国民党不停止进攻，则中共也将不停止抵抗；假如国民党有权从那里进攻，则中共也有权在那里自卫；假如国民党用武力进攻，则中共也将用武力反击。① 对蒋介石的言论作出强硬的反击。对此等形势之形成，张嘉璈不禁感叹，东北问题“除国共两方武力决斗之外，别无解决之道”②。

二、四平战役及其政治意义

东北军事调处的努力失败后，国共双方尽遣精锐，在四平、本溪一北一南两条战线进行实力较量，战斗规模与激烈程度，在全面内战爆发前的国共军事较量中可称空前。战斗的结局，不仅影响东北，而且及于全国；不仅影响军事，更及于政治，以及国共关系和国内形势的全局。四平战役可称为战后中国政治军事发展中的标志性事件之一。

国民党在东北的军事行动，自攻占锦州后停止了 1 个月。此后，苏军的即将撤离打消了国民党原来唯恐与苏联发生冲突的担心，而在美国支持下，国民党军队陆续运抵东北，军事实力大大增强。国民党军队进入东北后，虽和中共军队几次交手，但还未有真正的失利，故前线将领比较自信，多持主战态度。杜聿明力主“一面接防，一面肃清，在共军根基未固之前，一举铲除”③。1945 年 12 月下旬，国民党军以锦州、锦西为出发地，开始在北宁路锦州沈阳段西侧发起攻势，先后占北镇、黑山、义县，30 日进占阜新，1946 年 1 月中旬沿北宁路推进至沈阳近郊新民和铁西待命。2 月间，杜聿明又发动对北宁路锦沈段两侧的扫荡战，先后占辽中、盘山、法库等地，逼近中共的地盘，国共双方的大规模武装冲突势难避免。

2 月底，杜聿明因病离职赴北平就医，由东北保安副司令长官郑洞国

---

① 参见《解放日报》，1946-04-16。

② 张嘉璈：《东北接收交涉日记》，1946 年 4 月 15 日。同日日记中，张认为，“以东北之地势，国军补给线之困难，及国军长途远征之疲乏与难受，北方天气之寒冷，胜负之数不难预卜。此余最初申述于政府当局，而力主必须与苏方达成协议之苦衷也”。

③ 《“总统”蒋公大事长编初稿》卷 6（上），4 页。

代理其职务。3月4日，熊式辉奉蒋介石令，“着坐镇锦州，直接指挥军事”。16日，他下令在辽南开始进攻，并与前线将领商定“一致拒绝三人小组干与东北接防事”，以尽可能抢占实地，控制铁路沿线及重要城市，造成既成事实，便利以后谈判。29日，熊式辉致电蒋介石，认为“苏军将撤，共军自危”，建议“对苏对共，应取强硬态度”，“中央对东北军事，似无重订新协定之必要”。其后，他又向蒋提出，“此后青纱帐起，继以雨期，故此时间性之重要，甚为明显”①。这些主张对蒋的决策无疑具有重要影响，尤其是在蒋本人也倾向动武的情况下，前方将领的态度使蒋更可以之压服党内不同意见。

3月13日，在苏军撤离后，国民党军迅速进占沈阳市区，随后即向周边地区扩张，21日占辽阳、抚顺，4月2日占鞍山、海城和营口，同时沿中长路北进，3月23日占铁岭，30日占开原，4月4日占昌图，中旬逼近四平。4月6日，蒋介石指示熊式辉：“如我军决心向北挺进，则对南除收复本溪湖以外，不必再求发展，应暂取守势，而用全力向长春挺进……目前共军主力全在沈北，应抽调新六军及其他有力部队向北推进，集中全力击破其四平街以南之一股而消灭之，则大局定矣。”② 由此表明蒋决心在东北动武。

国民党在东北的军事行动分为南北两条战线。北线进攻由孙立人的新1军和陈明仁的71军担任，因为东北未接收地区集中在北满，长春是东北中心城市，具有重要的象征意义，故国民党统帅部更看重北线；南线进攻由廖耀湘的新6军和赵公武的52军担任，由于南线对国民党军后方尤其是沈阳威胁较大，而且“化冰后，辽南平原河川横梗，进军不易”，故熊式辉对南线较为重视。由于杜聿明此时因病离职住院，北线由代理东北保安司令长官郑洞国指挥，南线由东北行营主任熊式辉直接指挥。从兵力部署而言，国民党军摆出了平分兵力、同时并进的阵势。

在国民党军进攻的同时，中共东北部队也在调整部署。自上年底中

---

① 《熊式辉日记》，1946年3月4日；《“总统”蒋公大事长编初稿》卷6（上），89～90、110页。

② 《“总统”蒋公大事长编初稿》卷6（上），100～101页。

共中央下达建立巩固的东北根据地的指示后，东北部队分散进行整顿、剿匪、发动群众与建立根据地的工作，现在根据中共中央“必须集中绝对优势兵力”的指示，东北方面立即调整部署。3 月 26 日，东北局向中共中央报告了新的作战部署，认为完成中央指示的关键，“在于集中全东北一切可能调用之兵力，在沈阳与长春之间铁路沿线上进行反复的争夺战，大量消灭敌人，力争阻止敌人于四平以南地区”。为此，要求“各军区应不顾惜暂时可能失掉某些地区（例如被匪占据），将守备兵力减到必要限度，而抽最大限度的兵力参加此次有关东北全局的大会战”①。东北局决定由西满部队承担四平作战任务，阻止国民党军北进；南满部队承担本溪作战任务，掩护东北局机关转移并牵制国民党北进部队；东满部队承担攻击长春任务；北满部队承担攻击哈尔滨任务。此后，西满与南满部队开始分别向四平和本溪集中。

国共两军的大规模战斗于 4 月爆发。4 月上旬，国民党军首先在进攻本溪的作战中遭遇挫折。国民党军由于在前段辽南作战的顺利，有些轻视自己的对手，因此最初进攻本溪的部队只有 52 军和新 6 军各 1 个师，且兵力摆放比较分散，当面中共部队是南满军区的 2 个纵队。结果，从 4 月 2 日到 10 日，国民党军的攻击没有取得大的进展。

国共两军较量的重点在长春铁路北上要点四平。国民党军以新 1 军的 3 个师担任正面主攻，71 军的 2 个师自西面迂回。中共部队则以陆续调动的 14 个师（旅）构成蜿蜒百里的防线，林彪坐镇四平西北的梨树，要求“每一个前线指挥员必须有战斗到最后一人的决心，有与阵地共存亡的决心，皆无权离开岗位”②。从 4 月 17 日到 27 日，双方在四平正面展开激战，国民党军有空军和装甲部队助战，中共部队则依托构筑阵地阻击，进行自己并不十分熟悉的阵地战。国民党军火力猛烈，中共部队则士气高昂，一攻一守，在四平城下形成拉锯，在 10 天时间里，战线变化不大。71 军的侧翼攻势则因 15 日的大洼作战遭受严重损失而进展有

① 《迅速占领长哈齐，确保北满于我手中》，1946 年 3 月 26 日的电报，见《彭真文选》，124～125 页。

② 《四战四平》，467 页。

限，未能起到有力的呼应作用。

国民党军未能一鼓而下四平，攻势顿挫，引发其内部的争论。熊式辉和杜聿明都主张动武，但也都忧心兵力不足，杜提出东北应有 10 个军，熊更夸张，要求在东北部署 12 个至 15 个军。当时国民党在东北已有 7 个军，实际可用于前线作战的有 4 个军，就军力而言，装备大大优于中共部队，人数则不占太大优势。但交战后中共军队抵抗之顽强，大大出乎国民党的预料，而且中共因过去一段时间的有效整补及所获之武器装备，部队组织与火力配备亦有明显改善。据熊式辉给蒋介石的报告，中共部队“装备已较前为优，因此职以为我军对于数量之增加及补给之加强加速，至不可忽”①。因此，熊式辉在开战后的态度有了变化，认为“现时兵力不敷分配”，只有“加速海运增援部队前来”，才能继续进攻。②事实上，据外人观察，熊式辉当时对东北作战的结果并无信心。国民党空军副总司令王叔铭衔蒋介石命飞赴东北助战，他在和熊式辉讨论空军行动方案时，闻听蒋介石有指示“应派机协助作战，彼又兴奋数十分钟”；而当王叔铭考虑“目前环境及时局顾虑，不主射炸”时，熊则“无肯定语”。王观察熊的态度是“忽松忽紧，颇似神经质”，“以事不顺利，极为不安”，并称 71 军如失利“则不得了，将如之何”。故王叔铭“判定彼已慌张不堪。堂堂大将如此慌张，非大将之才”③。

国民党统帅部方面，对东北的军事行动一直是有争议的。何应钦主张“后防不可少忽，主要兵力不宜远出”④。军令部方面则一直主张，东北不宜孤军深入。蒋介石也一直在关注东北战局。4 月 6 日，蒋介石决定“此时应集中全力扑灭四平街以南地区之共匪主力，则东北之事易为矣”⑤。但能否做到，他并无把握。为此，他致电熊式辉：“新一军战况如何，甚念。可否暂在现地整顿态势，固守原防，待接手令以后再定方针何如。”18 日又指示熊式辉：“如公主岭果有大量共匪集中与我决战，则

① 《“总统”蒋公大事长编初稿》卷 6（上），110 页。
② 参见《熊式辉日记》，1946 年 4 月 12 日。
③ 《王叔铭日记》，1946 年 4 月 15 日、16 日、17 日。
④ 《熊式辉日记》，1946 年 4 月 12 日。
⑤ 《蒋介石日记》，1946 年 4 月 6 日。

我军应研究切实，慎重考虑，在兵力未集中以前，是否轻进致挫，须特注意。”① 20日再电熊式辉，“决心缩短战线，如四平街不能迅速攻克，则应退开原、彰武一线，另定方案也。”② 可见当时蒋的态度还比较谨慎。21日，蒋介石召集军事幕僚讨论东北战局，军令部部长徐永昌认为，“国军既受运输限制（无问军队，粮弹尤然），更防苏联破脸的助共，我孤军深入，今已为甚，奈何开进。……既进入矣，以为政治尽可前进，军事力量只能以锦州为主，沈阳左近为最大限……今日诚不可再进一步矣”③。徐永昌始终不主张在东北投入重兵，自有其理由。实际上，除了兵力数量有明显增加之外，国民党在东北的军事地位与半年前相比并无明显改观，而中共经过大半年的经营，根基大为稳固，国民党似已失去在东北军事行动的最佳时机。

尽管如此，但一则此时国民党内的政治气氛有利于主战派；二则收复东北是国民党公之于众的抗战基本目标之一，事关其政治地位与公众形象；三则苏军撤离北满后，4月18日中共军队占长春，24日占齐齐哈尔，28日进驻哈尔滨，北满全部落入中共手中，使国民党感到大丢脸面，主战的喧嚣掩盖了作战的不利。在中共部队攻占长春后，蒋介石认为其“公然攻陷长春，明目张胆阻碍国军接收主权，破坏停战协定，叛乱国家，甘为祸首”④。蒋于极度恼怒中确立了必须拿下长春再及其他的决心。在4月21日的军事会报之后，蒋指示熊式辉，“四平街会战，国军应彻底集中兵力，一举击破共军之主力”。23日，又召见东北保安司令部参谋长赵家骧，指示作战方略，要求彻底使用空军助战，设法抽调新6军活用，坚定各军官兵信心，并答应增调援军。⑤ 由于蒋的作战决心，国民党在东北的军事行动不可能停止。

中共方面对四平作战的得失也不是没有异议的。东北局和林彪最初

---

① 《蒋介石致熊式辉电》，见《蒋中正“总统”档案·筹笔（戡乱时期）》，第15824、15832号。

② 《蒋介石日记》，1946年4月20日。

③ 《徐永昌日记》，1946年4月21日。

④ 《蒋介石日记》，1946年4月20日。

⑤ 参见《熊式辉日记》，1946年4月25日。

主张乘苏军撤退之机，尽可能控制东北广大地盘，以实力与国民党讨价还价，他们的想法影响到中共中央的决策，并与中共中央夺取中长路沿线大城市以增强在谈判桌上实力的决定相合拍。但随着国民党军集中兵力北进，一贯作战谨慎、思虑缜密的林彪审时度势，反对集中兵力与国民党军作阵地战，而主张作长期打算，以运动战为主。4 月 11 日，他致电中共中央提出："根据目前东北形势及蒋介石继续增兵东北的情况，我固守四平和夺取长春，迅速实现东北和平的可能性均不大。因此我军方针似应以消灭敌人为主，而不以保卫城市为主，以免既不能保卫城市又损失了力量，造成以后虽遇有利条件亦不能消灭敌人的结果。故我意目前方针，似应脱离被迫作战，取主动进攻，对难夺取与巩固之城市，不必过分勉强去争取；建议我军以便于消灭敌人有生力量为主作为当前行动的基本方针。"① 他的主导思想是"且战且退"，延缓对手的进攻，以争取时间。东北的中共党政军领导陈云、高岗、黄克诚等也都认为，在优势兵力的国民党军进攻下，不宜采取固守城市的战略。

中共中央的考虑与林彪等的建议显然不同。毛泽东尽管也曾同意林彪意见，"以集中力量歼灭敌人为主，不以固守城市为主，并须统筹全局，作长期打算"②，但中共中央和毛泽东在四平战役前后决策的主导面，还是指示东北方面，"党内如有动摇情绪，那怕是微小的，均须坚决克服"；要求"必须集中绝对优势兵力（例如六个旅或更多）；必须作充分的精神准备与军事准备"，表现出打大战的决心。③ 这其中有多方面的原因。东北战事开始前，中共"估计在东北的内战不可能长期继续，在我党采取明确和平方针下，国民党终将被迫和我谈判停战"；"蒋方对东北问题大吹大擂，高声恐吓，其实是想达不战而得大部地方之目的。不论他的兵力、士气与民心，也不论国际国内环境，都无在东北大打久打与反苏反共到底之可能"。战事开始后，中共认为国内舆论和民主党派都在

① 《毛泽东军事文集》第 3 卷，164 页注释。

② 《东北作战须统筹全局作长期打算》，1946 年 4 月 12 日，见《毛泽东军事文集》第 3 卷，163 页。

③ 参见《争取四平本溪两个胜仗是当前关键》，1946 年 4 月 6 日，《对东北作战问题的补充指示》，1946 年 4 月 8 日，见《毛泽东军事文集》第 3 卷，159、161 页。

要求停战，而美国也不会听任东北战火蔓延而影响全局，只要能够坚守四平，堵住国民党军北上通路，便可在停战时“确保以长、哈为中心的北满全部在我手中”。因此，“一方面坚决作战，四平街保卫战支持的时间愈长愈有利；另方面是我对外谈判人员应强调停战与争取停战”①。

正是因为上述的考虑，四平战役期间，中共中央给东北方面的有关指示，多为以军事交锋配合政治谈判，主旨在以战促和。战事开始前后，4 月 13 日，毛泽东致电林彪：“马（歇尔）到华后东北可能停战，国方必于数日内尽力攻夺四平、本溪。望注意在可能条件下击退其进攻，守住四平、本溪以利谈判。”长春、哈尔滨先后被中共部队占据后，守住四平，便意味着北满有可能掌握在中共手中，因此，中共中央坚持四平作战的决心更为坚定。26 日，毛泽东再电林彪：“马歇尔已提出停战方案，有停战之可能。望加强四平守备兵力，鼓励坚守，挫敌锐气，争取时间。”5 月 1 日，毛泽东又电林彪：“东北战争，中外瞩目……我们必须在四平、本溪两处坚持奋战，将两处顽军打得精疲力尽，消耗其兵力，挫折其锐气……便可能求得有利于我之和平。”并令林“前线一切军事政治指挥，统属于你，不应分散”②。对于四平前线的兵力部署与战略战术，毛泽东也不断给予指示，总方针是守住四平，以利谈判。③

在四平作战期间，中共驻重庆代表团和美国及国民党交涉的进程对中共在东北的作战决心、部署有着重要影响。周恩来根据谈判情况，数次向中共中央建议，应“打得顽痛，以利谈判”；“美企图助蒋接收长春路。若如此，非打不足以杀其锋”；提出“抢先开兵入长”，对国民党军

① 《中央关于在东北与国民党停战谈判问题给东北局的指示》，1946 年 2 月 18 日，见《中共中央解放战争时期统一战线文件选编》，82 页；《中央关于东北问题的谈判方针给东北局和中共赴渝谈判代表团的指示》，1946 年 3 月 13 日，见《中共中央文件选集》第 16 册，91 页；《四战四平》，464 页；《中央关于时局及对策的指示》，1946 年 5 月 15 日，见《中共中央文件选集》第 16 册，162 页。

② 《守住四平本溪以利谈判》，1946 年 4 月 13 日，见《毛泽东军事文集》第 3 卷，165 页；《毛泽东年谱（1893—1949）》下卷，73 页；《毛泽东关于东北前线指挥及在四平、本溪歼敌问题给林彪的指示》，1946 年 5 月 1 日，见《中共中央文件选集》第 16 册，149 页。

③ 四平前线的中共将领多不知坚守四平是毛泽东的决定，当时强调反对守四平的黄克诚，直到 1959 年庐山会议时才知道这是毛泽东的决定，而直到那时毛泽东也并不认为守四平是错误，只说：“那就让历史和后人去评说吧。”（《黄克诚回忆录》，348 页）

“在四平街及其东西翼宜给以重击”。周恩来认为，蒋介石视东北为检验国民党军战力的战场，只有痛加打击，“如东北冲突能停，和平有望，则关内问题有法解决，否则很难孤立解决”。当马歇尔调停暂时中断后，周恩来又提议：“请东北以最大之力守住四平、公主岭，大举破路，夺取铁路一二城市，以保长春，而促停战成功。”① 中共中央坚守四平的决策很大程度上来自重庆代表团对于形势的判断。

正是由于上述诸多原因，中共中央强调集中兵力，打大战，打硬战，“化四平街为马德里”，视四平作战为国内和平能否实现的关键之战。四平作战，一反中共传统的运动战战法，以阵地战与国民党军正面对抗，主要反映了中共中央的政治意图，而政治与军事孰重，是四平作战以后引起中共党内军内争论的主要原因。从军事角度而言，中共军队当时还不具备与国民党军进行全面阵地战的实力和能力。从战争的实际进程看，中共对国民党作战的决心和美国调停作用的估计也不无失当之处。过高的政治目标与实现手段之间的不协调，是导致中共四平作战未达预期目的的重要原因。

由于国共双方各有企图与决策，四平战役不仅没有在全国舆论的停战呼声中住手，而是规模越打越大，从某种意义上说，国共双方都有了决战的心理准备和相应部署。国民党方面，如蒋介石所言：“此次东北作战如果一地略遭挫失，则全局皆危，国脉将断。”中共方面，如东北局在动员令中所言：“此次作战为决定我党在东北地位之最后一战，望空前动员全党全军以最大的决心，不惜任何牺牲，争取这次作战的决定胜利。”② 战争机器一旦开动，轻易不会停止运转。

4 月中旬，杜聿明出院回到沈阳，重新接过东北军事指挥权。蒋介石令其“速指挥部队收复东北领土主权，有厚望也”③。杜聿明在国民党军队中确实属于比较有识能干者，东北部队又多为其老班底，当他抵沈时，

① 《东北应以消灭顽军为主守城为次》，1946 年 4 月 2 日，《美企图助蒋接收长春路，非打不足以杀其锋》，1946 年 4 月 8 日，《对陈诚忽然改口赞成停战维持现状的分析和我们的对策》，1946 年 4 月 11 日，《马歇尔扬言停止调解要我接受蒋介石的意见》，1946 年 4 月 30 日，见《周恩来一九四六年谈判文选》，189、230、241、282 页。

② 《蒋介石致熊式辉电》，1946 年 4 月 6 日，见《“总统”蒋公大事长编初稿》卷 6（上），101 页；《迅速占领长哈齐，确保北满于我手中》，1946 年 3 月 26 日，见《彭真文选》，126 页。

③ 杜聿明：《蒋介石破坏和平进攻东北始末》，见《文史资料选辑》第 42 辑，35 页。

“至机场欢迎者甚众，其情况之热烈超过于欢迎熊主任，此亦证明熊式辉之不孚众望也”①。杜与熊本就“不甚和处”，前一阶段的作战他未参加指挥，更有理由对熊指挥作战打成这个局面颇不以为然。熊则认为杜是“骄兵悍将”，“不宜即与较短长”，但因“东北局势未得开展，诸事均蹈于停滞”，“人颇郁抑”②。不过，毕竟杜更擅长指挥作战，熊对杜亦无可奈何。经过研究，杜聿明认为，在四平和本溪两条战线中，四平的中共部队实力强于本溪，而且是中共的重点方向；国民党则在本溪战线具有兵力优势，尚有余力可鼓，如能先拿下本溪，既可确保沈阳安全，又可抽调兵力增援四平。因此，他决定“以集中主力，各个击灭共匪之目的，决先将本溪之匪包围而歼灭之”，得手后再图四平。③ 但杜的方案不符合蒋介石先解决四平的意图，也与熊式辉四平与本溪并重的意见相左，不过杜自信他的部署更符合实际，关键在于其成效，一旦攻击得手，蒋、熊都不会对胜利者再说三道四。因此，杜聿明决断令刚刚运到东北的 60 军接替鞍山、抚顺防务，以新 6 军和 71 军 88 师为右兵团，52 军为左兵团，两路合攻本溪，并以优势火力压倒对手，力求速决。自 4 月 29 日起，国民党军左右两路猛攻本溪，中共守城部队只有 4 个旅，实力相差悬殊。经过数日激战，5 月 2 日晚，52 军突破中共部队防线，攻入城内。3 日，中共部队在寡不敌众的形势下撤离本溪。

国民党军攻下本溪，立即转移力量到四平。5 月 5 日，蒋介石指示杜聿明，“应集中兵力先收复四平街与辽源一带，不可直攻长春也”④。杜聿明认为，本溪方面的中共部队遭此打击，短期内战力不易恢复，故大胆转用兵力于四平方面。5 月 10 日，杜聿明下令以新 6 军及 71 军 88 帅为右路，自开原向四平以东攻击；新 1 军为中路，自现地向四平正面攻击；71 军为左路，自现地向四平以西攻击。三路合击，取大弧形包围态势，“同时发动攻势，吸引匪于新四平街附近，包围而歼灭之”⑤。5 月 14 日，

① 《王叔铭日记》，1946 年 4 月 18 日。
② 《熊式辉日记》，1946 年 5 月 10 日、11 日。
③ 参见《国民革命军战役史》第 5 部第 2 册，528 页。
④ 《蒋介石日记》，1946 年 5 月 5 日。
⑤ 《国民革命军战役史》第 5 部第 2 册，570 页。

四平战线战火重燃，国民党军在空军和炮兵的助战下，猛力进攻，战况激烈。在中共部队的顽强阻击下，中路与左路国民党军进展甚为缓慢，但右路国民党军刚刚经历本溪之战的胜利，自傲自负，行动迅速，很快突破中共部队的防线，于18日进至四平外围，构成迂回包围、截断四平守军退路的态势。四平守军历一月阻击，伤亡减员较多，在国民党大军压境的情况下，已难继续坚持。林彪审时度势，认为如果继续防守，“就完全处于被动，且有被歼之危险”①。18日夜，林彪果断决定立即撤出四平。次日，中共中央亦电告林：“如果你觉得继续死守四平已不可能时，便应主动的放弃四平，以一部在正面迟滞敌人，主力撤至两翼休整，准备由阵地战转变为运动战。”②

5月19日，国民党军进入四平。对于下一步作战方案，杜聿明主张乘势继续向长春进军，而领蒋介石命到东北视察督战的副参谋总长白崇禧则向杜转达蒋的意见，如果长春再打成四平式的胶着，不如适可而止。本来，蒋介石在四平战役刚开始时即考虑“占领四平街后再不北进，先肃清南满沈阳，巩固重工业区与北宁路全线”③。对于攻下四平后是否继续攻长春，蒋介石也不无疑问，故其事先指示杜聿明，东北防线“务止于辽源与四平街”，以免受累于战线过长。而且蒋还担心苏联的反应，故又令杜聿明，在打下四平后暂就原地停止候命，如共产党军已退出长春，则可派少数军队入城维持秩序。④ 但杜聿明不同意，他认为：1. 攻击四平的目的就是为了长春、永吉（吉林），如不乘胜追击，必将前功尽弃；2. 共产党军整补比国民党军迅速，这有去年打下锦州后暂停前进的先例可证；3. 命令已下，中途改变部署困难，反有为对手所乘之危险；4. 长春为东北中心城市，永吉之小丰满电站为东北最重要的动力来源，政治经济意义重大。而且杜保证攻长春绝对有把握，坚持不拿下长春不停止

① 陈沂：《四平保卫战》，见《辽沈决战》（上），227页。

② 《中央关于主动放弃四平准备由阵地战转为运动战给林彪的指示》，1946年5月19日，见《中共中央文件选集》第16册，166页。

③ 《蒋介石日记》，1946年4月20日。

④ 参见《蒋介石日记》，1946年5月12日；《“总统”蒋公大事长编初稿》卷6（上），147页。

前进。最后，蒋介石同意了杜聿明的进攻方案。① 杜聿明遂下令国民党军沿铁路线分左中右三路向长春、永吉攻击前进，命令所部“应不失时机，编组机动纵队，实施猛烈果敢之超越追击，寻求匪之主力而歼灭之”②。

四平撤守后，中共中央本来还要求林彪率部节节阻击，继续坚守公主岭和长春，继续以实力换和平的战略，以在和国民党的谈判中交换有利条件。但林彪所部经四平苦战，又是仓促撤离，难以在退守过程中调整部署及防线，而且国民党军行动甚速，又无险可守，难以完成这样的任务。21日，中共部队撤出公主岭。随后，林彪、彭真等中共东北党政军负责人经过讨论，决定放弃长春作战计划，命令部队向松花江以北撤退。③ 据林彪电告中共中央：“四平战后，粮食宿营地困难，部队逃亡现象严重，士气日益涣散，战斗力薄弱。绝大部分地区基本上未发动群众，土匪到处扰乱，伤兵又是自抬，东满群众工作更较西满、南满差得远。敌人乘我军目前无法还手打他之际及乘各地空虚，一面分兵抢地盘，一面以主力剿匪，并进而追击我军主力。”④

由于中共军队主动撤退，国民党军随后跟进，于23日占长春，28日占永吉，29日占德惠，进至松花江南岸，东北停战令发布后，与中共军队隔江对峙。⑤ 历时近两个月、作战规模与激烈程度均属空前的四平战役暂告段落。

国共双方在四平战役期间，均动员了东北战场的大半精锐。国民党方面为在东北的7个军21个师中的10个师，且全为美械装备部队；中共方面为东北主力39个团中的20个团。就军事意义而言，国共各有得失。中共因阻击国民党军北上而争取了时间，夺得哈尔滨等北满重要城市，

---

① 参见杜聿明：《蒋介石破坏和平进攻东北始末》，见《文史资料选集》第42辑，47～48页。

② 《国民革命军战役史》第5部第2册，579页。

③ 陈云认为：造成东北胜利形势的原因有两件事是必须提及并计算在内的，即一是锦州不决战，二是四平撤退的指挥是很成功的。如果在这两件事上当时有错误的话，那么东北就难有以后的好情况了。（参见《辽沈决战》下册，631页）

④ 《彭真年谱》第1卷，448页。

⑤ 新1军一部已经过了松花江，旋因停战令下而退守原防，在江北只留有唯一的据点陶赖昭，驻有1个团。

对以后东北根据地的建设和巩固具有重要意义。但因为战线过长，防御纵深过浅，更主要的是因为实力的差距，未能达成战前预期的目的。据东北局致中共中央电报告："我军自四平街、长春撤退后，完全出于被动，主力被敌机械化冲迷，顽军又占吉林，并有一部分强渡过江。我军……未集结起来，目前很难作战。因此，我们准备放弃哈尔滨，争取摆脱被动，休整部队，部署各地区独立去坚持局面。"① 正是因为这样的原因，毛泽东在战后为中共中央起草致各战略区指示电中提出："东北四平街之所以能久守，主要是因敌未料我军有防线，故逐次增兵，便于为我各个击破，使敌遭受我军重大打击。故四平防御战为一时特殊条件所致，不能成为我一般的作战方针。"② 此后，中共最终放弃了力争占据东北主要大城市、以加强和国民党对抗实力地位的想法，而以建立巩固的东北根据地、长期坚持斗争，作为开展并进行东北战争的根本方针。

国民党军在四平战役前后占领了包括长春在内的东北十几座城市，对于其宣示恢复东北主权有重要意义③，而且也给予中共部队一定的军事打击。但相对于东北的辽阔地域而言，国民党军能够据守的地方仍然局限于城市的点和交通的线，尤其是其采取的宽正面推进战术，并未达到消灭中共军队主力的企图。国民党过后检讨说：中共部队"对任何战略要点，判断已无力继续据守，类皆能相机及时撤离，虽有时不免招致损失，但决不至遭受全歼"。而国民党军"只要求各部队应占领某城某地，并继续加以确保，而且特别提示，应向长春急进，至于向何处撤退之匪军，应如何加以捕歼，则多不见有明确之指示。此种只重视接收空间目

① 《彭真年谱》第1卷，450页。据黄克诚给中共中央的报告："总伤亡一万五千人"，"部队非常疲劳，有些战士撤退时走不动，干部因长期支持作战亦极倦怠"；因此，"在目前情况下，我们作战方针不能死守城市，因在近代炮火、坦克、飞机攻击下，我军现有技术是无法守住一个城市的"（《黄克诚回忆录》，349～351页）。罗荣桓回忆说：撤退时部队"无政府无纪律现象非常严重"；"敌人一进攻，散的散，叛变的叛变，给我们造成了很大困难"（《辽沈决战》上册，38页）。

② 《四平防御战不能成为一般作战方针》，1946年5月27日，见《毛泽东军事文集》第3卷，236页。

③ 直到1946年底国民党军事接收东北的最高峰时期，总共也不过接收了94个县级单位，占东北县级单位总数的41%。（参见《国民政府主席东北行辕工作报告》，见熊式辉档）

标——城镇，忽略对敌有生力量之击灭，乃国军最普遍最常见之错误”①。

不过，四平战役对于国共双方而言，虽都有其重要性，但究其实仍有一定的区别。对国民党而言，拿下四平固然重要，那意味着打开继续北进之门，但是，国民党是执政党，需要面对更多的全局性问题，比如，是先控制关内尤其是华北，还是先控制东北；如果是先控制东北，在军事行动之外，是否还有外交接收的可能。因此，拿下四平只是诸多选择中的一个，未必需要全力以赴，而且在很大程度上越往后越具有展现国民党实力的政治象征意义。对于中共而言，夺取东北是“向北发展，向南防御”战略的关键手笔，所以，坚守四平，以利争夺东北，并且有利于和国民党争夺全国，更为中共所看重，为毛泽东所坚持。尽管对中共而言，更适应运动战和游击战的方式，坚守并防御城市的阵地战并无过往经验支撑，是新的挑战。而且，此前中共在山海关防御作战失利的教训已经表明，中共部队当时还没有坚守要点作战的经验，但是，政治决定军事，毛泽东更看重坚守四平的战略和政治意义。② 因此，对于国共两党而言，四平之战的意义都可以说在军事更在政治，甚而可以说其政治意义更大于军事意义。四平战事虽然结束了，但围绕其间的政治因素却在不断发酵，表现为国共之间的政治博弈更为激烈，终至影响到国共关系的大局。

三、迟来的东北停战

在四平激战同时，国共美三方在谈判桌上就东北以及全国政治军事问题也在进行反复的讨价还价，其中谈得最多的当然是东北停战问题。

中共在东北作战的目的，主要还在于迫使国民党坐下来谈判，一揽子解决东北问题，但国民党根本无意商谈，美国方面在马歇尔走后实际也处于观望之中。周恩来在 4 月 5 日给中共中央的电报中谈道：“东北情

① 《国民革命军战役史》第 5 部第 2 册，591～594 页。

② Tanner，Harold M.，*The Battle For Manchuria And The Fate Of China*：*Siping*，*1946*，Indiana University Press，Bloomington & Indianapolis，2013，Chapter 1 & 2.

况在张治中走后便是拖，陈诚故意不积极，沈阳小组派不出，白鲁德颇有困难，说接收不在渝商定，三人去沈无益。吉伦亦改口强调国方接收被破坏，只好打进长、哈，扫清南满。”① 实际上，各方都在等候东北作战的结果，谈判暂时无法取得进展。

自东北战事发生后，中共比较期望美国能够压国民党让步，解决东北问题，之所以如此，是因为美国在前段调处中相对比较公正，也在停止内战方面取得了较大进展，中共估计美国可能和苏联有默契，保持双方在中国的中立立场。然而，国民党在东北问题上的态度极为固执，而美国权衡利弊，不愿压迫国民党改变其决策，调处的天平开始向国民党方面倾斜，这在马歇尔离华回美前已有表现，因为马氏从未反对国民党的东北接收要求。马氏走后，美国的态度更为明显。在 3 月 27 日达成东北停战协议后，即将派往东北的军调小组的美方代表接到军调部密令，小组应通知政府军有权执行：1. 占领所有村镇、城市及交通线上之要点；2. 政府军单独管理所有公路、铁路、水上、空运交通，包括上述交通设备两侧三十公里之地区；3. 政府军得占领并管理所有工厂、煤矿、电厂及其他设备之地区。② 这实际是由美方出面保证国民党的顺利接收。4 月 8 日，三人小组就东北问题开会，吉伦提出美方方案，要求中共军队不得再有调动，并从长春路和苏军占领城市中撤出，由国民党军队接收，而闭口不谈中共关心的政治军事等问题。周恩来当即表态说：“这是承认政府无条件接收，中共纵然被打也得撤。这样不能解决问题。这个办法不能停止冲突。这是二十天来我方不能接受的方案。”③ 15 日，三人小组代表及军调部国共美三方代表飞抵沈阳，由于国民党方坚持此行任务纯属视察，工作没有进展。不过，中共还希望马歇尔回来后，能在东北问题上有所作为，因此还未放弃努力。

---

① 《东北问题切勿幻想国民党能让步》，1946 年 4 月 5 日，见《周恩来一九四六年谈判文选》，223～224 页。

② 参见《军调部致东北执行小组美方代表密令》，1946 年 3 月，见《中华民国重要史料初编》第 7 编第 3 册，94 页。

③ 《三月二十七日协定不能推翻》，1946 年 4 月 8 日，见《周恩来一九四六年谈判文选》，227 页。

马歇尔回美国后，一直关注着中国局势尤其是东北局势的发展。4月6日，军调部美方委员罗伯逊急电马歇尔，告以“形势极为严重，而且还在迅速恶化，为防止你的使命遭到严重危害，务请立即返回中国”①。18日中共军队占长春的当天，马歇尔匆匆回到中国，但此时中国的局势与他离开时的情形已是今非昔比。马氏对东北战火的蔓延极为不安，认为如此打下去，势必影响关内，导致整个和平局面的破裂，而且他担心国民党军战线过长，军事上未必有利。但他对中共军队攻占长春也很不以为然，无论是从美国的战略利益考虑，还是从国民党的自身需要出发，他都不能拒绝国民党接收长春的要求。② 这种在东北和战问题上的两难自始即困扰着马歇尔。作为调停人，马歇尔应该做到对国共双方不偏不倚，但他理解的不偏不倚是基于美国利益，总在或者压国民党让步或者压共产党让步，而在对立的国共双方看来，只要不能满足己方的利益诉求，那么就都可以理直气壮地指责马歇尔偏向对方。所以，无论马氏的主观想法和愿望如何，他的实际所为只能使他总处在吃力不讨好、里外不是人的尴尬处境之中。但是，对于国民党接收东北，马歇尔则从未表示反对，因为如蒋介石所言，“彼之注视要点全在东北归我政府接收主权，而不为共党盘踞，以供俄国之傀儡，如中共必欲在此时藉俄力以阻碍国军收复主权之业务，彼则不能不变更其政策与态度乎”③。说到底，马歇尔代表的是美国，维护的还是美国利益。

马歇尔返华后，国共双方都在争取他的支持。4月19日，蒋介石接见马氏，“直告以非先改变其对共党之态度与方针，决不能达成调解之目的；唯有美国坚持积极协助我政府之政策，方能达成其消极容共之目的。若采取过去对共党怀柔与妥协之方法，则将贻误大计，必根本失败而后已”④。中共中央则指示周恩来，“不要准备对国美两方同时弄

① Robertson to Marshall, April 6, 1946, *FRUS*, 1946, Vol. 9, pp. 735-736.

② 周恩来以后曾经对马歇尔说，“我们攻下长春以后，这是给你一个难题”，但强调这“是不得已的行动，是被迫的”（《美国的两重政策很难使中国内战停止》，1946年6月3日，见《周恩来一九四六年谈判文选》，390页）。

③ 《蒋介石日记》，1946年3月31日。

④ 《“总统”蒋公大事长编初稿》卷6（上），111～112页。

僵”，要他与马歇尔“尽可能保持友好关系，使国民党无隙可乘”，以利谈判的进行。[①] 22日，周恩来与马氏会见，强调国民党既要进攻，“我们便要抵抗，于是战争一直在继续。尽管如此，我们仍然是愿意停战的”。周表示，“我对你此次重来中国抱了很大的期待”，“我相信公正的办法是自可找出的”[②]。马氏对双方的回答是在23日搞出了他的调停方案，主要内容是：双方停战，根据整军协议确定双方军队的位置，国民党军对东北的接收根据军调部的指令进行，政治问题暂时维持现状。蒋介石对马氏方案很不满意，认为其“全用压力，暗示东北问题政府应予退让”；“予我政府以多方限制，又承认共党所组织之地方政权”；抱怨“美国对我东北海运不力，下月起且减少至十四艘舰船，使我东北军心不安，士气低落，几乎后方联络线随时可以断绝，而与共军由俄国协助之下在哈尔滨为其后方之根据地，交通畅行无阻者相比，更形奇拙之意”[③]。在蒋介石的抱怨下，马氏同意为国民党运足9个军到东北，而这种做法只能鼓励国民党继续打下去。果然，蒋介石在24日拿出了自己的方案，内容为：在东北实行1月10日的停战协定，东北军队调动根据整军方案规定，长春路两侧30公里内之地区由政府军接收，中共不得阻挠，中共军队所驻地区之政治事宜由国共协议解决。蒋之所以重提1月停战协定，伏笔是坚持国民党对东北的接收权，因为蒋认为，国民党之所以接受1月停战协定，在“华北忍受一切牺牲，在所不惜”，“全为东北可自由行动”；今如允中共军队入东北，今后武力更难解决，而且中共必不满足，将致割裂东北合法化，且承认中共的东北地位，等于承认俄国之合法地位，故其坚持与中共商谈的各项条件。马歇尔对蒋的方案颇不以为然，“始则不怿，继则对我军政党干部皆加恶刻之批评，而且声色俱厉”[④]。虽然如此，马氏既未强求蒋接受自己的方案，也考虑到中共不可能接受蒋的方

① 参见《中央关于谈判重点及对国民党与美国的态度问题给周恩来的指示》，1946年4月20日，见《中共中央文件选集》第16册，136页。

② 《当前的政治情形和东北问题》，1946年4月22日，见《周恩来一九四六年谈判文选》，261～264页。

③ *FRUS*，1946，Vol. IX，pp. 792-793；《蒋介石日记》，1946年4月23日。

④ 《蒋介石日记》，1946年4月20日、24日、27日。

案，迟迟未将其转给中共。

在国民党军攻下长春前，蒋介石对马歇尔态度的判断大体符合马氏的心理和美国的政策主旨。蒋对马歇尔态度的判断是："如真有意见则必以客观态度，认识俄共之绝无诚意，但其非至绝境，仍必不放弃其和平解决政策；如我坚持法理与事实，示以限度与时间，想彼能谅解，最后当与我一致；决裂如非其时，则应暂时妥协。"① 4月28日，蒋介石与马歇尔在重庆有长达5个小时的会谈。蒋对马氏"说明美国以往对共党之调处政策，虽采取消极与怀柔方法，因当时共党尚在华北，未与俄国打成一片，故美国尚可以声威制之。今后共党在东北已与俄国联成一气，对美国既无所顾忌，亦无所企求。若美国不改变已往之消极政策，积极支助我国政府，则必不能贯彻其协助我收复东北主权与和平统一之政策，而且美国在东亚之声望，亦将因此丧失殆尽，无法挽回"。蒋除了重提他的要求之外，还强硬地表示："必须俟军事上收复长春，然后有和平之可言，届时政府始可考虑接受中共所提之其他若干要求。"② 马歇尔对蒋的态度虽有不满，但他同样不满中共占据长春，因此他在29日与周恩来的会谈中，将蒋介石24日的方案和关于长春的要求转达给周，表示他已尽其所能，筋疲力尽，但他看不出在目前的调解中还能做什么，他的立场因中共在东北的行动受到了严重损害，他只能退出调停，由国共直接商谈。周恩来告诉马氏，蒋介石的观念是，一不愿承认中共有力量的地区，二凡能用武力者则用武力，三他是中央，一切要听他的命令，因为这样的观念很难做到真正的协商。周强调苏军已从东北撤退，因此不再有接收问题，如果蒋坚持打下长春再谈，如同赌博，很危险。马氏与周的会谈历3小时，言谈之间，周感到"马情绪不高，数月来第一次看到他这样颓丧"③。这是美国对华政策和马氏调停不能始终一贯的必然结果。

---

① 《蒋介石日记》，1946年4月20日。

② 《"总统"蒋公大事长编初稿》卷6（上），124页；丁晓春等：《东北解放战争大事记》，54页。

③ *Marshall's Mission To China*，Vol. 1，pp. 106－107；《先打下长春再谈判的想法行不通》，1946年4月29日，《马歇尔扬言停止调解要我接受蒋介石的意见》，1946年4月30日，见《周恩来一九四六年谈判文选》，277～282页。

马歇尔的“情绪不高”或为真心，因为东北战火将使他几个月的辛劳付诸东流，但他说已“尽其所能”则又未必如此。周恩来曾对其直言：“你今天手边实尚有其他的资本，可使得你对政府所说的话增加许多分量。因为今天政府之能在东北发动这样大的武装冲突，如果没有美国海空军对其军队所给予的运输便利，几是不可想象的。就这方面而言，美海空军在运输上的协助对目前东北的严重局势实起决定作用。为此，延安要我正式地向你做这样适时的建议，即美国海空军应立即停止帮助政府军运兵及军火去东北。”① 就连蒋介石也担心，“我军则全赖美军代为运输，一切计划皆受其牵制”②。不过问题在于，即便马歇尔手中有这张牌，他也不愿轻易动用，这和他当初得到的授权有关，也和他本人的想法有关。如周恩来所说：“美马对苏联及中共却具大疑惧，其本身亦急欲插足东北，故对蒋之接收长春主权虽不公开主张，但亦不反对，而且助其运兵。”③ 4 月 30 日，马歇尔在与蒋介石会见时，强调中共必由长春退出方可进一步商谈，被蒋难得地“赞其勇气与此为惟一之办法”，“有此一举实为难得之至”④。

在谈判的间歇期，马歇尔还应国民党之请，为其起草备忘录，详细分析了国民党进军东北可能的利弊得失。他认为，国民党军在东北的部署应根据中共未来行动之不可预测、苏联可能的反应以及后勤和运输状况而定，因此他建议国民党军应集中于东北南部尤其是沈阳附近，而在未来的谈判中将中共军队置于哈尔滨以西至满洲里之间；考虑到中共军队的分布，中共未来可能在东北北部占据一定的政治位置。他提醒蒋介石，国民党军如从长春北进，不仅将妨碍谈判，而且也无力完全消灭中共军队。他的结论是，国民党在东北军事上有严重弱点，中共则占据着战略的优势，而且时间对中共有利，因此国民党必须迅速作某种妥协，否则将陷于军事、财政和经济的混乱状况。⑤ 马氏已经认识到国民党不可

---

① 《美国海空军应立即停止运送政府军及军火去东北》，1946 年 5 月 3 日，见《周恩来一九四六年谈判文选》，288 页。

② 《蒋介石日记》，1946 年 4 月 22 日。

③ 《蒋介石的两面作法和我们的方针》，1946 年 5 月 13 日，见《周恩来一九四六年谈判文选》，323 页。

④ 《蒋介石日记》，1946 年 4 月 30 日。

⑤ *FRUS*，1946，Vol. IX，pp. 824-828.

能完全控制东北，他为国民党设计的方案是军事上确保南满，政治上力争北满。虽然在马歇尔看来，这是于国民党最为有利且可行的方案，但其承认国民党无力控制全东北，自然为国民党所不满，然其后国民党在攻下长春后未再北进的举措，似乎表示蒋介石也在一定程度上接受了马氏的建议。

由于马歇尔对东北战事暂时袖手旁观，而且美国还在继续为国民党军向东北运送后勤补给，无疑鼓励了国民党军的进攻。5 月 13 日，马歇尔会见周恩来，重申除非中共撤出长春，他无法再向蒋进言，并指责中共过分重视武力，使军调小组美方代表无法工作等。周恩来在会见后致电中共中央，认为“在东北问题上，马、蒋之距离已不相远，而关内问题，美我关系亦日趋对立，尤小组中为甚。因此，很难希望马既认识苏在东北助我而他仍会去要蒋无条件停战。故我方利用美马的可能性已日益狭窄，而欲麻痹之则更难”①。但毛泽东仍认为：“马歇尔在关内主维持和平，此点马、蒋不甚一致；在东北主收复长春，此点马、蒋一致；但在调整东北政治、军事、经济等项问题上，马较蒋要开明一点。”② 因此，毛泽东此时还有让出长春、与国民党有条件妥协的意图。5 月 22 日，毛泽东致电周恩来，提出“在目前条件下我应决心让出长春，请你根据此项决心负责进行谈判”，并提出让出长春，力争国共双方不驻兵、由中间派任市长的方案。③ 出于对东北前线作战近况的考虑，周恩来也认为以让出长春交换其他条件更为有利，否则“结城下之盟，条件必苛；不结，则继续打下去，东北失地更多，全国内战难免”④。

但是，战场形势的变化使谈判形势也随之变化。国民党军于 5 月 23 日占长春，以长春作筹码的种种调停方案因此失去意义。不过，由于国民党已经达到其事先声称的目标，马歇尔的调停活动再趋积极。他极力

---

① 《美蒋在东北问题上的距离已不相远》，1946 年 5 月 13 日，见《周恩来一九四六年谈判文选》，328 页。

② 《美蒋对东北问题的态度及我方的对策》，1946 年 5 月 15 日，见《毛泽东军事文集》第 3 卷，218 页。

③ 参见《毛泽东年谱（1893—1949）》下卷，85 页。

④ 《国民党积极备战已表面化》，1946 年 5 月 22 日，见《周恩来一九四六年谈判文选》，351 页。

向蒋兜售他的设想，即确保南满，再图北满。23 日，马氏与蒋会谈，提出立即停止军事行动，发布停战令，军调部进驻长春，蒋介石对此反应冷淡。由于国民党军攻下长春，蒋介石颇为自负，故提高了要价。23 日，蒋偕宋美龄飞东北视察，24 日宋美龄致函马歇尔，开出蒋的要价：中共不得阻碍政府接收东北主权，不得阻碍政府修复铁路，履行停战、整军与恢复交通协议，并在国共对执行上述协议有分歧时，赋予美方代表最后决定权。信中还提出整编后之中共军队在东北只能驻在新黑龙江省或合江省，东北政治问题留待军事问题解决后再谈。蒋介石同时有函致宋子文，要宋向马歇尔解释，他这样做是因为中共“故意刁难，无论大小问题皆未能解决一件，徒使政局动摇，人心不安，以致国家危殆”；“故此时不得不提最低限度之办法，并对共党作最后之试验也”；如果中共不提要求，马氏可以暂不与中共谈判。①

蒋介石的态度引起马歇尔的极大不满。马歇尔之所以放任国民党军在东北的进攻，是因为他原本相信蒋介石收复长春后即可停战的诺言，但如今蒋在收复长春后仍不愿罢手，却使马氏处境尴尬，“信用人格，亦已大为动摇”。周恩来在和马歇尔会谈时，几次以此批评马歇尔，亦使马氏无言以对。更关键的是，周明确表示，如果照蒋的要求办，“仗便会从东北打到关内，全面破裂，一切推翻”②。马歇尔最担心的就是东北的战火扩大到华北，他认识到，“满洲情况的发展，成为断送中国统一和平政治基础的希望的决定性因素之一”③。那样，他的调停将满盘皆输，他的个人声望也将因此而受影响，所以，他不能不重视周恩来的警告，也不能不从原先袒护国民党的立场有所后退，改为压国民党作出一定的让步。

马歇尔的态度和蒋介石的要价引起了宋子文、王世杰等在外交交涉

① 参见《蒋夫人致马歇尔特使申述蒋主席对于停止冲突与恢复和平统一之意见函》，《蒋主席致宋子文院长指示面交蒋夫人函予马歇尔特使时相机补充说明要旨函》，1946 年 5 月 24 日，见《中华民国重要史料初编》第 7 编第 3 册，127～130 页。美方最后决定权问题已在 5 月中旬的三人小组会议中提出，国民党意图以此拉美国压中共让步，为中共所反对。

② 《政府军占领长春后是停战的时候了》，1946 年 5 月 30 日，见《周恩来一九四六年谈判文选》，372 页。

③ 《马歇尔致杜鲁门备忘录》，见华庆昭：《从雅尔塔到板门店：美国与中、苏、英（1945—1953）》，155 页，北京，中国社会科学出版社，2013。

第一线的国民党领导人的某种不安，他们担心因此使马氏积怨于国民党而对国民党有不利之举动。5月25日，宋子文约陈诚“详细商谈”东北问题。26日，宋往访马歇尔。马氏告宋，“共党主力并未击散。共军现在游战，如国军跟踪而进，则必延长战线，予共军以处处可以截击之机会”。宋子文站在蒋的立场，向马氏表示：“钧座始终希望和平解决，东北胜利实可促成和平，惟共党必须具有诚意，不可如以前之议而不决，决而不执行。此种不战不和之状态，在共党有意造成，予我以最不利之情势，我方实在不能容忍。”28日，宋子文又与马歇尔会见，马氏再次强调，国民党军“如再由长春跟踪北进，则运输线愈长，地位愈感困难，危险亦愈甚”；“华北国共布置已如箭在弦上，如一经破裂，收拾将更不易”；而蒋介石亦曾表示，“克复长春后，可进行和平协商，东北战事可以告一段落”。因此，马氏提出，国民党立即停战，并让军调部进驻长春，并强调国民党勿“失此机会”。马氏的态度，使宋子文多少意识到问题的严重性，他在和王世杰商讨后，致函蒋介石，认为“此次我大军开赴东北，马歇尔出力不少，我方似应顾虑马受共党在美国攻击为助长东北战争”①，“并以军事再进之转多可虑”，向蒋建议可以考虑马氏的要求。② 但在国民党内也有人坚决反对让步。白崇禧致电李宗仁转蒋介石，称“侧闻各党派策动马歇尔提出要求东北停战事，此事万不可答认，否则必葬送国防生命线之东北也；钧座答复马歇尔之函应坚持，因宁沪为反动派空气所包围，望钧座回时注意”③。在军调部工作的蔡文治也上呈蒋介石，提出“对于东北共军限期集中整编，同时应以军事压迫，夺取热河，将华北东北切断。对于东北必须彻底肃清”④。

在国民党内对于东北停战的不同意见角力中，蒋介石的意见更偏向于强硬派。28日，他提出东北苏军撤退地区应由国民党军接收、赋予美

① 《宋子文致蒋介石函》，1946年5月26日、28日、29日，见宋子文档，Box 58。

② 参见《徐永昌日记》，1946年5月29日。

③ 《白崇禧致李宗仁转蒋介石电》，1946年6月2日，见《蒋中正“总统”档案·特交档案·分类资料（防共）：国共协商》，015卷第1号。

④ 《蔡文治呈蒋介石函》，1946年6月1日，见《蒋中正“总统”档案·特交档案·分类资料（防共）：国共协商》，014卷第11号。

方以修复铁路恢复交通问题的决定权、整军协定先在东北实行等条件，如能办到，则可停止军事行动，军调部人员可进驻长春。① 蒋介石对马歇尔的态度甚为不满，认为其“偏袒”中共，自记对马氏“工作之痛苦与艰难可谓异甚”②。而蒋的答复也令马歇尔颇为恼怒，29 日，他通过宋子文转告蒋介石：由于政府军在东北不断向前推进，使他的调停工作遭遇极大困难，如此他将退出调停。③ 6 月 3 日，蒋介石回到南京，王世杰向蒋“报告马歇尔之态度，彼甚焦急，又表示压力，要求余立即停战也”。蒋的内心世界为此而感“痛心与耻辱极矣”，但对于美国的压力他又不能不考虑。④

实际上，自国民党收复长春后，蒋介石的东北决策即面临着新的抉择，是继续北进还是另作考虑。他在国民党军进入长春的当天飞赴东北，不无就此实地考察之意，以“对东北党政军务皆能解决有进益，而对俄外交，对内人心之影响更大”⑤。最初，蒋介石受国民党军胜利的影响，有意北进，认为“东北共军主力既经击溃，应速定收复东北全境之方针，令杜聿明长官部向哈尔滨兼程挺进，必先占领该战略据点，东北军事方得告一段落，然后再策定第二期计划。至于调处执行部自以不来东北对我为有利，以免共军藉其掩护，获得喘息之机会”。这个计划在军事上并无问题，因为中共实际已经准备退出哈尔滨，国民党军如果继续向北进军，不会遭遇中共的强力阻击。但是，北进不仅仅是军事问题，更是政治问题，美苏两强尤其是苏联将有什么样的反应，是蒋介石不能不考虑的，因为“东北与对美对俄外交，皆有微妙之关系，稍一不慎，将受重大影响，故当马歇尔未谅解以前，不能不委屈以求和平解决也”⑥。

6 月 4 日，蒋介石和马歇尔会谈。马氏强硬表示，在东北停战问题解决前，美方不再安排为国民党运输军队和补给到东北。在马氏的强大压

---

① 参见《“总统”蒋公大事长编初稿》卷 6（上），158～159 页。

② 《蒋介石日记》，1946 年 5 月 31 日。

③ 参见《宋子文院长呈蒋主席转述马歇尔备忘录电》，1946 年 5 月 29 日，见《中华民国重要史料初编》第 7 编第 3 册，140 页。

④ 参见《蒋介石日记》，1946 年 6 月 3 日。

⑤ 《蒋介石日记》，1946 年 5 月 31 日。

⑥ 《“总统”蒋公大事长编初稿》卷 6（上），151～152 页。

力下，尤其是面对美方停运军队的威胁，蒋只能表示可以考虑停战半个月。次日，马歇尔再次见蒋，终于迫使蒋同意东北停战。6月6日，蒋介石决定东北交涉要点为：1. 让开铁路线，不妨碍接收主权；2. 实行整编令；3. 划定驻兵地区；4. 停战协定适用于东北；5. 东北政治政府改组后协商。以此作为“忍让之限度”，“再无退步余地”①。同日，蒋正式宣布：“余刻已对我东北各军下令，自六月七日正午起，停止追击、前进及攻击，其期限为十五日。此举在使中共再获得一机会，使能确实履行其以前所签订之协定，政府采取此一措施，绝不影响其根据中苏条约有恢复东北主权之权利。”② 在东北前线的杜聿明奉到蒋介石的命令后，即“转令各部队遵照，至七日十二时止，得各部队报告，确实到达位置”。“在此半月期间，除遵照钧座训示，饬各部坚固防守，严密监视匪情外，并作半月后收复安东，进出哈尔滨或敦化之准备。”③

东北停战的实现，对国共双方各有利弊。蒋介石之所以同意东北停战，除了美国的压力外还有他自己的考虑：一是他正在准备关内尤其是苏北作战，不愿被东北战场牵制过多兵力；二是东北国民党军自四平战后急速冒进，战线太长，兵力不足，需要进行休整，巩固后方。6月19日，蒋介石“决定对东北暂取守势”。26日，决策对东北“此时应暂维现状，不可再求军事之发展。以原定政策，本以收复自长春及其以南之南满路与北宁路二干线为限，其他地区主专用政治方法解决，一则使俄国不致正面干涉，一则使我兵力运用容易，不致过于分散，为其俄共所乘也。故关内共匪未肃清以前，对东北决以现有形势为止矣。此为成败最大之关键”④。但因为蒋的停战决定，国民党军在没有消灭中共军队主力的情况下停止进攻，分兵把守各个城市，反而暴露了其后防弱点，并且丧失了再向松花江北进军可能的唯一机会。蒋介石过后曾为他的决定后悔不已，认为是“东北最后失败之惟一关键”，“若不停止追击，直占中

---

① 《东北交涉要点》，见《蒋中正“总统”档案·筹笔（戡乱时期）》，第15824、15832号。

② 《中央日报》（南京），1946年6月7日。

③ 《杜聿明致蒋介石函》，1946年6月8日，见《蒋中正“总统”档案·特交档案·分类资料（防共）：国共协商》，013卷第4号。

④ 《蒋介石日记》，1946年6月19日、26日。

东铁路战略中心之哈尔滨，则北满的散匪，自不难次第肃清，而东北全境亦可拱手而定。若此共匪既不能在北满立足，而其苏俄亦无法对共匪补充，则东北问题自可根本解决，共匪在东北亦无死灰复燃之可能”①。

历史进程有时决定于对立双方的互动。蒋介石对于四平之战可能起初并不那么重视，但是中共的坚守，却刺激了蒋拿下四平的决心，而拿下四平之后，貌似可以势如破竹地向北进军，又由于马歇尔的干涉而中途停止。因此，四平之战的意义过后便被蒋解读为“自由世界”与“共产世界”的决战，并由马歇尔干涉导致的结果，使此“决定性战役”反转成了“失去的机会”。但正如有学者所论，那些认为马歇尔逼迫蒋介石所下的停火令浪费了收复全东北机会的论点实际落在假设上。为了论证这些假设，便需要回答一系列问题：在中共方面，林彪败了多少？中共有多少伤亡？他们能够承受国民党的继续进攻吗？在国民党方面，杜聿明的追击有其他路径吗？即便有，国民党能够完全打败共产党并占领全东北吗？为什么蒋介石同意停火？马歇尔、苏联和关内外形势在什么方式上影响到蒋的停火决定？对于这些问题，没有简单的回答，蒋介石在不同时期的说法也不完全一样。我们可以“假设”四平之战国民党获胜后不因停火而乘胜追击便可得到“决定性胜利”，但是，历史不是实验科学，我们同样可以对这些“假设”提出合理的质疑，从而推翻其可能性。② 更进一步，我们还可追问，即使蒋下决心北进，他能对苏联可能的反应无动于衷吗？他能不考虑美国的态度吗？问题又回到其起点，国民党在战后东北之所为，首先需要苏联的合作，需要美国的支持，而在美苏两强各有自身利益，并且冷战渐起的情况下，无论什么样的选择都需要国民党付出相应的代价，故其对国民党而言，始终是两难抉择。

中共也需要停战作为休整之机。四平之战，中共部队“打得相当苦，

---

① 蒋介石：《苏俄在中国》，见《先“总统”蒋公全集》第1册，336页。白崇禧始终对国民党军未能乘胜追击直进松花江北不能释怀。他的儿子白先勇说：“四平街会战，最后竟功亏一篑。一着棋错，满盘皆输，这是父亲一直耿耿于怀，到他晚年亦常引以为憾的一件恨事。”（白先勇：《父亲与民国：白崇禧将军身影集》上册，235页，台北，时报文化出版企业股份有限公司，2012）

② Tanner, Harold M., *The Battle For Manchuria And The Fate Of China: Siping, 1946*, Chapter 7 & 8.

有的甚至丧失了元气”；“从长春撤退到哈尔滨时思想很混乱，全军无所措手足”；“有些部队元气受到损伤，不经整训已难作战”；“干部中一般情绪不高，特别是营以下干部一般有很大怨战情绪，这些现象是抗战八年所未有”①。因此，中共部队亟待休整，调适恢复。6 月 3 日，中共中央指示东北局，“作长期打算，为在中小城市及广大乡村建立根据地而斗争。……目前军队应争取休整，恢复疲劳，提高士气。”② 16 日，中共中央决定改组东北局，任命林彪任东北局书记、东北民主联军总司令兼政委，彭真、罗荣桓、高岗、陈云任东北局副书记兼东北民主联军副政委，在东北实行党政军一元化的统一领导，以因应非常时期的非常情况。经过停战期的休整，中共东北部队的战力迅速恢复并有发展，及至 4 个月后战火重起，中共在东北的总兵力已达 36 万人，超过了停战时的数量。

东北停战实现后，军调部在长春设立分部，国民党代表蔡宗濂（后为邓为仁），中共代表饶漱石（后为伍修权），美国代表白鲁德（后为田博门），下设 8 个执行小组，分驻东北各地。但是，东北停战并不意味着国共双方就此罢战言和。四平之役对国共双方的战略部署都产生了重大影响，国共双方都在利用停战之机调整部署，准备新的大战来临。

四、国共战略的调整与国民党东北决策的淡出

东北停战的实现，并非国内局势的大缓和，相反，国内和战大局已经到了转折关头，四平战后的国共关系较战前也已有了根本的不同。四平未下前，国民党党内对东北以至全国作战的前景都不乐观。据在蒋身边工作的唐纵所记：“此次东北问题，是我们对于情况判断的错误。当初

① 韩先楚：《东北战场与辽沈决战》，罗荣桓：《在四野高干会议上的讲话》，见《辽沈决战》（上），88、38 页；《黄克诚回忆录》，349～350 页。

② 《中央关于同意放弃哈尔滨采取运动战、游击战方针给东北局及林彪的指示》，1946 年 6 月 3 日，见《中共中央文件选集》第 16 册，185 页。彭德怀认为，东北停战使我军得到了三个月的休息，即令苏北拚掉了，东北有后方作战，我们还可胜利。（参见王焰：《彭德怀年谱》，322 页，北京，人民出版社，1998）可见中共认为东北停战利大于弊。

以为东北之共军不堪一击，故不接受调处。现因苏军援助共军之故，共军实力增强，欲调处而不可得，政府感觉苦闷万状”①。四平作战胶着之时，国民党高级官员观察蒋介石的心境是“忧心如捣”，“焦虑万分”②。然而四平为国民党军攻下后，国民党内的气氛立即发生了明显变化。5月20日，蒋介石召集党政最高小组会议，“决定对中共采取严厉态度”。同样是唐纵，这次所记的口气较上次完全不同。他写道：长春战役“关系国际、国内军事政治影响巨大。长春如不能收复，表示共产党势力甚强，表示国军无能”③。显然，长春收复则表示共产党势力“不强”和国民党军“有能”了。蒋经国在长春观察，“我军将领骄傲异常”④。据顾维钧回忆，邵力子和孙科都告诉他，“国民党内部几乎所有的军事将领都赞同摊牌……除文官以外的所有军职人员，都主张使用武力”⑤。国民党上下都迷信“军事之影响有决定性之作用”，“主战派不止抬头，且特别抬头，时局极为严重”⑥。不仅强硬派兴高采烈，即便是温和派也开始动摇不定，蒋介石更是趾高气扬。5月23日，国民党军进入长春的当天，蒋介石以胜利者的姿态飞抵沈阳视察。他在给宋子文的信中写道：“此地实际情势，与吾人在南京所想象者，完全不同……只要东北之共军主力溃败，则关内之军事必易处理，不必顾虑共方之刁难与叛乱也。……只要东北共军之主力消灭，则关内关外之事，皆易为力，已作慎密之处置，请勿过虑。”宋子文在与马歇尔的谈话中也大谈“共军除一部分外，本属乌合之众，经此次打击，势必瓦解无疑”⑦。军令部部长徐永昌则向蒋建议，“如其胜任，应即向共逐渐进攻。……愈拖我政府经济政治愈日就削弱”⑧。国民党高层如此认识，必然导致其战略向战争方向倾斜。6月13

① 《在蒋介石身边八年》，608～609页。

② 张嘉璈：《东北接收交涉日记》，1946年4月14日；《熊式辉日记》，1946年4月22日。

③ 《在蒋介石身边八年》，619页。

④ 《王叔铭日记》，1946年6月26日。

⑤ 《顾维钧回忆录》第5分册，中国社会科学院近代史研究所译，708～709页，北京，中华书局，1987。

⑥ 《罗隆基日记》，1946年6月5日，见《中华民国史资料丛稿》增刊第6辑，100页。

⑦ 《蒋主席致宋子文院长嘱告马歇尔特使国军进入长春无碍于和平统一函》，1946年5月25日，见《中华民国重要史料初编》第7编第3册，129～131页。

⑧ 《徐永昌日记》，1946年6月12日、19日。

日，蒋介石接见即将出任驻美大使的顾维钧，要他做好对美宣传工作，使美国人相信是中共不遵守协议，因此政府不能只采用政治手段，从而为军事动武争取美国支持。①

中共对四平战役的结果也有自己的总结。长春失守的次日，毛泽东致电南京中共代表团，认为“退出长春后，无论政治上、军事上我方已获自由，并非不利”②。这里所说的“自由”，实际是指四平之战解除了中共原先在和战问题上的某些顾虑和约束。中共此时对于东北问题的态度是：“我方让步至长春双方不驻兵为止，此外一概不能再让，美蒋要打由他们打去，要占地由他们占去，我方绝不承认他们的打与占为合法。”③更重要的是，四平战役直接引起中共对全国形势估计的变化。四平战前，中共一直认为国民党“对我军实力、国际舆论及国内人心有所顾虑，故尚不敢立即发动全国内战”，但四平战后，国民党趾高气扬，使中共认为“内战已临全面化边缘”，“恐难有挽救可能”④。从根本上说，国共双方在抗战胜利后建立起来的互相信任是非常脆弱与不稳固的，国民党六届二中全会前后，这种互信已经受到强烈的冲击，四平之战则使这种互信荡然无存。周恩来就对马歇尔说，现在的中心问题是“双方没有互信，在一切问题上彼此的信心都破坏了”⑤。很难想象这种互信会在半个月的停战期内再次建立起来。

实际上，四平作战刚刚结束，中共中央就已通报周恩来：“我在大局上仍忍耐，惟须取局部报复手段。”⑥ 所谓“局部报复”，就是指示陈毅所

① 参见《顾维钧回忆录》第5分册，725～726页。

② 《毛泽东年谱（1893—1949）》下卷，85页。

③ 《东北主力应不怕丧失地方准备长期斗争》，1946年5月27日，见《毛泽东军事文集》第3卷，234页。

④ 《中央关于时局及对策的指示》，1946年5月15日，见《中共中央文件选集》第16册，161页；《周恩来关于内战已临全面化边缘及我之方针致中共中央电》，1946年5月28日，见中共江苏省委党史工作委员会、中共南京市委党史资料征集编研委员会、中共代表团梅园新村纪念馆编：《中共中央南京局》，58页，北京，中共党史出版社，1990。

⑤ 《国民党积极准备大打，希望马歇尔继续居间努力争取和平》，1946年6月10日，见《周恩来一九四六年谈判文选》，409页。

⑥ 《对顽军进攻取局部报复手段》，1946年5月19日，见《毛泽东军事文集》第3卷，228页。

部在山东攻击津浦路泰安、兖州、德州和胶济路张店、周村地区由原伪军改编的国民党部队，理由是“一则时局发展是逐渐的，不是突然的，我宜从小的打起显得有理，不宜从大的打起，显得无理；二则消灭上述三部后看顽方如何动作，然后决定我主力使用方向，方不陷于被动；三则……我可于运动中消灭增援之敌”①。中共中央要求行动“愈快愈好”，然后视情况再进攻济南。自6月7日开始，山东部队以讨逆自卫作战名义发起进攻，历时1周，先后攻占德州、张店、周村、枣庄等地，几乎占领了山东全境。中共的行动使蒋介石感到华东地区中共部队的威胁，更加强了他准备在关内动武的决心。蒋介石在6月停战谈判中重点强调苏北和胶济路问题，实际上已是在为不可避免的战争寻找借口。

尽管国共双方都在准备战争，但在马歇尔的调停下，停战谈判表面上仍在继续进行，三人小组会议也在东北停战后恢复举行。国共6月谈判在恢复交通、军调部工作和停止东北冲突等问题上较快达成协议，这就是6月24日国共美三方草签的《恢复华北华中交通线指令》《解决执行小组交通小组北平军调部及长春军调分部中某些争执之条款》和《终止东北冲突之训令》，规定立即恢复华北和华中交通，限期修复损毁铁路；当军调小组和执行部内意见不能一致时，美方代表可单独提出报告，请求指示，指导命令或指示之执行，从而酌情增加了美方代表的职权；东北完全停战，中共承认1月停战令以后国民党方军队进入东北的事实。②由上述协议的条文可知，中共作了重要让步，显示出谈和的诚意，但蒋介石坚持，只有在修订后的整军方案达成协议后，才能在上述协议上正式签字。而军队整编方案的修订，尤其是军队驻地的划定，由于国民党的过高要求而非常困难，何况蒋要求在半个月的停战期内解决半年都没有解决的问题，这就使他的要求有些类似最后通牒的性质，不排除蒋在内心里正是企望用这种方法或逼中共就范或由中共承担战争责任。

---

① 《山东军区以首先消灭吴化文等部为有利》，1946年5月30日，见《毛泽东军事文集》第3卷，242页。黄克诚曾向中共中央建议，“东北已不可能停战，应在全国打起来，以牵制国民党军向东北调动”；“目前关内不打，关外单独坚持消耗的局势感觉绝（对）不利”（《黄克诚回忆录》，347页）。

② 参见孟广涵：《政治协商会议纪实》下卷，1341～1347页，重庆，重庆出版社，1989。

中共对国民党的要求并未正面回绝，周恩来表示，在目前情况下，只能先从一个个具体问题做起，中共的目的是“竭力争和平，哪怕短时期也好”；“既要避免破裂，又要不大让步”①。国民党却无意于此，在谈判中采取了步步紧逼，以求彻底解决的方针。6月17日，蒋介石提出东北中共驻军方案，中共军队3个师应分驻于兴安、黑龙江和嫩江省，或驻兴安、黑龙江和延吉地区，哈尔滨至满洲里铁路沿线由中央护路宪警进驻；如中共同意该方案，其军队必须撤出热河、察哈尔两省及山东烟台和威海卫两地，双方在山东恢复6月7日的军事位置。18日，国民党代表徐永昌、俞大维在和周恩来的会谈中又提出，中共军队在关内的5个军应集中在陕北、山西上党、河北大名、山东临沂、察北5个地区，这意味着中共还应退出苏北。② 这是个极其苛刻的方案，不仅中共在东北的军队驻地被限制于北满偏僻地区，而且中共在华北的地位还将受到重大削弱，军队将被分隔部署在若干孤立而互不联系的地区。周恩来在见到这个方案的当天致电中共中央，称蒋的方案“混蛋之至，战意已大明……蒋有可能将东北问题再拖数日，而先在苏北、山东开刀并及热河”。“马歇尔有否办法阻止，或形式上旁观，或下水，或回国，现殊难言，因美政府近日态度甚坏，但也有可能马努力使东北问题继续谈，而撇开关内事，如蒋所愿。”他建议“中央令各地，尤其是苏北、山东、东北、热河速作各种准备，迎接蒋方进攻”③。在和马歇尔会谈时，周恩来表示，蒋的方案“完全出乎意料，而且感到愤慨”；政府“是在出难题，使问题不能解决”。他明确告诉马氏，中共要求东北驻军增加为5个师(原定为3个师)，驻安东、牡丹江、齐齐哈尔、洮安、哈尔滨；关内军队驻地另行商谈，且应规定双方的驻地；至于退出所占城镇，原则上双方均应退出1月13日停战令生效后所占之地。④ 周恩来坦白地对马歇尔

---

① 《准备国民党不愿和平时能够进行有力作战》，1946年6月12日，见《毛泽东军事文集》第3卷，267页；《周恩来年谱（1898—1949）》，673页，北京，人民出版社，中央文献出版社，1989。

② 参见《“总统”蒋公大事长编初稿》卷6（上），181页。

③ 《蒋介石战意已大明》，1946年6月17日，见《周恩来一九四六年谈判文选》，442～443页。

④ 参见《蒋介石的方案是无意解决问题》，1946年6月18日，《对政府关于整军问题有关文件的意见》，1946年6月19日，见《周恩来一九四六年谈判文选》，445、455～456页。

说，蒋介石就是要“先把此事弄成合乎他的愿望。如一切都照他的希望实现，他放心了，而我们就不能放心了，因为一切都无保证了”①。周恩来用明白的语言点出了国共双方分歧之所在，一方放心，另一方必然不放心，其中既有历史的恩怨，也是抗战胜利后现实情势发展的结果，更与东北开战所造成的连锁反应相关。

作为调停一方的美国，关键的要求是国共双方停战。司徒雷登告诉马歇尔，“主要是使蒋停战，然后才好续谈。中共愿和，愿解决问题，但必须双方让步，不能单要一方屈服”②。但马歇尔以为，他已经压蒋介石同意停战，现在该中共作出必要的让步了。因此他在这一阶段的谈判中，一方面企图说服蒋介石不要要价太高，另一方面又企图压中共让步，尤其是在华北问题上，马氏主张中共接受蒋的条件。马歇尔的处境仍然处在两难之中，他既要保证国民党的优势地位，又要限制国民党的行动，使其不致引发全面内战，这本身就是矛盾的。由于东北战事的发生，马氏在中共眼中已经失去了他曾有过的较为公正的形象，而他在停战谈判期内的表现，更使中共确信，美国已经站在国民党一边，对马氏调停不再抱什么希望。周恩来给中共中央的报告认为：马歇尔“在第一时期对停战、政协、恢复交通、复员、整军的意见和办法是公正的。第二时期对东北问题就偏了，只要我们让，不要国民党让，而且让了还不停战”。蒋介石在“第一时期还听马建议，但不愿其成功，放纵和指使部下违约反对。到第二时期便准备大打，借口主权、交通使内战全面化”③。由于马歇尔所代表的美国国家利益的要求，也由于美苏冷战渐起后国际大环境的影响，马歇尔在调停国共冲突时的回旋余地其实有限，当国共争执僵持不下时，在大多数情况下，他只能选择偏向国民党。

6月中旬，蒋介石在黄埔军校和国民政府的数次演讲中声称：“本党对中共如此让步，非武力不足，而欲以政治方法，给中共以合法存在之机会。有人以为中共问题军事不足以解决，此乃大谬不然，过去军事不

---

① 《中国现在又到了一个最严重的关头》，1946年6月21日，见《周恩来一九四六年谈判文选》，466页。

② 《南京空气紧张》，1946年6月20日，见《周恩来一九四六年谈判文选》，457页。

③ 《周恩来年谱（1898—1949）》，669页。

能解决的原因，由于日本掩护中共捣乱，今日人已经投降，军事解决为极容易之事；又有人以为中央经济困难，不能用兵，殊不知中央财政之准备，足以维持两年有余。”出席听讲者都认为蒋的讲话“充满剿匪意味，并坚定大家之信心”①。在此前后，蒋介石还在军队中作了一系列演讲，与政协前后要求大家“容忍”的态度完全不同，此时的蒋毫无妥协地表示，国民党与中共“势不两立”，国民党“最后的敌人是谁？大家都知道，就是中国共产党”；“这一次剿匪的成败，就是本党革命生死的关头”②。实际是在进行战争动员，表明蒋已无意言和。不过为了进一步拉住马歇尔，6 月 20 日蒋同意将停战期延长至月底，同时又提出中共军队必须在此期间撤出胶济路两侧 30 公里开外。蒋明知中共不可能接受这样的条件，而他还郑重提出，主要是为了争取马歇尔和舆论的支持，把战争责任推到中共头上，为动武作准备。中共对此已有清醒的认识。6 月 25 日，中共中央在给林彪的电报中明确谈及中共的方针是：“（一）国民党一切布置是打，暂时无和平希望。（二）谈判破裂，全国大打，不限于东北。（三）全靠自力更生。（四）半年至一年内如我打胜，和平有望。（五）友邦在将来可能在外交上给以援助。（六）我党在南京谈判中，当尽最后努力，付出最大让步，以求妥协。但你们不要幻想。”③ 中共确实不能抱什么幻想。6 月 26 日，蒋决定全盘战略方针为：“此时对东北军事应暂取守势，不可亟求进展，因原定政策本以收复长春及其以南之南满与北宁二铁路干线为军事目标，其他地区则用政治方法以求解决，一则使俄国不致正面出而干涉，一则使我兵力运用容易，不致过于分散而为俄共所乘也。故关内共军未戡定以前，对东北之军事决心维持现有形势为要旨，此不能不慎重出之也。”④ 于此表明蒋介石的战略重心又转向关内。就在这一天，中原战事爆发，全面内战已经无可避免。

---

① 《在蒋介石身边八年》，623 页；《徐永昌日记》，1946 年 6 月 16 日、17 日。

② 《特种兵的任务和努力的方向》，1946 年 6 月 7 日，《政工人员对于时局应有之认识与努力》，1946 年 8 月 8 日，见《先“总统”蒋公思想言论总集》卷 21，323、385 页；《如何消灭我们最后的敌人》，1946 年 7 月 16 日，见《先“总统”蒋公全集》第 2 卷，1831 页。

③ 《暂无和平希望准备全国大打》，1946 年 6 月 25 日，见《毛泽东军事文集》第 3 卷，295 页。

④ 《“总统”蒋公大事长编初稿》卷 6（上），191 页。

此时，似乎只有马歇尔还在作徒劳无用的努力。从6月停战开始，马歇尔提出了一个又一个方案，但没有一个行得通，问题在于，国民党的要价一次比一次高，条件一次比一次苛刻，而中共又绝不可能屈服于国民党压力而订城下之盟。马歇尔也认识到："在休战期的谈判中，很清楚的是中共更愿达成停止冲突的协议，而政府方面如此苛刻的条件使共产党不可能接受。同样清楚的是，部分国民党文武领袖以其力量和权威倾向于武力解决，他们的信念是，全面战争比目前伴随着经济和政治停滞的不战不和状态更好。"① 28日，蒋介石向马歇尔提出新的方案，国共军队的总比例不变，军队驻地问题整个解决，进入防区的时间不得超过三个月，达成协议后10天内，中共军队从山东、山西6月7日后占据地区及胶济路、临（城）枣（庄）支路和临（城）徐（州）路沿线撤出，30天内从承德、古北口和苏北撤出。29日，周恩来在和马歇尔会谈时愤愤地说："蒋介石是要绞死我们。我用一切力量让，而我让一步他即迫一步!" 马歇尔也感到蒋"有要求百出，贪得无厌之感"②。但即便是如此，为了争取时间，获得政治上的主动，中共同意可以有条件让步，东北松江省和哈尔滨可由政府派军驻扎，但行政机构改组为联合政府；中共军队撤出国民党所要求的若干地区，如苏北淮安以南、皖东北、胶济路沿线、承德和张家口以南地区，条件是"政府军队决不开入这些地区，而这些地区的地方政府及其保安部队仍应当于原地维持治安，实施行政"。国民党坚持中共应交出地方政权③，而中共决不接受，因为"与其不战而失如此广大地方，将来不能收复，不如战而失地，将来还可收复。况且战的结果，除若干城市要道还可能失去外，我亦有粉碎蒋军进攻收回许多失地之极大可能"④。何况关于地方政权问题，政协曾有协议留待改组

---

① *Marshall's Mission To China*, Vol. 1. p. 176.

② 《力求和平，但不允许国民党武装接收》，1946年6月29日，见《周恩来一九四六年谈判文选》，503页；《公与马歇尔特使谈话纪要》，1946年6月30日，见《"总统"蒋公大事长编初稿》卷6（上），199页；《蒋介石日记》，1946年6月27日。

③ 参见《整军期间政府军不得开入中共部队退出的地区》，1946年6月28日，见《周恩来一九四六年谈判文选》，492～493页。

④ 《对东北局关于东北形势及任务决议的修改意见》，1946年7月11日，见《毛泽东军事文集》第3卷，333页。

后的政府解决，因此中共的要求是有协议根据的。此时的谈判对双方都不再有实质性意义，而成为准备战争和动员舆论的手段。

6月停战令到期前，蒋介石连续召集部下开会，商讨对共战略。主战呼声占了上风，只有王世杰等少数人仍主张“成立协定，即令协定不能完全解决问题，亦可避免局势之恶化”，但他们的主张得不到蒋的支持。不过格于政治大环境以及美国的态度，蒋亦不能公开宣战，只能决定“剿匪军事决不能用正式讨伐方式，只有用不宣而战局部的逐渐解决，但每一战局必须求得一段落，并须准备充分速战速决为要旨也”；在军事“进剿”的同时，则宣布“和平之门不闭，唯待共党之回头”①。

6月30日为停战令到期之日，国民党中央宣传部部长彭学沛发表声明称：“今停战命令虽已期满，政府对于和平统一之方针决不变更……中央军队不对中共军队采取军事行动，以静候各项未决问题之解决。”② 周恩来亦在当天举行记者招待会，明确声明：“政府认为苏北威胁南京，承德、张家口威胁北平，铁路沿线中共部队威胁交通，应该撤退，实在毫无道理。……反过来如果我们也说南京威胁苏北，北平威胁承德、张家口，铁道线驻军威胁附近各县村庄，那么问题便无法解决了……政府要求虽然如此不合理，但我们还是让了步，答应在某些地区不驻兵。然而政府还不满足，一定要这些地方的党、政、军、民众团体一律撤出，实在太不合理了，而且超出整军的范围，是我们不能接受也不能考虑的。”③ 同日，蒋介石会见马歇尔。蒋询问如国民党暂不提承德问题，中共能否接受国民党提案。马氏认为无此可能，因为中共对“地方政府问题，重视为比承德更为重要，我虽不谈承德，中共亦不能承允其他要求”。蒋乃答称：“如此则我虽作最大之让步，亦不能求得解决当前今日停战协定之解决。”马氏坦诚告蒋，政府的条件颇为苛刻，中央有人将国民党军武力估计过高，如果酿成全面内战，甚不值得；批评国民党官员经常发表非武力不能解决的言论，影响谈判。蒋却对马氏说：国民党党员皆有言论

① 《蒋介石日记》，1945年6月27日；《王世杰日记》，1946年6月29日；《徐永昌日记》，1946年6月29日、30日。

② 《中央日报》，1946-07-01。

③ 东北日报社：《中国巨大变化的一年》，20～21页，佳木斯，东北日报社，1947。

自由，他们的言论不会左右自己的意见。①

7月2日，蒋介石在时隔几月后再次会见周恩来。周提出，在全面停战的同时，一面谈判军事问题，一面恢复政协综合小组会，谈判政治问题。蒋则根本对此不感兴趣，只是强调“整军停战以前之最低基本要求非先解决不可”，要求中共退出国民党前所要求之各地，否则，“政治问题实无法商谈”。蒋反复强调，如中共占据苏北，“政府实已无安全可言”；“苏北太威胁京沪，你们的军队在这里，人家觉得你们是什么意思呢？所以苏北你们要退，由政府接收”。而且说苏北地方小，中共让出不能算吃亏。“此为政府与中共和平谈判之基础，倘此点不能实现，则一切无法再谈。”② 这次会谈没有解决任何问题。

从7月2日到10日，国民党代表陈诚、王世杰、邵力子和中共代表周恩来、董必武连续进行了4轮会谈，继续讨论未决问题，但双方的立场始终无法接近。国民党代表反复要求中共退出蒋所提出的几个地区，表示只要退出了其他就好办了，希望中共了解政府的困难。他们承认，在地方政权方面国民党改变了政协规定的程序（即地方政权地位应由改组后的政府解决），但理由是政府已在东北对中共作了让步，承认中共在黑龙江、兴安和嫩江省的地位。周恩来只同意考虑苏北减少驻军，但坚持不交出地方行政，还表示如果政府要什么就给什么，那就不必谈了。他对国民党动向的判断是：“如我方同意他们的要求，便不放弃谈判；如我方不同意或不满足他们的要求，我看，军事的动作会更扩大。”③ 就在谈判期间，国民政府在7月4日宣布将于11月12日召开制宪国民大会，用周恩来的话说，“这等于政府又投下一颗炸弹”。蒋的目的是以此显示改革和民主，拉住美国（马歇尔听到这个消息确也表示“感动”），但国大问题一直是国共谈判中双方争执的焦点之一，中共坚决反对国民党单

---

① 参见《公与马歇尔特使谈话纪要》，1946年6月30日，见《“总统”蒋公大事长编初稿》卷6（上），199～203页；《蒋介石日记》，1946年6月30日。

② 《蒋介石日记》，1946年7月2日；《政府已在各地扩大军事动作》，1946年7月3日，见《周恩来一九四六年谈判文选》，509～511页。

③ 《政府已在各地扩大军事动作》，1946年7月3日，见《周恩来一九四六年谈判文选》，513页。

方面宣布召开国大，表示此事“完全违反协商精神”，“关于国大诸问题，在未得协议以前，敝方不受贵方任何片面决定之拘束”①。这一插曲使双方会谈气氛更为恶化。在10日的最后一次会谈中，国民党代表提出在国民党方进入中共撤出地区时，对中共党部给以照顾。周恩来表示，“那些地方可考虑少驻兵，但非撤退，不是行政权就不要了”。国民党代表王世杰在当天会谈结束时感慨地说：“即使行政问题达不成协议，照六月三十日那样也可以签字了，‘如果我不是国民党，我一定签字了’。”② 然而他个人的感慨终究代替不了国民党决策层的决定，此次会谈之后，国共高层代表接触暂告终止。

国民党已经做好了战争准备。7月11日，蒋介石会见马歇尔，“婉劝其勿急，并以余卅年来经历，凡遇事之无能为力时只有听其自然、暂时置之不问，但凡事终有解决之时，此皆暂置之功效，亦即上帝在冥冥之中为之主宰，非至时机成熟，则徒劳无益也。余并作有限度之军事行动，乃有助于彼之调解工作”③。14日，蒋介石偕宋美龄以避暑为名赴庐山，就在前一日，苏北战火点燃，全面内战终于无可挽回地爆发了。

综观东北停战谈判的全过程，虽然四平战役使中共对国民党原来就不多的信任更为动摇，但中共还是在谈判中作出了重要让步，以求得哪怕是暂时的和平。但国民党由于在四平之役占了上风，心理上处在居高临下之势，不愿作出任何必要的妥协和让步（如果仅以苏北地方政权问题论，对于国民党实在不足以成为拒和的理由），使谈判未能得到成果。这或许是当时的内外环境使然。但谈判失败即意味着战争，国共双方对此都是有充分准备的。全面内战的战火起源于东北，并因为东北停战谈判的失败而最终爆发，这就是东北在战后中国政局中的重要性所在。不过，在6月停战期的谈判中，东北问题实际上已不占据主导地位，国共双方的争执点已经转移到关内，东北问题的重要性也随之下降。而且，

---

① 《中共代表为抗议国民党单独决定召开国民大会致国民党代表函》，1946年7月7日，见《中共中央南京局》，97页。

② 《政府军应停止追击被迫突围的我中原部队》，1946年7月11日，见《周恩来一九四六年谈判文选》，543～544页。

③ 《蒋介石日记》，1946年7月11日。

随着苏联的撤军，苏联因素在国共东北争执中的地位不复当初，美国因素也因马歇尔调停动力的消退而大大减少。东北问题已从战后初期国共苏美三国四方争执的“特殊问题”，转变为国共相争的“普通问题”，国共双方对东北的争夺进入新的阶段，对战后初期因应东北“特殊问题”具有指导意义的特定的国民党东北决策，也转化为过往习见的围绕某一具体问题与中共相争的一般决策。可以说，四平战役既是战后国民党东北特殊决策发展的高峰，也是其转换为一般决策的开端，故本书的研究亦大体以 1946 年中国民党东北决策内涵和外延的变化而告一段落。

第四章　国共东北战略实施范例讨论
——战后旅大接收问题

一、国共在旅大的不同处境

战后旅大（旅顺与大连合而通称旅大）接收问题源于1945年2月的雅尔塔会议。美国和英国为使苏联参加对日作战以缩短战争进程，私下允诺苏联在战后恢复帝俄时代在东北的权益，包括由苏联租借旅顺军港以及保证其在大连港国际化后之权益。① 此等大国间的秘密交易，严重侵害了同为反法西斯同盟国中国的国家利益，而且使中国作为战胜国接收其固有领土旅大的当然权利，演变为需要与苏联协商解决的问题，此亦为战后旅大接收平添变数。

为了界定战后中苏关系及解决相关问题，1945年8月14日，中苏签订《中苏友好同盟条约》及相关协定，从法理上认可了美英苏雅尔塔密约的诸项内容。关于旅大接收，蒋介石事前决定的谈判原则是：旅顺军港之行政管理权必须归中国主管，与苏联共同使用，而非共同管理；大连为自由港，照各国自由港例，行政管理皆归我，领土主权中国主管。② 但是，苏联在谈判中坚持在旅大得到更大的权力，经过双方的讨价还价，最后达成的《关于大连之协定》和《关于旅顺口之协定》，表面上基本满足了蒋介石的要求，即大连为自由港，行政权属于中国；中苏两国共同使用旅顺为海军根据地，并设立中苏军事委员会处理使用事项，该区域之民事行政属于中国，但中国政府对于主要民政人员之委派

---

① 参见萨纳柯耶夫、崔布列夫斯基编：《德黑兰、雅尔塔、波茨坦会议文件集》，258页。

② 参见《蒋中正“总统”档案·特交文电·专案·雅尔达密约与中苏协定》，第431号。

将顾及苏联利益，并应征得苏联军事指挥当局之同意。① 而在实际上，中方因为在谈判中受到诸多问题（如外蒙问题）的牵扯，未及详加研讨旅大接收的种种具体问题，也未能在协定中为此订立有约束力之条款，而苏联则并不为协定的大率条文规定所束缚，当旅大接收提上议事日程后，国民党很快即知晓，协定的条文规定与接收的实际状况相差甚远。②

1945年8月8日，苏联对日宣战。8月22日，苏联红军进驻旅大，实行军事管制③，并在其下成立大连地方治安维持委员会，由前伪商会会长张本政和副会长邵慎亭、迟子祥负责，暂时维持地方秩序。与此同时，国民党亦开始筹备东北接收事宜。9月初，国民政府将大连改为行政院院辖市，任命沈怡为市长。国民党东北各省市党务专员办事处同时成立，罗大愚任党务专员，并委派日据时期即在大连从事地下工作的汪渔洋在大连、旅顺和金县筹组建立国民党党部。④ 10月间，三青团大连分团成立，接桂乔任代理书记，不久即发展为13个区队627人。⑤ 由此观之，国民党党团系统战后进入旅大的步伐并不慢，较中共组织进入旅大的时间还更早一些。在国民党尚未全面接收旅大时，这些党团组织担负着与中共争夺旅大控制权的使命。

国民党对东北的全盘接收规划，建立在中苏条约和苏联支持的基础之上，但苏联对东北另有图谋，局势的演进自始即脱离了国民党的规划。10月1日，苏联驻华大使彼得洛夫通告中国政府，苏军已经开始自东北撤退，并将在中苏条约规定的3个月时限内撤完，请中国派员到长春与苏军接洽接收事宜。当天中国外交部回复称，中国军队将于10日起由美国舰船运往大连登陆办理接收。但是，完全出乎国民党意料的是，苏联在6日复函中方，以中苏协定规定大连为商港而非军港为由，反对任何军队在大连登陆。⑥ 此

① 参见王铁崖编：《中外旧约章汇编》第3册，1334～1337页。

② 关于中苏条约谈判中有关旅大问题之交涉，请参阅陈立文：《宋子文与战时外交》，台北，“国史馆”，1991。

③ 参见夏振铎：《苏联红军进驻旅大十年》，见《中共党史资料》第43辑，126页。

④ 参见《山高水长——罗大愚先生纪念集》，810～813页。

⑤ 参见张殿选主编：《大连公安史选编》第3辑，1～13页，大连，大连出版社，1990。

⑥ 参见《中华民国重要史料初编》第7编第1册，119页。

时，正值美国利用独占日本之机，排斥苏联的参与，并在管制日本的诸多方面与苏联意见相左，使苏联很不满意，加之在欧洲方面的苏美矛盾，苏美战时合作关系迅速转变为战后竞争关系，在这样的背景下，由美国舰船运输中国军队在大连登陆，自然使苏联担心美国企图插手东北，因此表示坚决反对。中方随后向苏方解释称，由美舰运输军队接收，不过是“因中国缺乏运输工具，故所用运输船舶及侦察飞机系借自盟邦美国。惟登陆军队则纯为中国军队”，请苏方不要“误会”。① 但苏联坚持不允其在大连登陆。在这种情况下，国民党首先需要与苏联交涉军队登陆和东北接收的全盘问题，旅大地方的接收一时无法提上日程。

苏联拒绝国民党军队在大连登陆，虽不直接关系旅大的接收，但也预示着苏联视旅大为其禁脔，不会轻易允许国民党接收旅大。10月中旬，东北行营接收大员抵达长春。22日，东北行营副参谋长董彦平在与东北苏军副参谋长伯夫诺夫斯基会谈时，提议派人前往大连视察，但苏方声称，大连属于旅顺军管范围，暂时不能允许前往。② 因为当时东北接收的全盘问题尚未解决，中方并未向苏方提及旅大接收，但仅从苏方对董彦平的答复，即可见旅大接收绝非易事。

自东北行营负责人到达长春后，他们与苏军的关系时好时坏，10月25日，苏军以从事“反苏宣传”为由，搜查长春国民党党部，驱赶东北各地的国民党党部人员。国民党大连市党部亦于此前（15日）被苏军查封，汪渔洋被扣押后送往长春，张振作重建国民党党部后，也被迫转入地下活动。对国民党而言，军队无法开入东北，接收谈判进展不大，行营不能展开工作，迫其重新考虑东北决策。经过国民党高层的多次讨论，蒋介石最终决定撤退东北行营，暂停接收谈判，以退为进，等待时机。11月中旬，在东北行营撤退后，苏联为减轻国际压力，履行条约义务，曾经表示同意国民党接收东北若干省市的行政权，并在12月初首次同意中方接收大连，但格于当时的实际情势，国民党并未作出回应。1946年2月16日，苏联驻华大使就大连港的租借管理问题向中国外交部递交照

① 参见《中华民国重要史料初编》第7编第1册，121、125页。

② 参见《董彦平与伯夫诺夫斯基谈话纪要》，见张嘉璈档，Box.26。

会，声明苏联政府认为宜开始签订协定之谈判，并建议每方各派代表三人，即于最近在大连开始工作。外交部于 27 日复照称，已命大连市市长沈怡于接收市政府时与苏方商洽处理。① 不久，东北爆发国共内战，国民党决定在苏军撤离后先以武力接收东北铁路沿线的各大城市，与苏联商谈接收旅大行政权问题迟迟不能提上议事日程，有关旅顺军港和大连商港的谈判自然也无法进行。

与国民党接收旅大长时间未能提上日程相比较，中共在旅大地区的发展较为顺利，在不长的时间里就在旅大争得先机，建立了稳固的统治基础。

在国共对东北的争夺中，中共处在相对有利的地位。苏军进驻东北，苏联因此对东北问题具有至关重要的发言权，而中共因为与苏联的历史和现实关系及其长远利益、意识形态的一致性，可以较多地得到苏联的支持。正如时任东北局副书记陈云所说："苏联对满洲的政策基本上包括两个方面：一方面，把沈阳、长春、哈尔滨三大城市及长春铁路干线交给国民党；另一方面，援助我党在满洲力量的发展。""苏联这些政策的本质，是一贯的，不变的。"② 与苏联对国民党接收东北的消极态度相比较，苏联对中共的支持，无论其规模与程度如何，对中共在东北立足都是有利的。再者，中共当时非执政党，不似国民党需要顾及外交关系等诸多因素，处理东北问题的方式可以更为灵活。中共中央对争夺东北的重要性有充分的认识，并很快在党内达成共识，行动迅捷高效，在与国民党争夺东北的斗争中自始即占据着相当程度的优势，旅大争夺亦为其中一例。

当抗日战争刚刚胜利，中共尚未大规模进入东北时，中共胶东区党委即利用地利之便，派人到大连工作，并成立大连工委。长期在大连工作的前中共党员和工运领导人唐韵超等也组织了大连总工会及行业工会，会员人数很快发展到近 13 万人。③ 在苏军进入旅大之初，局势尚不十分

---

① 参见《苏联驻华大使致中国外交部长照会》，见张嘉璈档，Box. 26。

② 中共中央文献研究室编：《陈云文选（1926—1949 年）》，221 页，北京，人民出版社，1984；《辽沈决战》（上），2 页。

③ 参见中共大连市委党史资料征集办公室编印：《解放初期的大连》，21 页，大连，1985。唐韵超，又名唐宏经，金县人，早年参加工人运动，1926 年加入中共，1928 年在中共六大上当选为中央候补委员，后任中共满洲省委常委，并主持北满工作。1931 年因参加罗章龙的非组织活动被满洲省委开除出党。1945 年 11 月重新加入中共，后担任中共旅大地委常委。

明朗的情况下，他们主动担负起与国民党党团组织争夺旅大民众的任务。原东北抗联人员董崇彬、季喜林、刘玉泉等随苏军进入大连后，担任了大连市区沙河口、西岗、甘井子区警备副司令，对中共的发展给予了一定的支持。

1945年9月中旬，中共中央决策“向南防御，向北发展”，东北随后成为中共全力争夺的重点地区。9月18日，中共东北局书记彭真等到达沈阳，提出“我们先到了东北，蒋军还没有到。‘先到为君，后到为臣’。我们的任务是争取全东北”①。因为与旅大一水之隔的山东是向东北输送部队的重要基地，在山东部队渡海过程中，时有船只偏离航向，到达旅大沿海，因此需要与苏联在旅大的驻军协调关系，请他们给予方便。为此，10月上旬彭真派东北工委常务书记韩光到大连与苏军接洽，得到了苏军的理解与支持。苏方还主动问韩光：“你们要不要大连?”韩光说当然要。苏方说：“既然要，为什么还不派人来？你们再不来，将来国民党就会把你们脖子卡住!”“希望你们尽快派个市委书记来，把市委成立起来。市政府也要成立起来。”② 10月12日，韩光返回沈阳汇报情况，彭真立即指示尽快建立大连市党政警群领导架构，迅速开展工作。11月，中共大连市委成立；12月，东北局任命韩光为大连市市委书记。东北局指示：“旅大地区的战略地位是重要的，即使将来形势恶化，我们也要借《中苏友好同盟条约》，尽力把旅大控制在我们手里。一定要争这个天地，要把它作为支援解放战争的人力、物力、财力的基地，为全国的最后解放出大力。”③

与东北其他大城市不同的是，旅大被视为苏联在东北的核心利益之一，苏联自始就没有将旅大交还国民党的打算。因此，当苏联为顾及国际关系与条约义务，一度在东北各大城市对中共活动有所限制时，中共在旅大的活动却基本未受限制，苏联的唯一要求是，中共的活动不能影响苏联的外交与国际关系，并须在实际上顾及苏联的利益。中共充分利

---

① 《彭真文选》，103页。

② 韩光：《旅大八年》，见中共吉林省委党史研究室、吉林省东北抗日联军研究基金会编：《韩光党史工作文集》，302～303页，北京，中央文献出版社，1997。

③ 韩光：《关于旅大地区解放初期若干情况的说明》，见《韩光党史工作文集》，37页。

用了这一有利因素，通过种种合法与变通的方式，采取半隐蔽的方式工作，只做不说，对外不公开，也不见于报刊文字记载。韩光认为："这种半隐蔽工作方式，是我们自己经过反复思考，主动采取的策略，不是苏方不允我们'公开'。反之，他们是主张我党'公开'的，要我们市委公开挂出牌子的。"① 中共在旅大的工作，注重抓实权，打基础，从而迅速建立了自上而下的、高效的组织领导系统，确立了在旅大稳固的统治基础。

中共在旅大的工作，首先注重取得苏联的支持，以合法方式进行。在中共大连市委建立前后，东北局明确指示，与苏方关系只能搞好，不能搞坏；应充分利用对我有利的方面，放手开展工作，同时又要照顾苏联的外交影响，不授美蒋以柄；在对内政策上要和苏方充分协商，取得谅解；苏方不同意的事，如土改和斗争地主，我们可不办或缓办，或改为苏方可以接受的方式。总之，要注意大连的特殊情况，注意政策和策略。② 东北局副书记罗荣桓1946年2月下旬至5月上旬在大连休养期间，要求大连市委搞好同苏军的关系。他认为："大连是我最重要、最可靠的依托。只要我们善于利用合法形式，甚么工作都能展开。"③ 大连市委因此决定实行"以苏为主"的工作方针，与苏军当局在高层次保持密切联系，及时交涉协商，实行充分合作，顾全大局，求同存异，并要求各级干部学习研究中苏条约和苏联外交政策，利用各种渠道，密切与苏军的关系。为此，中共在大连实行了一系列与其他根据地不同的政策措施，如在土改中不斗地主；中共控制的企业采取民营方式，实行厂长经理负责制；充分发挥司法检察机关的作用，以法律办案；对外宣传以地方自治面貌出现；等等。这得到了苏方的理解与支持。在中共初入旅大时，中共高级干部刘亚楼正以王松的化名和少校身份，在旅大苏军总部负责民政与联络工作。④ 他熟悉中共与苏军双方的情况，对中共的要求是"有

---

① 韩光：《关于旅大地区解放初期若干情况的说明》，见《韩光党史工作文集》，35页。

② 参见韩光：《关于旅大地区解放初期若干情况的说明》，见《韩光党史工作文集》，35页。

③ 黄瑶主编：《罗荣桓年谱》，477页，北京，人民出版社，2002。

④ 刘亚楼为红军著名战将，1939年去苏联，入伏龙芝军事学院学习，1945年8月以红军少校身份随苏军进入东北。

求必应”。经他的努力，中共大连市委和苏军之间建立了联系、沟通的桥梁。他对中共大连市委负责人分析说，“苏联不会把当地政权轻易交给国民党”，因为“从对苏利益角度来说，苏方认为旅大掌握在我党手中会对他们更有利”，同时也需要中共在一些问题上，如政权人选、政策措施和对外宣传等方面，配合苏方，支持苏方。这样双方才可以建立良好的合作关系。① 通过沟通与协调，中共与苏军当局建立了基本良好的合作关系。苏方表示：“相信你们中国共产党会把事情办好的，无论你们怎样做，苏联都站在中国共产党方面。”②

1945 年 10 月 27 日，大连市治安维持会、职工总会、医师公会、佛教会、商会等各届代表在苏军安排下集会，选举产生大连市自治政府，并推治安维持会的迟子祥为市长。迟子祥旅居大连 40 余年，日据时期曾任大连伪商会会长，因为他在苏军进驻之初即出面拥护苏军，苏方对他比较欣赏，因此安排他任市长。中共本来不同意，但苏方告诉中共，“一个商人当市长并不妨害你们的工作，你们有了副市长，再派个秘书长和公安总局长，实权还是在你们手里”③。陈云也指示说：“如果用我们的人当市长，就会给美蒋以口实，攻击苏联破坏条约，将大连行政权交给了中国共产党，造成外交上的被动。苏方用当地商人做市长，例行公事，既不影响我们控制大连政权，又可堵住美蒋的嘴，我们何必计较这些。”④ 中共遂推出职工总会的陈云涛为副市长。⑤ 11 月 25 日，旅顺市政府成立，中共党员王世明任市长，上层社会人物陈民立任副市长。1946 年 1 月 30 日，成立大连市临时参议会，中共的唐韵超当选为议长，韩光当选为副议长。9 月 29 日，在大连、旅顺、金县等地方政权的基础上，成立

① 参见韩光：《功勋昭世忆亚楼》，载《人民日报》，1989-08-31。

② 韩光：《旅大八年》，见《韩光党史工作文集》，361～366、307 页。关于中共与苏联在旅大的矛盾关系，详见下节。

③ 同上书，302～303 页。

④ 韩光：《丹心昭日月　刚正炳千秋——纪念陈云同志逝世一周年》，载《人民日报》，1996-04-01。

⑤ 陈云涛 1926 年加入中共，在大连多年从事地下工作，后因参加抗日活动被日本占领当局发现而被迫离开大连，转至胶东根据地，是抗战胜利后最早一批进入大连活动的中共人员。(参见韩光：《有胆有识　迈千不死——怀念陈云涛同志》，载《大连日报》，1991-12-25)

了旅大行政联合办事处，由迟子祥任主任，中共的刘辛垣（刘顺元）任副主任。通过以上混合当政的方式，中共在苏联的支持下，基本上掌握了旅大地区的行政实权。

在取得苏联的理解和支持后，中共在大连注重抢形势，搭架子，发动群众，建立组织，掌握舆论，其中尤以控制公安机关最为重要。根据中共与苏军当局的默契，中共可以掌握旅大的公安系统。1945 年 11 月 7 日，大连警察总局成立，25 日改称大连公安总局，原中共山东滨海三分区司令员赵杰改名赵东斌，担任局长。公安总局实际受中共辽东军区领导，建制管理和训练与军队也完全一样，中共大连市委办公处对外即称公安总局训练处，市委书记韩光可以训练处主任的身份对外活动。通过这样的方式，中共控制了旅大地区的公安权力，从而实际上在旅大的行政管理系统中占有举足轻重的地位。1946 年 7 月 5 日，大连公安总局改称旅大公安总局，有警员 8 000 余人。①

大连公安总局成立后，除了负责一般性的治安工作外，特别注重打击国民党组织在旅大的活动。由于苏军的管制，国民党在旅大的活动自 1945 年 10 月以后陆续转入地下，他们主要从事发展组织、刺探情报、宣传鼓动等活动，并等待国民党的接收。在国民党地下组织的运作下，1945 年 11 月 12 日和 1946 年 5 月 6 日，旅大发生较大规模的学生反苏集会和游行示威。大连公安总局因此加强了对国民党地下组织的压制工作，在 1946 年 1 月破获了东北行营先遣军第四独立团、2 月破获了国民党旅顺市党部、7 月破获了三青团大连支团筹备处的活动。据统计，仅 1947 年，公安总局就破获国民党党团案 42 起，特务组织与地下武装 29 起，处理案犯 522 人，其中军统 279 人，党团 219 人。② 在中共掌管的公安机关的打击下，国民党组织在旅大几无立足之地，从而保证了中共对旅大的控制力，也使国民党对旅大的接收失去了有力的内应。

---

① 参见大连市公安局编印:《大连公安历史长编》，16～17 页，大连，1987；大连市公安局史志研究室编印:《大连公安史选编》第 2 辑，1～11 页，大连，1986。

② 参见《大连公安历史长编》，114 页。考虑到当时的形势，彭真曾指示大连市委，对一般国民党员不必逮捕，应一个不杀，但对于阴谋暴动与武装暗杀人员可以逮捕，并依法治罪；确系汉奸者以汉奸治罪，不要涉及国民党问题。

大连对中共的重要意义之一，在于其处于苏军管制下，不受国共战争的影响，是中共东北和华东根据地稳定的战略后方和后勤基地。中共利用大连的现代工业基础和交通运输的便利条件，在此建立兵器工业和各种轻重工业，生产、采办及转运大量军用民用物资。1947 年 7 月 1 日，由大连钢铁厂、化工厂、机械厂、铸造厂、锅炉厂、金属厂等合并成立建新公司，成为中共掌管的主要兵工企业。建新公司在内战期间共生产炮弹 50 万发、引信 80 万枚、无烟火药 450 余吨、迫击炮 1 200 余门及各种兵工生产设备，绝大多数供应华东战场。此外，中共在大连的企业从 1946 年到 1949 年上半年，每年生产被服 6 万套、棉军服 4 万套供军用；从 1947 年 2 月到 1948 年底，制作军鞋 236.5 万双供军用。大连也因此成为中共在东北的七大兵工生产基地中最大、最稳定、最可靠的一个。①

中共在旅大可谓占有苏军进驻之天时，隔海相邻之地利，同心协力之人和，加以决策正确，应对得宜，经过不长时间的经营，基本上确立了在旅大的领导地位。如韩光所言："实际上，旅大地区从一九四五年十月解放后不久，很快就成为苏军控制的、我党领导的一个解放区了。"②

二、国民党接收旅大受挫

国民党接收东北受挫，在其党内引起很大反响，不少人对此有强烈的批评。旅大接收问题虽在其中未居重要地位，但也引起了一些国民党高层官员的关注。在 1946 年 3 月举行的国民党六届二中全会上，有多位中央委员批评当局在处理旅大接收问题上的失策。王星舟认为，大连本为自由港，苏联说自由港不能登陆军队，国民党方面为什么不予以拒绝？张道藩提出，关于大连自由港问题以后怎么办，假定苏联没有满意的答复，是否就算了。张九如认为，中苏条约在旅大问题上没有对国民党方面有利的明文规定，显然为一大失算，责任是否应由外交当局负责。罗

① 参见《辽沈决战》（上），583～587 页。中共在东北的七大军工生产基地是：哈尔滨、北安、鹤岗、鸡西、牡丹江、珲春、大连。（参见《伍修权同志回忆录》，见《中共党史资料》，1982 年第 2 辑）

② 《辽沈决战》（上），581～582 页。

霞天认为，国军不能在大连登陆，国民党接收东北的目标不能达到，问题的发生是否因为东北行营没有尽到职责，或其他人员没有处置适当。①这些批评声音影响到国民党解决东北问题的决策，使其失去应有的弹性，并且增加了苏联对国民党的反感，对国民党接收旅大并非有利。

1946年5月23日，苏联驻华大使照会中国外交部，声明苏军已于5月3日自东北全部撤退完毕。与此同时，国民党军队经过与中共军队的激烈战斗，接收了东北铁路沿线的主要城市，进至松花江南岸。在此形势下，国民党开始重新考虑旅大接收问题，苏联也作出了将旅大行政权交还中国的姿态。

1946年11月，国民政府任命龚学遂为大连市市长。苏联驻华大使彼得洛夫亦约见蒋经国，希望中国必须明确表示对美态度，不愿中国凡事随美国行动，表示可将旅大问题提出讨论。② 12月2日，彼得洛夫向外交部次长甘乃光正式提出，苏联政府将严格履行中苏条约义务，在旅大建立中国行政权。就在此时，美英两国也通过外交途径表示了对大连港开放问题的关切。1947年1月，美国驻华公使与驻苏大使分别照会中苏两国外交部，提出中苏两国应"迅予考虑"履行中苏条约有关大连之条款，"以期将大连目前不正常之状态，早日予以终止"。英国驻华大使亦表示了相同态度。苏联外交部则答复美国称："苏联政府方面一向表示准备采取适当步骤，并经尽一切可能，以求各该协定得以确实履行。"③ 美英两国的介入，对苏联形成了一定的国际压力，对国民党接收旅大有一定的助力，但他们主要是希望通过开放大连港而获得经济利益，并不希望因此与苏联发生正面冲突，对国民党接收旅大的实质性帮助并不大。相反，美英两国的态度更使苏联担心国民党接收旅大将不利于其在东北的利益，从而在实际上阻挠国民党接收旅大。

---

① 参见《国民党六届二中全会第五次、第六次会议速记录》，党史馆，台北，档号6.2/6，6.2/6.10—12.1。

② 参见《张嘉璈日记》，1946年11月4日，见张嘉璈档，Box.18。

③ 《苏联驻华大使彼得洛夫面递外交部部长王世杰重申履行中苏条约义务之备忘录》，1947年3月7日，《美驻华大使馆公使巴德华致王世杰部长促请迅速恢复大连正常状态照会译文》，1947年1月6日，《苏联外交部覆美驻莫斯科大使馆关于大连等问题节略》，1947年2月27日，见《中华民国重要史料初编》第7编第1册，493、496页。

1947年初，旅大接收问题开始提上国民党的议事日程。蒋介石多次征询东北行辕主任熊式辉对旅大接收的意见①，熊对此并不乐观，认为关键在苏联的态度，如果力量不足，不如“暂时搁置为宜”。蒋亦同意其意见，认为“取之更多事”②。但国民党面临的内外压力，使其不能轻言放弃旅大，同时也寄希望于苏联可能的让步。1月27日，中国外交部照会苏联驻华大使称，“中国政府顷已派定接收人员，并令饬率同地方保安团队前往接收大连行政，俾早日恢复大连之正常状态”，请苏方对接收人员“惠予交通通讯及其他便利”，并希望对非法分子“迅予制压”。3月中旬，苏美英法四国外长会议将在莫斯科召开，为表示苏联尊重国际条约义务，避免美英等国的指责，7日，苏联驻华大使照会外交部部长王世杰，请中国政府从速在旅大建立行政机关。③ 蒋介石随即召集国民党高层有关人士讨论此事。熊式辉及东北方面的国民党将领主张在增加军队、稳定松花江南岸战线的前提下方可考虑。④ 但13日蒋介石与王世杰和张嘉璈商讨此事时，“决定于最短期内派军政人员经海陆两道前往旅大，办理接收事宜”⑤。蒋介石对旅大接收之考量，除了恢复东北主权之外，还与他对旅大军事地位之看重大有关系。此时国民党军队在东北已经占领了长春铁路沿线的大部分城市，大连和哈尔滨是所余不在国民党手中的两个主要城市。哈尔滨在松花江北岸，国民党在东北的军事实力有限，武力攻占较为困难；而大连是沟通中共东北和华东两大根据地的海上咽喉要点，“如果苏联同意国军开入，则可以断绝中共在山东与东北间的一条联络路线，所以大连一地，在战略上比哈尔滨更为重要”⑥。因此蒋介石认为，“旅大如不能收复，则胶东之匪甚难肃清，故决心收复旅大，此其时矣”⑦。

---

① 东北行营于1946年8月改称国民政府主席东北行辕。

② 《熊式辉日记》，1947年1月2日、16日、20日，2月7日。

③ 参见《外交部为我接收大连行政人员通过旅顺防区事致苏联驻华大使馆照会》，1947年1月27日，《苏联驻华大使彼得洛夫面递外交部部长王世杰重申履行中苏条约义务之备忘录》，1947年3月7日，见《中华民国重要史料初编》第7编第1册，494、497页。

④ 参见《熊式辉日记》，1947年3月8日、9日、10日。

⑤ 《张公权先生年谱初稿》，809页。

⑥ 李充生：《旅大今昔》，70页，南京，拔提书局，1947。

⑦ 《“总统”蒋公大事长编初稿》卷6（下），422～423页。

在3月间举行的国民党六届三中全会上，又有一些中央委员对旅大接收问题提出批评。黄宇人认为，对苏外交一再委曲求全，卑躬屈膝，应说的话不说，应交涉的不交涉；说是接收大连没有问题，既没有问题，何以不去接收？田崑山认为，大连接收有中苏条约为根据，苏联在许多方面已超出了条约所规定的权利，外交当局为什么不能有严正表示？谷正鼎认为，旅大不能接收，是外交造成的失败。① 他们的批评亦对蒋的决策形成一定的压力。在这样的大气候下，延搁了一年半之久的旅大接收问题进入紧锣密鼓的计划程序。

1947年3月23日，参谋总长陈诚主持国防部、外交部和内政部联席会议，研究旅大接收问题。会议判断：第一，苏方归还旅大之动机，似为避免国际责难，但其同时又唆使“奸匪”连续发动窜犯，故意增加困难，可知还旅大动机似非友善；第二，国民党军南进接收必有战斗，同时苏联再配合以外交上之滞碍，接收似难期顺利，斯时吉北“奸匪”若再越江进犯，有陷国民党军南北两面作战之可能；第三，国民党全盘“剿匪”部署，目前弱点似为津浦北段，因之接收旅大，似应与全盘军事形势配合。会议认为：接收旅大似应有极充分之准备与计划，接收时机，以在莫斯科外长会议期间行之为有利，但为军事上之顾虑，以松花江开冻后行之为更适宜，必须有充分作战之准备与胜算。25日，陈诚呈报蒋介石，判断苏联提出交还大连的举措，一方面系故作姿态，为三国外长会议前夕“迫于国际情势，无可如何之苦心，显而易见”；另一方面，“国军南下，势必肃清奸匪，而引起大战，战事扩大，是否苏军借口影响其旅顺港辖区防务，亦未可料，故大连之接收，尚非指顾间事也”②。

4月1日，参谋次长刘斐主持举行讨论旅大接收的第二次会议。出席会议的东北保安司令长官部参谋长赵家骧提出，利用外交交涉成果，迅速接收大连，行动日期应在外交上取得协议后一周内开始，同时希望得到苏军解除非法武装、保证国民党军安全之协议；如苏方不能履行此点，

① 参见《国民党六届三中全会第三次会议速记录》，党史馆，台北，6.2/36。

② 《有关接收旅大行政问题初步研究会议纪录》，1947年3月23日，《陈诚参谋总长上蒋主席呈送“苏联交还我大连之研判”文摘要》，1947年3月25日，见《中华民国重要史料初编》第7编第1册，468～471、497～498页。

则国民党军以武力接收，苏军撤退至指定区域；如未达成协议并经双方签字，国民党军即认为苏军无诚意交还中国领土主权，不能决定接收日期。海军代总司令桂永清认为，接收旅大未可乐观，北巡舰队以青岛为根据地，在辽东半岛无基地，补给困难。空军副总司令王叔铭认为，如陆军有充分力量，空军以不参加为妥，待外交交涉成功后再行实施。国防部二厅代厅长侯腾认为，依条约解释受限制，接收未可乐观；判断系苏外交上欺骗阴谋，有意借外交交涉往返需时，旷日持久，以延至外长会议后，再避而不谈。会议结论为：如以政治方式接收时，要求苏方解除“奸匪”武装，保证国民党行政人员之安全；如以军事方式接收时，要求苏方给予扫除“奸匪”之便利；但均以外交为先，军事则积极准备，何时实施，听候外交部通知。从这两次讨论旅大接收的会议情况看，国民党党政军各主管机关对旅大接收并不积极，一是因为有东北接收受挫的教训在先，他们对苏联的协助不敢抱太大希望；二是前此东北接收的经验已表明，没有军队随至的接收等于“虚饰”，而他们对苏联同意国民党军队开进旅大亦不敢寄希望；三是国民党在东北的军事力量有限，关内部队又因战事牵制无法外调，海空军甚至回避参与接收行动。旅大有苏军驻防，国民党军队客观上既无法强行打入，只能将责任推至外交当局。但外交部的意见是，有关事项须待苏方答复，接收时机以国民党军有力进入大连即为开始，实际又将皮球踢回给军事当局。①

在中共已经在旅大有了强固根基的情况下，国民党接收旅大的关键，在于能否派遣军队进驻旅大，如大连市市长龚学遂对记者说：“盖问题在共军，如仅派少数人前往，则不能接收，如派军协同前往，则势必与共军发生冲突。”② 而对于国民党军队能否进入旅大，如同国民党在东北接收之初所遭遇的情况相仿，苏联表示了坚决反对的态度。3 月 31 日，外交部通告苏联驻华使馆：“决定于最短期间，派遣行政人员与军警，前往旅顺海军根据地区域及大连，恢复中国行政权。”4 月 10 日，苏联大使回

---

① 参见《接收旅大第二次会议纪录》，1947 年 4 月 1 日，《外交部关于接收大连问题会议意见》，1947 年 4 月 1 日，见《中华民国重要史料初编》第 7 编第 1 册，472～479 页。

② 《大公报》(天津)，1947-02-02。

复称："苏联政府不反对派遣为实施民事行政所必需数量之中国警察往大连及旅顺海军根据地区域"，但"数量及其驻扎地点问题，必须预先征得苏军指挥当局同意"；但"苏联政府对于派遣中国军队前往旅顺海军根据地区域及大连不能同意"。当日，外交部部长王世杰在会见苏联大使彼得洛夫时，表示中苏条约并无明文禁止中国军队进入大连。苏联大使则坚称中苏条约并无中国军队可进驻大连之规定。16 日，外交部通知苏联大使，中国政府决定派遣东北行辕副参谋长董彦平和外交特派员张剑非前往旅大，视察地方情形；接收时拟派陆军二旅进驻大连，至于派往旅顺的军队警察数量及驻扎地点，可由中苏双方商讨决定。此后，中苏双方就派遣军队的问题进行了反复交涉，各自申述其立场，但始终不能达成一致意见。5 月 5 日，王世杰无奈地对苏联大使说："现在一方面，苏方请我们迅速接收旅大，恢复旅大之中国行政权，另方面，我们接收旅大，则旅大之中国行政机构不能获得保证。"①

有鉴于苏联为接收旅大设置障碍，大连市市长龚学遂曾向外界表示，不如将此问题提交联合国讨论解决。为此，蒋介石特意致电龚学遂，教训他"此等重要外交问题，不应由个人主张，况兄为大连市长，更不应发表有关大连外交问题之意见"。他还致电熊式辉，告以"龚学遂大言无识，招摇荒谬，不宜令长大连，希令即回京为要。大连市长重要，望兄遴选贤能，密保为盼"②。但无论如何，苏联的态度也使蒋介石对接收旅大的决策能否实行持有疑义。4 月 30 日，蒋介石自记："俄对我交还旅顺、大连之交涉，其意在对美国作态，今莫斯科会议已过，其将置之不理乎？抑将严宕不决，而仍虚与我委蛇乎？至其绝无诚意交还，则可断言也。"外长王世杰格于与苏联交涉之实际，主张"如能有充分警察入旅大，则我方不妨先予接收"③。4 月 19 日，董彦平曾经拟出派警察 5 000 名

① 外交部关于旅大接收问题的函电，1947 年 3 月至 5 月，见《中华民国重要史料初编》第 7 编第 1 册，499～519 页。

② 《蒋中正"总统"档案·筹笔（戡乱时期）》，第 16001、16002 号。龚学遂并未即被解职，直到 1948 年 7 月，国民政府才任命赵惜梦为新任大连市市长。

③ 《"总统"蒋公大事长编初稿》卷 6（下），442、445 页；《王世杰日记》，1947 年 5 月 11 日。

驻大连、3 000名驻金县、1 500名驻旅顺的方案，但问题在于，这样大数量的警察进入旅大苏方亦未必同意。5月12日，蒋介石只好决定先派员到旅大视察情况后再定接收与否。

当国民党正在紧锣密鼓地筹备接收旅大时，苏军当局与中共亦在筹谋对策，争取以各种方式打消国民党的接收计划，或缩小其可能的影响。4月3日至4日，旅大地区各界人民代表大会召开，决定成立关东行政公署，统管旅大地区行政事宜，以应付国民党的接收。迟子祥当选公署主席，中共的刘顺元和中间派人士乔传珏（曾任旅大工业专门学校校长）当选副主席。① 4月10日，中共旅大地委（1946年7月大连市委改组为旅大地委）召开干部会议，讨论对付国民党接收的对策。韩光在会上的报告中提出，“问题中心即是国民党接收旅大政权，特别是大连市政权问题”，但能否接收“决定于力量对比，双方讨价还价”，中共的对策是“以坏的出发，以服从苏联外交政策为主，但须积极争取好的可能”②。会议总结认为，国民党有可能带一部分警察进入大连，拖下去谈不成的可能性也不小，国民党军队进入大连则不可能；最坏的前途是，我交出警察权，警察完全退出，市长以下行政人员均让出。会议决定，以牢牢掌握警察权为核心，对付国民党的接收举措，同时改善工作方法，注重斗争策略，改变一些不适合的政策，“工作要收缩一下，主动的退一下”③。5月，东北局作出《关于大连工作的决定》，认为：“旅大政权蒋必接收，我之工作经认真清理并坚决转变，一切布置以服从苏方之外交为主，作长期打算。目前一方面估计最坏前途……另方面力争好的可能，在形式上消除一切中共化与八路化形迹，不给蒋方以任何反对现警察、政权之借口，取得苏方有力支持，争取国民党来后，现警察、政权、群众团体、报纸、工厂、商店等能继续合法存在，纠正财经等政策在具体执行中之过火行为，在财经及政权中应认真纠正某些偏差，并对中间阶级作明显

① 参见丁群：《刘顺元传》，180～181页，南京，江苏人民出版社，1999。

② 韩光：《目前大连形势与我党之对策》，1947年4月10日，见《中共大连革命历史档案文献汇编》，41～42页，藏大连市档案馆。

③ 《大连公安史选编》第2辑，60～61页；韩光：《旅大八年》，见《韩光党史工作文集》，315～317页。

之让步，以大力解决群众食粮及发展经济，极力争取与准备群众及中间阶级，缩小国民党社会基础。”①

苏联表示将旅大行政权交还中国，不过是为对外表示履行条约义务，应付国际责难，究其实际，并无真正将旅大行政权交还国民党之意，苏方拒绝国民党军队进入大连就是最明显的表征。在这个问题上，苏联的立场与中共是一致的。当国民党决定先派视察团到旅大视察后，5 月 17 日，苏军司令部通知中共旅大地委和关东公署，对视察团采取“拖延、孤立、留难、限制、监视”的办法，并要求在 27 日前完成货币改革，对苏军军用券加盖印章，以防视察团带来的红军票冲击市场。28 日，苏军当局向中共提出四项要求：1. 大量调动警察，整齐守职，维护秩序，社会必须安定；2. 视察团来后，不作任何群众性表示，在宣传上，一切反蒋反美反视察团的事件不准发生，社会生活保持正常；3. 由苏方担负对视察团的保护之责，绝对不准发生意外；4. 确定接待人员。29 日，中共旅大地委召开紧急会议，确定“内紧外松，不冷不热”的方针，要求：1. 整理市容，确保秩序，保证不发生类似张莘夫事件②；2. 压低粮食价格，改善民生；3. 不要刊登反美反蒋反视察团的宣传文章，不给他们任何不必要的刺激和借口；4. 必须在旅馆、港口、街头布置安全监控工作；5. 要在视察团经过的主要地方，事先做好控制准备工作。③ 为此，旅大公安总局组织了 173 人负责监视宾馆和车站，42 人负责监视政治危险分子。在视察团到旅大之前，苏军当局和中共协调一致，做好了各项应对的准备工作。

1947 年 6 月 3 日，由董彦平率领的国民政府视察团到达旅顺。但苏军自始就告诉他们，“不好随便出去，恐怕碰上地雷，要出去时有我方引路”，限制了他们行动的范围与自由。④ 对于视察团提出的视察单位，苏

---

① 《中共中央东北局重要档案汇编》。

② 张莘夫，地质采矿专家，抗战胜利后，任东北行营经济委员会工矿处副处长，负责接收东北工矿事业。1946 年 1 月，张莘夫一行前往抚顺办理接收煤矿事宜，在从抚顺回沈阳的途中，16 日在李石寨车站被身份不明的武装人员劫杀。

③ 参见《大连公安史选编》第 2 辑，67～68 页。

④ 参见上书，70 页。

方答复，可向各该机构直接查询，意图通过视察团的到访，造成国民政府对旅大地方行政机构的事实承认。视察团则力图回避与当地机关直接打交道，董彦平称，“直接洽谈，诸感不便，因恐易生枝节，影响工作进行”，提出由苏方派员陪同视察。苏方本已同意，但 7 日下午又提出，必须由董彦平拜访关东公署主席迟子祥后，才可以视察地方行政机构。视察团认为，该机构“未经本国政府承认”，“未取得合法地位，故在法律关系上不能答拜”。董彦平因此声明：“本团奉政府命令视察旅大金一般状况，系得苏联政府之谅解，以苏军当局为接洽之对手……所谓关东公署之意见，不在余考虑范围之内。”因为视察团的表态，对行政机构的视察无法进行。而在其他方面，视察团所到之处，均须出示公署介绍信，否则即不予接待，随带的红军票亦无法兑换，苏军通过这些方式，迫使视察团与公署打交道。最后，视察团不得不由团员出面，在红军俱乐部会见了公署人员。视察团在旅大的活动不过数日，每日晚出早归，“仓促毕事，收获甚少”，大部分视察计划落空，而且无法真正深入基层，了解情况。① 中共其后总结，此次对付国民党视察团“取得了很好的经验。主要是：指导方针正确，公开与秘密配合，严密监视，各方控制，情报及时，指挥有力，给国民党视察团迎头痛击，打破了他们接收旅大的计划，我们赢得了完全的胜利”②。

6 月 12 日，国民政府视察团在几无所获的情况下离开旅大。对于旅大接收的前景，董彦平总结认为：“（1）苏在该区之暴力统治，殆已形成，纵使我在接收行政权后，彼仍能实际统治。（2）接收大连时，苏可能运用傀儡，使我无法建立名实相符之政权。（3）苏可能利用条约内‘主要行政人员之任免须顾及苏联之利益’之规定，即令我接收大连亦名存实亡。（4）接收旅大后，并不能制止苏方接济山东共匪，且将引起沈大线之中苏共同管理问题，对我军事上加多顾虑。”③ 董彦平的总结对国

---

① 参见《旅大视察团董彦平张剑非视察报告》，1947 年 6 月 17 日，见《中华民国重要史料初编》第 7 编第 1 册，521～539 页。

② 《大连公安历史长编》，88 页。

③ 《董彦平团长上蒋主席报告苏军利用匪伪组织阻挠我在旅顺大连建立行政权电节略》，1947 年 6 月 12 日，见《中华民国重要史料初编》第 7 编第 1 册，520～521 页。

民党能如期顺利接收旅大抱持怀疑态度。

因为旅大视察团实地观察的结果，国民党已知接收旅大将为事实上之不可能，故只能在外交上予以适当表示，以维护其对外形象。6月25日，外交部部长王世杰照会苏联驻华代办费德林，认为视察团“遇诸种障碍，未能获得苏方所预允给予之协助，其视察任务，遂未能完成”，“不能不引为深憾”。同日，外交部发表公报，回顾接收旅大的交涉经过，表示“旅大行政至今未能由中国政府接收，一由于苏联政府一再拒绝中国政府军队入驻旅大，二由于自苏方拒绝中国政府军队由大连登陆以后，中国共产党在旅大附近成立甚大之武力，以阻挠中国政府之接收”。7月11日，苏联塔斯社发表声明，认为国民党方声明“不符事实”，“实为居心支援目前中国反苏运动之一表现”。为了表示对接收旅大受挫之抗议，8月22日，国民政府声明暂时停止开放大连港（1946年3月声明开放大连港），对旅大实施全面封锁。28日，塔斯社发表声明，表示根据中苏条约，大连归旅顺海军基地管辖，苏联船只仍有进入大连港之权利。9月24日，陈诚致电王世杰，认为苏联意图“不外迫我承认共匪在旅大区之行政权，同时拒我军队之驻入，使我接收空有其名，而一切主权仍操苏联手中”，请其“继续交涉”。但王世杰亦知，没有实力为后盾的外交交涉无甚作用，只是循例由外交部于11月20日再次照会费德林，表示“中国政府对于恢复旅大中国行政权事，极望早日获得解决”，希望苏联“对于中国政府所提关于派遣军警进驻旅顺海军根据地及大连之要求予以谅解，并迅予同意”。12月22日，费德林回复称，苏联政府保持其立场，对于中国要求“不能予以同意”①。此后，中苏双方未就旅大接收问题再有交涉，国民党也未就旅大接收问题再有讨论。随着国民党在东北面临的军事形势江河日下，接收旅大已不具备任何现实的可能性，因此在抗战胜利后，旅大就成为国民党在东北从未建立过任何形式的行政权力的唯一一个大城市。

---

① 《外交部对旅大接收问题发表公报》，1947年6月25日，《外交部就旅大中国行政权之恢复一事再致苏联驻华大使馆代办费德林照会》，1947年11月20日，《苏联驻华大使馆代办费德林致外交部部长王世杰关于旅大问题之照会译文》，1947年12月22日，见《中华民国重要史料初编》第7编第1册，541～548、552～555页；《大公报》（天津），1947年8月23日、31日。

国民党接收旅大之失败与中共争夺旅大之成功，有其较为特殊的方面。因为旅大始终处于苏军的直接管制之下，又是苏联在东北需要保持的核心利益之一，因此苏联在旅大较少顾及国民党和美国等其他方面的态度，而直接支持中共建立权力基础，以保证其可以长期控制旅大，毕竟中共与苏联具有基本一致的意识形态和利益关系。中共则成功地把握了苏联的态度，以协调对苏关系为主要方面，以掌握警察权为中心，迅速确立了在旅大的统治基础。苏联与中共之间的利益一致与协调关系，使国民党难以达成接收旅大的任务。

三、中共与苏联在旅大的矛盾关系

东北是战后国共争夺的重要地区。相较于其他地区而言，由于苏联因素的介入，东北的国共争夺明显受到外部因素的影响，呈现出复杂多变的面貌。旅大虽非战后国共在东北争夺的重点，但因其为苏军直接占领，苏联因素在战后旅大的影响更大，甚而可以说是决定战后旅大诸问题的关键性因素。

在战后国共苏三方的博弈关系中，中共与苏联在旅大地区有过成功的合作，双方合作最突出与最成功的结果，是打消了国民党对旅大的接收企图，使得旅大（尤其是大连）成为苏军占领下而由中共实际控制的解放区。

如前所述，对于旅大在苏军占领下的特殊地位以及采取与此相适应的政策策略，中共东北局的领导层自始即有体认，指示旅大的中共党组织着重考虑与苏方搞好关系，以形成对中共有利的局面，从而便于工作。为此，旅大中共党组织贯彻“以苏为主”的工作方针，制定并实行了一系列适应当地特点和对苏关系的政策措施，工作进展较为顺利。但是，中共与苏联军事当局在旅大的关系并非自始至终且在所有方面都和谐无间、一帆风顺，其间也不断有矛盾冲突，并且一度发展到颇为激烈的程度。

苏军占领旅大后，一度军纪松弛，纪律较差，“闹得很不像样子”，影响甚坏，使民众对苏军的好感大受影响。① 苏军还将旅大日本工厂的

---

① 参见唐韵超：《日本投降后苏军在大连的情况》，见《苏联红军在旅大》，85页。

机器设备大量拆运回国，“确实伤害了我们的民族感情”①。不少中共干部对此颇有意见，不断向苏方反映，也引起了苏方的重视，予以整顿，使情况有所改变。因为这些情况主要发生在苏军进入旅大初期，持续时间有限，故未成为影响中共与苏军当局关系的根本因素。

苏联对旅大的军事占领和管制，虽有条约依据，但也需要考虑到国际关系、外交政策、现实利害等种种因素，与中共从国共斗争出发、以争取政权为依归的政策方针毕竟有所差异，从而导致其与中共在若干方面发生矛盾冲突。例如，苏军当局在政治方面对于旅大市政各项重要问题有决定权，要求旅大各级行政机构以民选和自治面目出现，安排了不少非中共人士担任部门正职；在经济方面，不允进行土改及召开斗争地主大会，不允随意动用物资支持其他中共根据地；在意识形态方面，严格控制宣传，对于中共媒体的反蒋反美宣传态度较为谨慎。对于苏军的这些政策和做法，中共方面不少长期习惯于在农村根据地独立开展工作、有自己的工作套路、缺乏“正规”和“对外”意识的领导干部甚为不解，颇有怨言。尤其是苏军当局内在的大国沙文主义意识和外在的强势专断做法，重要决策缺乏必要的解释，一味要求中共无条件服从和执行，使中共不少干部更为不满，他们对苏军的做法“很不理解，加之日常的强迫命令和简单粗暴的工作作风，实在令人难忍。于是在干部中普遍生出了不满情绪，甚至反苏情绪”②。由于旅大的形势初始尚不稳定，中共与苏军需要共同对付国民党的接收图谋，双方矛盾表现尚不突出，及至1947年中，国民党的接收计划基本被打消，旅大形势渐趋稳定，中共与苏军当局的矛盾逐渐凸显，一时形成双方的紧张关系。如中共所言，党内“大部同志未能充分认识旅大地区的形势与特点，所以，在许多工作部门中，在许多干部党员中，在对苏关系问题上，存在模糊的认识和误解，甚至有不满情绪。于是在具体工作中，我们与联共同志的关系是不够正常的，不够协调的，互相间不够信任的”③。

---

① 柳运光：《我所了解的苏军》，见《苏联红军在旅大》，82页。

② 《苏军驻防金县的情况》，见《苏联红军在大连》，213～214页。

③ 《中共旅大区党委关于三年来中苏关系的总结报告》，见《苏联红军在旅大》，307页。

中共旅大地委第二书记、旅大行政公署副主任刘顺元，因为在日常工作中与苏方有较多接触，对苏方的自大傲慢态度和一些政策方针表示了异议。例如，刘主张援助东北和山东中共根据地是旅大的主要任务，而苏方主张首先应保证旅大的经济发展；刘主张没收地主财产，进行经济清算，苏方不同意；对于旅大的中苏合办企业（造船、石油、电业、盐业公司），刘认为不利于中方；对于苏军实行军用票盖印，刘认为是剥夺百姓；刘反对公署任用过多的商人及资产阶级，苏方则强调公署是资本主义民主分子与共产党合作。① 刘顺元后来回忆说，对苏军当局的"作风和气势很看不惯"，因为"当时大小部门都有一个苏军代表，大小事情都要他们同意才能办。一切都是命令式的，他们让干什么就干什么，不能也不准有不同意见，否则就挨训斥"。"这种作法我就看不惯，经常提意见。久了关系就不好处，别扭。"② 刘顺元对苏方的不满不时流露，使苏方大为恼火。9 月 17 日，苏军驻大连警备司令巴申约见正在大连的东北民主联军政治部秘书长杜平，明确提出"很重要、很原则的问题，几个月来你们党委领导有错误，这个错误是与苏军关系不好"，主要是刘顺元"不执行不贯彻这个方针。刘不明白，这里是苏军监督，他认为不要监督，认为这里同解放区一样，由中共来领导，不同意苏军政策"，"因此，要求撤退他。这是我们总司令、副司令（指莫斯科）的意见，请你尽快把问题报告，要求很快解决"③。

中共旅大地委常委、旅大市参议会议长唐韵超（唐宏经）是旅大出身的老资格工运领袖，他亦不满苏军当局的自大态度。1947 年春，唐在欢迎苏军领导人到旅大视察的大会上讲话时，希望苏营企业负责人说话要算数，别说了不算，影响很坏，引来苏军的强烈不满。④ 在巴申与杜平谈话中，苏方指责唐在处理工人问题时，有意使中国工厂的工人待遇高于苏军工厂的工人，从而造成工人对苏联的不满；而且说他不教育

① 参见《巴申与杜平谈话纪要》，见《苏联红军在旅大》，278～280 页。

② 刘顺元：《中共大连党组织与驻连苏军关系》，见《苏联红军在旅大》，77 页。

③ 《巴申与杜平谈话纪要》，见《苏联红军在旅大》，278～280 页。

④ 参见唐韵超：《日本投降后苏军在大连的情况》，见《苏联红军在旅大》，88 页。

工人，工会报纸也不写苏军解放东北。①

中共与苏军当局在旅大的矛盾关系亦反映到党内。旅大地委书记韩光等更多地体认到旅大地位的特殊性，比较重视对苏协调，希望在苏军当局支持下做好旅大的工作；刘顺元等更多地从他们以往的工作经验出发，比较重视中共的独立性及其工作开拓，对苏军当局的做法有较多批评意见。然究其实，分歧双方对建设旅大为中共巩固根据地并大力发挥其作用的大目标并无二致，只是在具体作法上或意见有别，本可理解，但因为苏军当局的强势介入，从而或多或少加剧了中共内部的意见分歧。

对于旅大中共组织与苏军当局的矛盾及旅大中共党内的意见分歧，其上级中共东北局和南满分局已有所知。1947 年 6 月，中共旅大地委召开扩大会议，南满分局副书记萧华参加会议，他在发言中提出："旅大目前最基本的情况特点，就是中苏条约，苏联驻军三十年。这一基本特点便影响了其他的一切，我旅大党的一切方针、政策、工作，都必须明确的认识照顾把握这一基本情况，才不会犯错误。我们一切工作都必须照顾和不妨碍苏联的外交政策，对苏联外交政策有利，苏联认可的我们就做，不利的我们就不做。"他告诫说，旅大"相当多的干部一年了，对这个问题缺乏明确的认识"。"我们有长期武装斗争的经验，有较丰富的农村工作知识，而我们还缺乏大城市工作的经验，更没有像旅大这样特殊情况地区的经验。在这里任何的自满自足、闭塞头脑经验的教条都是行不通的，有些同志凭自己的经验出发，而不从实际出发，这是错误的。"②8 月，南满分局书记陈云、副书记萧华、委员江华等讨论了旅大党内的意见分歧。据韩光的传达："陈云同志指示说：自己对旅大的情况了解不多。……还不可能提出什么意见。但我发现一个问题，即在领导干部中，对全国形势及旅大形势还认识模糊，认识不一致，因之在工作中发生分歧。我认为应该在党内展开争论。这样才能团结在正确的方针之下。这叫做从思想上解决问题，思想打通。"③

---

① 参见《巴申与杜平谈话纪要》，见《苏联红军在旅大》，278～280 页。

② 萧华：《对于旅大工作的意见》，1947 年 6 月 8 日，见《中共大连革命历史档案文献汇编》，47～48 页。

③ 《中共旅大地委执委会议记录》，1947 年 8 月 27 日，见丁群：《刘顺元传》，201 页。

根据南满分局的意见以及旅大的形势发展，1947年9月25日至10月10日，中共旅大地委召开执委会议，着重讨论旅大形势和中共的任务以及如何看待并解决与苏军的矛盾关系。苏军当局也派代表旁听了这次会议。在会议讨论中，韩光认为："中共党应该为巩固苏军的根据地服务，根据苏军根据地来建设，而不是在这里建设我们那一套解放区。过去因为不明确，使工作中造成错误"；"旅大既然是苏军的根据地，苏军当然在很多问题上要管。不仅对外要管，对内也要管。有些干部认为苏军压制群众，是不对的。过去有压的地方，但主要应该检讨我们的做法不合适"。刘顺元认为："在对苏关系上，我认为我们应该自我检讨。但是单方面的检讨，是不能完全解决实际问题的。要两好才能归于一好。除我们检讨之外，苏联方面有许多做法必须改正。因为实际问题总须解决。"唐韵超认为："在对苏关系问题上，单是我们检讨不够，苏联当局也应作必要的检讨"；"许多事情积累起来，是下层部分群众对苏不满的原因。这些情绪是自发的，我们绝无引导启发，而总是苦口婆心地解释"。中共旅大地委常委、公安总局局长边章五认为："关系不好，对苏方某些人员不满是事实。这也不足为奇"；"苏方某些同志在工作作风与方式方法方面也应检讨"。①旅大中共组织内部的对苏意见分歧，其因在于对旅大地位的认定和对苏方态度的感受，非一时所可完全统一，但会议为此进行的讨论，基本上是自由而不受限制的，尤其是在苏军当局派人参加会议旁听的情况下，这样的自由讨论更具意义，可以使苏军当局体认到中共内部的不同意见，从而适当调整他们对旅大中共组织的政策与态度。

此次会议着重审视了中共与旅大苏军当局的关系。韩光在总结报告中提出，关东的基本特点是苏联海军根据地，"一切其他特点都应服从这一基本特点"；"党的任务，是按照苏海军根据地的要求进行工作，而不是建设解放区式的解放区"。为此他提出几点意见："1. 这里的社会生活，要求更有秩序，更需国际都市化；2. 这里的作法，在形式上完全不同于解放区；3. 在社会政策上，要更缓和些，土地改革，暂时不进行；

---

① 参见《中共旅大地委执委会议记录》，1947年9月25日—10月10日，见丁群：《刘顺元传》，203～206页。

4. 要重视政权，充分使用政权。”韩光总结说：关东党的基本任务是建设与巩固苏军关东海军军事根据地，并在服从这一条件下，建设与巩固我们党的隐蔽后方。为此，全党要大力发展与组织基本群众，团结各阶层巩固与扩大民主联合阵线，为实现广大人民政治经济利益而奋斗。① 与此相契合，会议确定中共在旅大的工作总方针为：发展生产，安定民生，巩固旅大战略要地，建设我党隐蔽后方。② 会议的结论倾向于加强对苏协调，但是并未完全解决中共党内的意见分歧以及与苏军当局的矛盾关系，“有些同志对地委的工作仍有不同的看法”，如批评地委没有认识到发展生产、支援前线与巩固旅大战略要地这三者的统一性，没有把支援前线放在应有的位置；过分强调了本地区特点；缺乏明确的阶级路线及群众观点；地委领导民主作风不够，对某些老干部没有很好地吸收他们的经验；等等。③

10 月会议召开前，苏军当局已经在 9 月中旬明确提出要求刘顺元和唐韵超撤离旅大工作岗位的意见。10 月 30 日，旅大地委举行常委会，专门讨论苏方的意见，实际是讨论如何执行的问题。刘顺元在会上表示了自己的态度和困惑：“在许多具体问题上，我们的认识不一定错”；“我这个人是敢于碰硬的。你捏住人家的鼻子叫人家捧你，我不干，而且今后还不想干”。作为地委的一把手和工作同僚，地委书记韩光强调刘、唐撤离旅大是莫斯科批准的决定，苏方“实质是对我党的工作有意见”。他不无伤感地表示：“我思前想后，咬紧牙关，只得让刘、唐两个人下水了。”同时，他也称赞刘顺元的工作“有不少建树，也有许多地方值得我们学习。如今他走了，对我们工作自是很大的损失”④。事实上，刘、唐撤离旅大领导岗位是苏军当局压力的结果，在当时情况下有不得不为之处，而且显然得到了中共更高层级领导的批准，非旅大党组织自行所可决定。

此次旅大地委常委会议认为，苏方要求刘、唐撤离“是正式的建议，而且经过远方的批准。他们这一建议的提出，并非偶然的，而是长期的积累”；“为了搞好今后工作，搞好和某方关系（这是头等重要的事情），

---

① 参见韩光：《关东目前形势与党的任务》，见《苏联红军在旅大》，284～286 页。

② 参见《苏军进驻旅大十年大事记》，见《苏联红军在旅大》，366 页。

③ 参见韩光：《旅大八年》，见《韩光党史工作文集》，374 页。

④ 《中共旅大地委常委会议记录》，1947 年 10 月 30 日，见丁群：《刘顺元传》，208 页。

地委决定接受其建议”；但“在群众中不公开宣布，因此地情况不同，以免引起误会与特务造谣。但在干部中应将这一问题讲通，进行讨论，引为经验教训”。会议总结了中共进入旅大后与苏军当局的关系，认为“二年来地委对关东地区客观情况（主要是此地是苏军军事根据地）长期认识不够，方针、政策长期不明确，尤其是某方认为我们对于关东经济，长期缺乏建设思想与方针，不能很好掌握与运用关东公署这一工具，有违他们成立关东公署的意图。……虽然他们历次向我们提出，但我们缺乏虚心研究与坚决执行精神，他们让之再让，终不得不出此举，这是一个严重的教训”。会议总结：“大家一致认为必须和某方取得一致，搞好关系，同心协力搞好工作。”① 会议结束后，刘顺元、唐韵超调离旅大，曾对苏军当局表示异议的边章五亦离职休息，此即为旅大中共党史上的刘、唐撤离事件。②

刘、唐撤退缓和了中共与旅大苏军当局的矛盾，但中共党内对苏军当局的种种做法实际上仍有不同看法，意见分歧仍然存在，旅大地委的工作因此备感压力。

1948 年 3 月 15 日，中共旅大地委致函驻旅顺的苏联远东军区司令别洛博罗多夫，通报了 1947 年 10 月会议的情况，在 10 月会议召开半年之后才向苏方通报有关情况，此举本身即颇有意味。通报表示，10 月会议“在对苏关系问题上，着重地进行了自我检讨，以得与联共同志更密切的合作，肩负起共同的任务”。同时提出，“如何使联共党与中共党在完成共同任务和共同建设计划中取得更好的配合，在进行工作过程中，一方面高度地建立苏军在关东自力人民中的威信，同时也要建立与提高中共党人（以个人身份方面活动的）与关东公署（各种政策的具体执行者）在人民中的威信，使苏我双方力量更高度的集中发挥，已成为当前共同

---

① 《关于刘顺元、唐韵超两同志撤退问题的报告》，见《苏联红军在旅大》，281～283 页。

② 刘顺元离开旅大后，调任中共华东局宣传部部长、济南特别市委书记。因为斯大林的直接干预，1949 年 10 月和 1950 年 1 月又被迫写出检讨书，检讨其“在处理与苏联同志的关系上，犯了头等的政治错误”，但亦辩解“对于我的‘左’的情绪的说法，基本上是不合乎事实的”。其后，刘被降职使用，调任华东局财政经济委员会规划局副局长。斯大林逝世后，自 1954 年起先后出任中共江苏省委副书记、书记、代理第一书记。（参见丁群：《刘顺元传》，234、238 页）唐韵超离开旅大后，调哈尔滨任东北行政委员会劳动部部长。

工作中的一个主要课题”。

通报列举了影响中共与苏方关系的若干因素，其中在经济上，苏方屡屡不经中方同意即作出重要决策，控制经济安排，影响到经济计划和发展。在工作关系上，苏军当局“事无大小，不分党内外，上级下级，整体部门，都要过问，有时要直接出面干涉、命令”。甚而连三八节放假的安排，事前已得苏军当局同意且在报端公布，嗣后苏军当局却强令取消，影响中共在群众中的威信。在工作方式上，苏方“纠正某些缺点偏差，常常是操之过急，不能适当的照顾到当时的工作情况和干部情况，不按照正当的组织手续提出意见和批评以求改正，往往直接出面干涉，制止工作……同时在态度上也常指手划脚威胁斥骂，使下层干部很难容忍”。在工作作风上，苏方“存有形式主义的缺点”，搜集材料事先不通知，期限紧迫，迫使干部应付。

通报还提出对于今后改进关系的意见，建议定期召开双方联席会议，交换意见，研究政策的执行和问题；苏军当局在决定重大政策时事先必须通过中共地委和公署；在日常工作关系上，希望苏军当局改进作风和态度，双方互相尊重，民主合作，遇事共同商量，过去某些苏联同志对中国同志的责骂威逼行为必须纠正，混乱草率现象必须克服；希望苏军当局今后在原则政策上多注意，改进分散、零散、事无巨细遇事直接干涉的做法。①

在提交通报的同时，1948 年 3 月 15 日和 16 日，中共旅大地委书记韩光就通报中提出的问题，与苏军大连警备司令巴申进行了长时间坦率的谈话，着重解释了中共对于改进双方关系的意见。作为常与中共人员打交道的一线干部，巴申体认到中共对苏方过去作为的抱怨与不满，故其在谈话中向中共示以善意，强调双方应不分彼此，表示“过去双方关系不够密切，尤其是苏联同志未经常主动的找中国同志、找地委许多同志交换意见，讨论工作……这是不对的，我们应该实行自我批评，同时更多的听取地委同志对我们的批评，向我们提意见，我们保证诚恳的接受”。他同意中共的建议，提出以后每月召开双方联席会议，反映意见，

① 参见《关于联共与中共同志在完成巩固关东苏联海军军事根据地共同任务中的工作关系问题的几点意见》，见《苏联红军在旅大》，292～299 页。

讨论工作，及时解决问题，苏方以后一定改变工作方法。不过，他仍然保留了作为占领者的苏式自大和傲慢，指责地委在10月会议以前政策上出了不少偏差，10月会议以后还有一些同志转变不深刻，今后希望继续加强学习教育，将10月会议精神贯彻到各部门中去。①

中共方面向旅大苏军提交的意见通报和双方负责人的谈话，充分表明了中共与苏军当局在旅大既有合作又有分歧的矛盾关系，虽然双方关系已经经过了较长时间的磨合，而且中共方面已经作了主动或被动的让步，但至少到1948年的上半年，这种矛盾关系仍然存在。由于中共处在相对弱势及有求于苏方的地位，而中共党内又因长期的独立自主教育和工作实际，中共方面在处理这种矛盾关系时面临着较苏方更大的压力。就此次通报反映的情况亦可知，即便是中共党内存有意见分歧，但分歧双方对苏方其实都有不满，只是一方更多表现于外在态度，而另一方则更多收敛于内在感受。

中共旅大党组织在处理与苏军当局关系时产生的意见分歧及其处境，当然不会不为其上级——东北局及南满分局所知晓及关注。考虑到当时中共在东北需要苏联支持的客观因素，东北局尽力做旅大党组织的工作，希望党内达成共识。1947年12月6日，南满分局组织部部长江华致函韩光说："你处若干同志怀疑友方领导，我想有下列原因：（一）没有远见，不从东方与中国革命基本来看；（二）自己历史的工作狭隘性与狭隘的民族观点；（三）对政治斗争尤其对国际政治斗争简直是文盲，就是说无经验。由于20年的斗争经验，我们只会武斗不会文斗，这点必须警惕，应虚心地向人家学习，学习，再学习！""对某些干部必须在思想上搞通，肯定人家是帮助中国革命的，对东方对中国革命是有好处的，绝不会妨碍的。如能打通思想后，才会一致的在总的方针下积极工作不埋怨。"②

为了统一认识，解决党内意见分歧，1948年6月，旅大地委召开干部扩大会议，讨论有关问题。会上"各抒己见，气氛热烈，可以说做到

---

① 参见《韩光、袁牧化与巴申同志、安特罗波夫同志谈话记录摘要》，见《苏联红军在旅大》，300～306页。

② 《江华给韩光的信》，见《苏联红军在旅大》，287页。

了知无不言，言无不尽”。“有不少同志怀疑‘以苏为主’的提法。有的同志提出，‘以苏为主’就是‘以我为奴’的错误观点。有的同志将地委领导接受联共同志的意见，遇事同联共商量请示，看作和苏方‘一鼻孔出气’。有的同志提出，在与苏关系上应‘有团结、有斗争’，把我们与联共的关系看成是我党在统一战线中与其他阶级的关系。”① 时在大连视察工作的东北局委员、东北军区参谋长伍修权，了解到地委领导“受到一些同志的反对”，出面向双方做工作。他认为，“当时旅大是苏军管制的，你和他们对抗，另搞一套行吗？我看这些意见都根据不足”。他强调旅大的特点是苏军军管，批评一些人怀疑“以苏为主”的观点。② 但是，他的讲话不仅未能平息争议，反又引起异议，“以后总有人说我有偏向”③。6 月 16 日，会议通过《关于若干问题的总结》，认为 1947 年 10 月会议的总方针是正确的，地委内部虽然有不同认识和不同意见，但不存在所谓两条路线和两条路线的斗争，党内也不存在所谓宗派纠纷和打击；至于个别领导同志的调走，是 10 月会议前的事，与会议毫无关系。虽然此次会议肯定了 10 月会议的总方针，但会后又有一些老干部“直接向东北局反映了他们对地委的批评意见”，旅大中共党内的意见分歧仍然不能平息，由此可知，旅大地委在处理与苏军当局的关系时牵涉到多方面的问题，确实颇为不易。④

旅大中共党内的意见分歧长期不得解决，“党内思想混乱”⑤，毕竟影响其工作开展，使东北局不能不予以重视。7 月 12 日，东北局决定改组旅大地委，任命冀察热辽分局秘书长欧阳钦为地委书记，韩光改任第一

---

① 《中共旅大区党委关于三年来中苏关系的总结报告》，见《苏联红军在旅大》，309～310 页。

② 参见《苏军进驻旅大十年大事记》，见《苏联红军在旅大》，367 页。

③ 《伍修权同志回忆录》，见《中共党史资料》第 2 辑，224 页。

④ 参见韩光：《旅大八年》，见《韩光党史工作文集》，374～376 页。韩光在其回忆录中认为：“一些在大连休养和过路暂住的老同志，由于他们对当地全局情况了解不多，对地委在这一特殊环境里采取的某些政策和做法易生误解；而我向这些同志又通气不够，未注意多征求和吸取他们的意见，向他们介绍党的政策在这里实施的具体情况，这就难免产生分歧意见和形成争议。六月会议上的批评意见，大都是由上述情况引起的。”（同上书，379 页）

⑤ 《洛甫同志在旅大干部会议上的报告》，1949 年 1 月 7 日，见《中共大连革命历史档案文献汇编》，102 页。

副书记。与此同时，东北局组织部在北满召开旅大干部会议，讨论并解决旅大问题。东北局委员兼组织部部长张闻天在讲话中认为，过去旅大的工作方针“基本上是对的。十月会议前有缺点、错误，十月会议后也有缺点、错误。六月会议对十月会议中的一些缺点错误作了批评。六月会议总结，东北局认为基本上是对的”。关于一些争论的问题，张闻天认为，“以苏为主是对的。苏在旅大实行的方针与我在那里所执行的基本上是一致的，但在工作方式上应有所不同。旅大虽有特殊，但与解放区的共同性上是一致的——即新民主主义。但与解放区形式上有所不同。在斗争方式与工作方法上应区别于解放区，不照顾到这一点，我们就要犯错误。十月会议前，我与苏关系不好，因我们把解放区那一套政策搬过去了，这是主要的。许多同志对此点不了解，甚至盲目的反苏情绪是不对的”。张闻天强调：“旅大实质上是新民主主义，基本上是共产党的领导（苏共、中共），至于某个时期采取什么政策，是根据形势的需要。”①

由东北局出面，自上而下改组地委，认可“以苏为主”的方针，基本终结了旅大中共党内的意见分歧。7 月 30 日，欧阳钦在旅大地委会议传达东北局常委会议《关于旅大任务的工作指示》，明确提出，旅大是苏军控制下的解放区，与一般解放区有共同性，也有特殊性，因此，旅大的一切大政方针要由苏联决定。8 月 7 日，旅大地委发出《纪念八一五、八二二、九三的通知》，要求在党内进行国际主义教育，批判狭隘民族主义观点，在党外进行拥苏宣传，加强中苏友好。9 月 4 日，欧阳钦在旅大干部大会作《关于国际主义问题的报告》，提出旅大是苏军控制下的共产党当权的地区，过去不能正确处理好中苏关系的主要原因是党内马列主义理论水平不高，存在一些资产阶级民族主义思想。10 月 20 日，旅大地委作出《关于组织领导上的几个问题的决定》，指出党在大连的政策必须与苏军当局的政策完全一致，在各项具体工作上互相配合，互相支援。②这些讲话和决定密集出台，高度强调“以苏为主”，旅大中共党内的认识

---

① 《洛甫（张闻天）在东北局组织部召开的旅大干部会议上的讲话》，见《苏联红军在旅大》，288～290 页。

② 参见《苏军进驻旅大十年大事记》，见《苏联红军在旅大》，367～368 页。

也因此而形成自上而下的统一。

自1948年中旅大地委改组之后，“是中苏关系迅速改善，走入正常发展的阶段”。此后，旅大中共和苏军当局“未曾在任何原则问题上发生过意见分歧”①。随着国共内战进程的演进，1949年初，国民党的失败，共产党的胜利，已成为无可置疑的事实。与中国全盘局势的变化相适应，苏军当局在旅大的管制权也逐渐收缩。4月1日，旅大的中共党组织对外公开；27日，旅大地区第二届人民代表大会召开，决定将关东行政公署改为旅大行政公署，选举韩光为主席。旅大有别于中共其他管治地区的“特殊性”在不断减少，而其在中共领导下的“一般性”在不断增加。8月18日，旅大区党委书记欧阳钦给东北局书记高岗去函，提出旅大本质上与东北其他解放区没有两样，但在形式上，过去为照顾苏联的国际外交关系，曾有某些特殊的表现。这种特殊的表现，现在则因形势的发展，一天天地减少或没有了。②

由于苏军在旅大的客观地位所在，与苏军当局的分歧和矛盾当然会反映到中共党内。当年旅大中共党内在如何开展工作以及由此而产生的如何看待对苏关系方面出现的意见分歧，曾经在一定时期程度不同地存在于党内，且其并非是某人的意见，而是具有某种普遍性的特点。如韩光所言，“对于如何认识这个地区特点及如何实施党的方针政策，党内同志中出现过某些不同看法甚至意见分歧，这是难免的也是正常的现象”③。不过，分歧双方对于苏联在旅大对中共所起的正面作用及其负面影响的看法并无二致。批评苏方的干部认为，“一个根本的观点不能丢，即苏军进驻大连，对我党开辟东北根据地以及辽沈战役和全国解放，都有着不可低估的作用。大连这个后方可起了不小的作用，总的方面要充分肯定”④。主张与苏方协调的干部也认为，苏方“工作作风不够民主，命令多于说服，强制多于劝告。一般则表现不够虚心听取中国同志的意见，

① 《中共旅大区党委关于三年来中苏关系的总结报告》，见《苏联红军在旅大》，310页。
② 参见《苏军进驻旅大十年大事记》，见《苏联红军在旅大》，370页。
③ 韩光：《关于旅大地区解放初期若干情况的说明》，见《韩光党史工作文集》，36页。
④ 刘顺元：《中共大连党组织与驻连苏军关系》，见《苏联红军在旅大》，78页。

有些问题处理欠妥时则推卸自己的责任，自我批评精神差”①。因此，实际上，当年双方的意见分歧更多源自由于自身经验和所处位置的不同、与苏方关系的远近而产生的对于某些具体工作的不同意见，而非关全局性的意见分歧。所谓“以苏为主”，不过是特定意义的“以我为主”，无关坚持中共独立性的根本方面。其实，无论是意见的哪一方，过后也都坦承自己意见的不足之处。韩光认为，自己对于旅大“实际上是苏军控制下我党领导的解放区，则认识不深，说的不够清晰周全”②。刘顺元则“认识到我在大连的工作，没有领会中央的政策与策略，看得不远、不深，与苏军没有处理好关系”③。

东北是中共在战后必争之地，而旅大对中共争夺东北的重要意义，中共高层当然是明晰在心的。所以，对于和旅大苏军当局的关系，中共高层更多是从全局意义的高度去把握和考量，而不会过于计较那些具体的方面和细节，尤其是计较苏军当局的工作作风和态度，因为在和国民党争夺全国政权的斗争中，对于中共而言，首先的、根本的目标是胜利，而非其他枝节问题。所以，当刘顺元撤离旅大后，中共中央领导人毛泽东和刘少奇都曾要求刘顺元，“以团结为重，以中苏两党、两国的关系为重，解决好我在大连一段工作的问题”④。这恰恰表明了中共高层深谋远虑之所在，故由中共革命的立场观之，中共在战后旅大处理与苏军当局的关系基本是成功的，是有利于其实现革命目标的。

韩光将中共的成功经验总结为：（1）始终与苏军当局在高层次保持密切联系，出现不同意见时及时交涉、协商、疏通，改进关系，使中共的政策得以顺畅实施；（2）认清与苏联的共同利益所在，实行充分合作，分清哪些方面只能以苏为主，哪些方面可以独立自主，顾全大局，求大同，存小异；（3）注意在实践中向苏联学习现代城市管理经验，同时对苏联的大国沙文主义有适当的批评。⑤

---

① 《中共旅大区党委关于三年来中苏关系的总结报告》，见《苏联红军在旅大》，310页。

② 韩光：《旅大八年》，见《韩光党史工作文集》，380页。

③④ 刘顺元：《中共大连党组织与驻连苏军关系》，见《苏联红军在旅大》，77页。

⑤ 参见韩光：《旅大八年》，见《韩光党史工作文集》，364～366页。

余　论

东北问题在战后国共争夺中国控制权的交锋中占据着突出地位，是战后中国诸多矛盾的交汇点，其初期更因苏联和美国因素的介入而使东北局势的演进更显复杂多变，反映出战后初期东北问题的鲜明特色，即中苏、中美、国共所谓三国四方关系在东北纠缠一体，外交关系与内政问题相交织，最终又归结为国共两党的争夺，苏联的态度则在其中举足轻重。国民党接收东北之失败与中共争夺东北之成功，充分说明了东北问题的如此特质。

国民党的战后东北决策在实际运用中并不理想，基本未达成其当初之预期，原因可能很多，但不能不说，影响国民党接收东北的关键因素是苏联。对此，国民党未必没有认识。还在抗战胜利前，蒋经国已经注意到，“苏联对中国之问题，不是中共与国民党问题，而是中国在战后是否与苏联一致。如果战后中国参加反苏阵线，苏联不愿意的。中国想打开对苏外交，除非保证中国不致反苏”①。国民党外交负责官员对此认识基本一致。驻苏大使傅秉常认为：“苏联在欧对巴尔干，在远东对东三省绝不能放弃，是以吾人应认定此种不快之事实，万不可以为利用美国便可打破其在东三省之企图。我方苟愈欲利用美以制苏，则远水绝不能救近火，徒招其疑忌，对我更甚，我自己亦无力抵抗，所失更大。是以余以为，最好系承认事实，在东三省及新疆之经济发展尽力与苏合作，以释其疑。”② 甚而美国人也有同样的看法。不止一位美国外交人士告诉宋子文，“苏盼邻邦对其同情，但不一定须共产化，但如邻邦不同情，苏不惜以任何手段扰乱之”③。战后在东北交涉一线的国民党官员对此更有体

① 《在蒋介石身边八年》，423页。

② 《傅秉常日记》，1945年12月31日。

③ 《宋子文致蒋介石电》，1945年4月20日、30日，见宋子文档，Box 58。

认，所以他们多主对苏妥协，以求得其协助，得其对国民党接收的支持。如前所述，张嘉璈是如此看法，无独有偶，自始至终处在东北交涉一线的董彦平也认为："苏方对东北确持有过度之安全感，总是猜忌不安，而种种特殊权益之要求，悉由此发生。……窃认我政府俟东北大局底定之后，似可自动提出一合作互惠之方案，与苏方推诚交换意见，祛除其过度之疑忌。同时，在《中苏友好同盟条约》既定合作范围之内，充分表现合作精神，互敬互信，庶几消弥嫌隙，而达我睦邻友好和平建设之目的。"① 他们的看法自有其可取之处。

正因为苏联因素在东北问题中的重要性，而中苏有关东北接收的交涉，又与中苏、中美、国共关系以及国际国内政治的发展变化等纠缠一体，表现在政治、外交与国际关系等诸多方面。中苏关系本为国家关系，苏联对东北的诸多扩张要求既无法理依据，又乏道德立场，且事关中国国家利益与民族感情，国民政府对苏联无理要求的拒绝应为正当。然历史的发展往往不似其表象之简单，所谓"迎拒之间，十分微妙"，正在于此。国民党对于中苏关系处理的适当与否，在事关中国的国家利益之外，实际又关系到其党派利益。明乎此，我们当可体认国民党在战后东北所处之两难处境，即如何既不失国家与民族利益，又维持其党派利益。对此，蒋介石也曾有过为了解决中共问题而实行"亲俄政策"的考虑，提出"对美俄平衡政策，应在美国谅解之下与俄合作，以不任英美之反俄基地，使俄国不加疑虑，外交政策必须自主，维系平衡，但不能不有轻重之分"。目的是："一、孤立中共，使之就范。二、巩固统一，实施建设。三、用国际形势与政治力量制服中共。四、使俄对东方安心，专力防欧。"在中苏条约谈判中，蒋介石之所以克服国民党内的强烈异议而决断在外蒙、东北等问题上对苏让步，从而换取苏联在国共争夺中对国民党的支持，实际也体现了这样的思路，"与俄协商东北、新疆与中共问题为交换条件也"②。

① 《驻苏军事代表团团长董彦平报告书》，1946年7月12日，见《中华民国重要史料初编》第7编第1册，222～223页。

② 《蒋介石日记》，1945年3月6日，7月28日，7月5日。

但是，历史与现实都注定蒋介石不可能将这样的思路贯彻到底。每当与苏联交涉过程中苏方态度有所坚持，蒋介石总是抱怨不已，感觉“对俄国忍受已极，迁就亦云已极，而不知俄国对华政策非消除英美关系，完全受其单独支配不可。否则，无论如何外交方式，决无入手之法”①。因此，究实际而言，国民党的对苏政策缺乏在坚持原则下的必要妥协和定力，始终徘徊在“亲俄”与“反俄”抑或“抗俄”之间，难作决断，其东北决策基本上是被动应付，走一步看一步，不能适应形势发展的要求。② 在与苏联的东北交涉过程中，国民党游移在谈与不谈之间，前方与后方在对问题的看法上有较为明显的差异，又不能恰如其分地协调一致。如张嘉璈所评论：“在交涉期间，执政党内部意见纷歧，且互相攻讦。行政主管部门则惮于负责，致每一决策，惟最高当局是赖。而决策之际，又为党中所指导之舆论所束缚，其行政组织之脆弱，益尽情暴露。最后诉之武力。然以当时东北之天时、地利与形势，均于我不利，一旦失败，势必牵动全局，其危殆孰甚。”③ 而蒋介石则感叹：“今日对东北之处置实陷于不能不接收，而又无力防制接收以后俄共合以谋我之毒计。惟有知此险象，审慎将事，与时变迁，相机制宜，以期减少祸患而已。”④

令国民党尴尬的是，要收回东北主权，便须向苏联妥协，妥协的结果又将被外界解读为丧失国家主权，使作为执政党的国民党难下决断。苏联是中共的主要支持者，对苏妥协势必牵涉对共关系，从而不能不在东北以至全国范围内对中共作出一定的政治让步，为国民党势所不能。战后美苏两国很快因冷战而趋向对立的现实，使国民党失去了在美苏之间寻求某种平衡的可能，对外政策不能不更趋向于其最重要的支持者——美国，从而被苏联目为“亲美反苏”，对国民党更没有好脸色。对国民党而

---

① 《蒋介石日记》，1945 年 3 月 10 日。

② 1945 年 10 月 10 日，毛泽东在重庆会见苏联驻华大使彼得洛夫时提出：“蒋介石在对外政策方面不知道该依靠谁，是美国，还是苏联。由于苏联的国际影响，他不敢完全依赖美国，而依靠苏联，又感到担心。”（列多夫斯基：《斯大林与中国》，46 页）毛泽东对蒋对外政策的观察颇为在理。

③ 《张公权先生年谱初稿》，734 页。

④ 《蒋介石日记》，1945 年 12 月 8 日。

言，处理对苏关系的更大麻烦在于，因为苏联对东北“过度之安全感”，使其无论做出何等让步，由于国民党的反苏反共历史背景与依赖美国支持的现实作为，苏联总是“猜忌不安”，从而不断为国民党制造麻烦。苏联的做法又使国民党内主张对苏妥协的人士无法把握妥协可得之实际结果，其党内对苏联的意见和看法分歧不一，无法达成对苏政策的一致意见，所谓双方“互敬互信”便如镜花水月，可望而不可即。各种矛盾纠葛在东北的交织纠缠，使得解决东北问题犹如在极其复杂的环境中走钢丝，需要高度平衡的政治技巧与外交战略战术。但事实说明，国民党没能确立并发展出这样的政治技巧与战略战术，虽然以一时的军事胜利而在表面上恢复了对东北的统治，实际则在接收受挫之初，即已埋下了以后失败的种因，其接收东北最后的失败结局也就事出必然。

反观中共，在处理与东北苏军当局的关系时，起初也未必有充分的准备和经验。中共过往的工作经验，多半局限在关内的农村和中小城镇，对于在地域广阔、现代工业和交通相对发达、并有众多大中城市和工矿区的东北，又在苏军控制的情况下，建立中共的统治和施政基础，确亦有其复杂的方面。中共与苏联有意识形态和根本利益的一致性，但也有路线方针和具体利益的差别性，因此，“怎样把以苏为主和贯彻党的政策协调起来，确系一件很难处理的问题”①。但是，中共对大势的判断和把握相当成功。如陈云所言，“国共问题实际是美苏关系。蒋介石的整个政策是对红军头痛，想要叫红军走，但自己没办法，只有叫美国出来干涉苏联，即东北问题国际化”。结果，“中国的内政决定于外交，东北问题亦决定于外交”②。而中共恰恰在把握东北的对苏外交方面远胜于国民党。

中共与苏军当局在东北有成功的合作，如打消国民党的接收计划，扩展大块根据地等。也有不少分歧甚至是矛盾冲突，其中有些分歧，是因为中共干部套用过去经验而产生，如土改中的清算与批斗等；有些分歧，是因为中共干部没有实践经验而产生，如大工业条件下的经济计划

① 《苏军驻防金县的情况》，见《苏联红军在大连》，210页。

② 陈云：《在通河干部座谈会上的报告》，1946年3月13日，见《中共中央北满分局》，44～45页。

等；有些分歧，是因为东北的特殊情况而产生，如苏联对外关系与政策的协调等；有些分歧，是因为苏联的大国强权意识而产生，如对中共强迫命令、要求绝对服从等；还有些分歧，则与当事者双方的个性认识等亦不无关系。这些分歧，有些泾渭分明，有些纠缠一体；有些易于解决，有些难于协调。不过，随着内外形势的变化，有些分歧自然消融，如土改不过是在某些大城市周边地区暂时不搞；有些分歧经过协调得以减弱和消失，如苏军撤退后，其强迫命令自然基本消失。无论是合作还是分歧，均源于苏军占据东北的大环境，但无论如何，苏联在东北的实质存在有利于中共在东北的发展。因此，由后见之明观之，当年中共在东北与苏军当局的合作固为必然，而双方的分歧和矛盾亦不过为目标基本一致的大前提下的小摩擦，并无碍于双方的合作大局。当时过境迁，后人再看这段历史，在双方的意见分歧之外，亦可体认双方在达成中国革命目标上的一致性。因此，尽管中共与苏联在东北问题上也有矛盾，但毕竟中共与苏联具有基本一致的意识形态和利益关系，并且中共较为成功地把握了苏联的态度和心理，以协调对苏关系为主要方面，从而得到苏联的支持，确立了中共在东北争夺中的优势，并可为国共东北争夺的最终结局提供历史的解释。

总体而言，战后国共东北相争的一般性特点表现为，国民党方之缺乏战略眼光与战术技巧、应对失当、迟缓低效、消极被动，中共注重全盘战略与战术布置、应对得宜、迅捷高效、积极主动。在中苏条约谈判中，国民政府未就具体接收程序有所讨论，而完全寄希望于苏联协助，失误于前；战后接收东北行动迟缓、迟迟未能进入现场，延搁于后；要求美国协助运兵，多次依赖美国公开表态支持，触动苏联敏感利益，外交技巧不够圆滑；一味依赖中央对苏外交交涉，缺乏地方之灵活主动。而中共在确立了全力争夺东北的战略之后，行动迅捷，机动灵活；凡可得苏联支持者，不失时机，极力争取；未得苏联支持者，则变通动作，先斩后奏，造成既成事实；地方干部之积极主动亦有较强表现。总之，一切以最大限度地扩张实力、最大限度地保证控制力为依归。由东北争夺之结局，亦可知国共战后争夺最终结局之必然。

参考文献*

一、档案史料①

《东北接收交涉文电》. *Chang Kia-ngao papers*，Hoover Archives，Stanford University，California，USA.

《傅秉常日记》. 家属自藏

《国民政府主席东北行辕工作报告》. *Hsiung Shih-hui Collection*，Rare Books and Manuscript Library，Columbia University，New York. USA.

《郭汝瑰日记》. 军事博物馆，北京

胡世泽档，*Victor Chi-tsai Hoo Papers*，Hoover Archives，Stanford University，California，USA.

《蒋介石日记》. Hoover Archives，Stanford University，California，USA.

《蒋中正"总统"档案·筹笔》. "国史馆"，台北

《蒋中正"总统"档案·革命文献·戡乱时期（接收东北与对苏交涉）》. "国史馆"，台北

《蒋中正"总统"档案·革命文献·戡乱时期（政治协商与军事调处）》. "国史馆"，台北

《蒋中正"总统"档案·特交档案·分类资料（防共）：国共协商》. "国史馆"，台北

《蒋中正"总统"档案·特交文电·专案·俄帝阴谋部分编案纪要初稿及参考资料》. "国史馆"，台北

---

* 档案史料以卷宗名称或作者的汉语拼音字母排序，文献史料、研究论著以作者、编者的汉语拼音或英文字母排序，报刊以名称的汉语拼音字母排序。

① 档案史料因征引数量较多，只注总卷目录，未注分卷目录。

《蒋中正"总统"档案·特交文电·专案·雅尔达密约与中苏协定》."国史馆",台北

《蒋中正"总统"档案·特交文卷·交拟稿件》."国史馆",台北

军事科学院图书馆藏档抄件.北京

《王叔铭日记》."中研院"近史所,台北

《熊式辉日记》. *Hsiung Shih-hui Collection*, Rare Books and Manuscript Library, Columbia University, New York. USA.

张嘉璈.《东北接收交涉日记》. *Chang Kia-ngao papers*, Hoover Archives, Stanford University, California, USA.

《中共大连革命历史档案文献汇编》.大连市档案馆,大连

《中共中央东北局重要档案汇编》.中央档案馆,北京

《中国国民党六届二中全会速记录》.中国国民党中央委员会党史馆,台北

《中国国民党六届三中全会速记录》.中国国民党中央委员会党史馆,台北

《中国国民党中央执行委员会档案》.中国国民党中央委员会党史馆,台北

中央档案馆藏档抄件.北京

二、文献史料

陈存恭等.《白崇禧先生访问纪录》.台北:"中研院"近史所,1984

陈立夫.《成败之鉴——陈立夫回忆录》.台北:正中书局,1994

大连市史志办公室.《苏联红军在旅大》.大连:大连市史志办公室,1995

东北日报社.《中国巨大变化的一年》.佳木斯:东北书店,1947

高永昌.《四战四平》.长春:中共吉林省委党史工作委员会,1988

公安部档案馆编注.《在蒋介石身边八年——侍从室高级幕僚唐纵日记》.北京:群众出版社,1991

耿飚.《耿飚回忆录》.北京:解放军出版社,1991

顾维钧.《顾维钧回忆录》:第5、6分册.中国社会科学院近代史研

究所译，北京：中华书局，1987、1988

“国防研究院”.《蒋“总统”集》. 台北：“国防研究院”，1960

郭汝瑰.《郭汝瑰回忆录》. 成都：四川人民出版社，1987

胡乔木.《胡乔木回忆毛泽东》. 北京：人民出版社，1994

黄克诚.《黄克诚回忆录》. 北京：解放军出版社，1989

蒋经国.《风雨中的宁静》. 台北：黎明文化事业股份有限公司，1977

李宗仁.《李宗仁回忆录》. 南宁：中国人民政治协商会议广西壮族自治区委员会文史资料研究委员会，1980

立华.《政治协商会议文献》. 北平：中外出版社，1946

罗大愚先生逝世十周年纪念筹备会.《山高水长——罗大愚先生纪念集》，台北，1983

孟广涵.《政治协商会议纪实》. 重庆：重庆出版社，1989

《辽沈决战》编审小组.《辽沈决战》. 北京：人民出版社，1988

《辽沈战役亲历记》编审组.《辽沈战役亲历记》. 北京：文史资料出版社，1985

秦孝仪.《先“总统”蒋公思想言论总集》. 台北：中国国民党中央委员会党史委员会，1984

秦孝仪.《中华民国重要史料初编——对日抗战时期》. 台北：中国国民党中央委员会党史委员会，1981—1988

青年远征军第二零八师政治部.《中国国民党第六届二中全会辑要》. 青年远征军第二零八师政治部，无出版地，1946

F. C. 琼斯、休·博顿、B. R. 皮尔恩.《1942—1946年的远东》. 复旦大学外文系英语教研组译，上海：上海译文出版社，1979

萨纳柯耶夫、崔布列夫斯基.《德黑兰、雅尔塔、波茨坦会议文件集》. 北京外国语学院俄语专业、德语专业1971届工农兵学员译. 北京：三联书店，1978

沈云龙.《王铁汉先生访问纪录》. 台北：“中研院”近史所，1985

师哲.《在历史巨人身边——师哲回忆录》. 北京：中央文献出版社，1991

万仁元、方庆秋.《中华民国史史料长编》. 南京：南京大学出版

社，1993

王世杰.《王世杰日记》. 台北："中研院"近史所，1990

王首道.《王首道回忆录》. 北京：解放军出版社，1988

王子壮.《王子壮日记》. 台北："中研院"近史所，2001

伍修权.《往事沧桑》. 上海：上海人民出版社，1986

伍修权.《我的历程》. 北京：解放军出版社，1984

萧劲光.《萧劲光回忆录》. 北京：解放军出版社，1987

熊式辉.《海桑集——熊式辉回忆录》. 香港：明镜出版社，2008

徐永昌.《徐永昌日记》. 台北："中研院"近史所，1991

薛衔天.《中苏国家关系史资料汇编（1945—1949)》. 北京：社会科学文献出版社，1996

伊原泽周.《战后东北接收交涉纪实——以张嘉璈日记为中心》. 北京：中国人民大学出版社，2012

曾克林.《戎马生涯的回忆》. 北京：解放军出版社，1992

张力.《石觉先生访问纪录》. 台北："中研院"近史所，1986

张其昀.《先"总统"蒋公全集》. 台北："中国文化大学"，1984

郑洞国.《我的戎马生涯——郑洞国回忆录》. 北京：团结出版社，1992

中共重庆市委党史研究室、重庆市政协文史资料委员会、红岩革命纪念馆.《重庆谈判纪实》(增订本). 重庆：重庆出版社，1993

中共中央党史资料征集委员会、中国人民解放军档案馆.《阵中日记》. 北京：中共党史资料出版社，1987

中共中央文献研究室.《陈云文选（1926—1949年)》. 北京：人民出版社，1984

中共中央文献研究室.《刘少奇选集》：上卷. 北京：人民出版社，1981

中共中央文献研究室.《毛泽东文集》. 北京：人民出版社，1996

中共中央文献研究室.《彭真文选》. 北京：人民出版社，1991

中共中央文献研究室.《周恩来选集》. 北京：人民出版社，1980

中共中央文献研究室.《朱德选集》. 北京：人民出版社，1983

中共中央文献研究室、中共南京市委员会.《周恩来一九四六年谈判

文选》. 北京：中央文献出版社，1996

中共中央文献研究室、中国人民解放军军事科学院.《毛泽东军事文集》. 北京：军事科学出版社、中央文献出版社，1993

中共中央文献研究室、中国人民解放军军事科学院.《周恩来军事文选》. 北京：人民出版社，1998

中国第二历史档案馆.《中华民国史档案资料汇编》：第5辑第3编. 南京：江苏古籍出版社，1999

中国第二历史档案馆.《抗日战争时期国民党军机密作战日记》. 北京：中国档案出版社，1995

中国国民党河北省党部.《政治协商会议之经过及有关文件》. 保定：中国国民党河北省党部，1946

中国国民党中央执行委员会秘书处.《中国国民党第六届二中全会决议案行政院办理情形报告表》. 南京：中国国民党中央执行委员会秘书处，1947

中国国民党中央执行委员会秘书处.《中国国民党第六届中央执监委员会第二次全体会议行政院工作报告》. 重庆：中国国民党中央执行委员会秘书处，1946

中国国民党中央执行委员会秘书处.《中国国民党第六届中央执行委员会第二次全体会议记录》. 重庆：中国国民党中央执行委员会秘书处，1946

中国国民党中央执行委员会秘书处.《中国国民党第六届中央执行委员会第三次全体会议记录》. 南京：中国国民党中央执行委员会秘书处，1947

中国人民解放军历史资料丛书编审委员会.《辽沈战役》. 北京：解放军出版社，1993

中国人民解放军总部.《中国人民解放战争军事文集》. 北京：中国人民解放军总部，1951

“中华民国外交问题研究会”.《日本投降与我国对日态度及对俄交涉》. 台北：“中华民国外交问题研究会”，1966

中央档案馆.《中共中央文件选集》. 北京：中共中央党校出版

社，1991

“中央日报社”.《我们的敌国》. 台北：“中央日报社”，1952

中央统战部、中央档案馆.《中共中央解放战争时期统——战线文件选编》. 北京：档案出版社，1988

《国民党二中全会面目》. 无编者及出版者，1946

《和平民主的道路——国共停战协议及政治协商会议重要文献之一》. 无编者及出版者，1946

《和平民主新阶段的指针——国共停战协议及政治协商会议重要文献之二》. 无编者及出版者，1946

《和平民主建设的新阶段》. 无编者及出版者，1946

《评二中全会》. 无编者及出版地，学习知识社，1946

《政协文献》. 无编者及出版地. 历史文献社，1946

三、中文著作

白先勇.《父亲与民国：白崇禧将军身影集》. 台北：时报文化出版企业股份有限公司，2012

鲍里索夫、科洛斯科夫.《中苏关系（1945—1980）》. 肖东川、谭实译. 北京：三联书店，1982

陈立文.《从东北党务发展看接收》. 台北：东北文献杂志社，2000

陈立文.《抗战期间中国争取国际地位之努力》. 台北：东北文献出版社，2000

陈立文.《宋子文与战时外交》. 台北：“国史馆”，1991

陈廉.《决战的历程》. 合肥：安徽人民出版社，1991

程思远.《政海秘辛》. 哈尔滨：北方文艺出版社，1991

第四野战军战史编写组.《中国人民解放军第四野战军战史》. 北京：解放军出版社，1998

邓野.《联合政府与一党训政：1944—1946年间国共政争》. 北京：社会科学文献出版社，2011

迪特·海茵茨希.《中苏走向联盟的艰难历程》. 张文武、李丹琳等译. 北京：新华出版社，2001

丁群.《刘顺元传》. 南京：江苏人民出版社，1999

丁晓春、戈福禄、王世英.《东北解放战争大事记》. 北京：中共党史资料出版社，1987

《董必武年谱》编纂组.《董必武年谱》. 北京：中央文献出版社，1991

董彦平.《苏俄据东北——第二次世界大战结束时苏俄侵据东北折冲纪要》. 台北：文海出版社有限公司，1970

高树桥.《东北抗日联军后期斗争史》. 沈阳：白山出版社，1993

郭廷以.《俄帝侵略中国简史》. 台北：文海出版社有限公司，1970

“国防部”史政局.《戡乱战史》. 台北：“国防部”史政局，1959

华庆昭.《从雅尔塔到板门店：美国与中、苏、英（1945—1953)》. 北京：中国社会科学出版社，2013

黄瑶.《罗荣桓年谱》. 北京：人民出版社，2002

纪亚光.《国共全面内战的缘起——抗战胜利之初美苏与国共和战关系研究》. 哈尔滨：黑龙江人民出版社，2008

蒋匀田.《中国近代史转捩点》. 香港：友联出版社有限公司，1976

军事科学院军事历史研究部.《中国人民解放军全国解放战争史》. 北京：军事科学出版社，1993—1997

军事科学院毛泽东军事思想研究所年谱组.《毛泽东军事年谱(1926—1958)》. 南宁：广西人民出版社，1994

李炳南.《政治协商会议与国共谈判始末》. 台北：永业出版社，1993

李嘉谷.《合作与冲突：1931—1945 年的中苏关系》. 桂林：广西师范大学出版社，1996

李旭.《政治协商会议之检讨》. 南京：时代出版社，1946

列多夫斯基.《斯大林与中国》，陈春华、刘存宽等译. 北京：新华出版社，2001

刘馥.《中国现代军事史》. 台北：东大图书股份有限公司，1986

刘武生.《从延安到北京——解放战争重大战役军事文献和研究文章专题选集》. 北京：中央文献出版社，1993

刘喜发.《盟友与对手——抗战胜利前后的三国四方关系》. 长春：吉林人民出版社，1994

栾景河.《中俄关系的历史与现实》. 开封：河南大学出版社，2004

罗荣桓传记编写组.《罗荣桓传》. 北京：当代中国出版社，1992

孟宪章、杨玉林、张宗海.《苏联出兵东北》. 北京：中国大百科全书出版社，1995

牛军.《从延安走向世界——中国共产党对外关系的起源》. 福州：福建人民出版社，1992

《彭真传》编写组.《彭真年谱》. 北京：中央文献出版社，2012

《彭真传》编写组.《彭真传》：第1卷. 北京：中央文献出版社，2012

秦孝仪.《“总统”蒋公大事长编初稿》. 台北：中国国民党中央委员会党史委员会，1978

“三军大学”.《国民革命军战役史第五部——戡乱》. 台北：“国防部”史政编译局，1989

沈志华.《冷战的起源：战后苏联的对外政策及其转变》. 北京：九州出版社，2013

沈志华.《中苏关系史纲》. 北京：新华出版社，2007

孙其明.《中苏关系始末》. 上海：上海人民出版社，2002

唐允.《东北问题之真相》. 南京：时代出版社，1946

田保国.《民国时期中苏关系（1917—1949)》. 济南：济南出版社，1999

田酉如.《彭真主持东北局》. 北京：人民出版社，2007

王焰.《彭德怀年谱》. 北京：人民出版社，1998

王永祥.《雅尔达密约与中苏日关系》. 台北：东大图书股份有限公司，2003

王真.《动荡中的同盟——抗战时期的中苏关系》. 桂林：广西师范大学出版社，1993

吴东之.《中国外交史》：中华民国时期. 郑州：河南人民出版社，1990

吴相湘.《俄帝侵略东北史》. 台北：文海出版社有限公司，1970

邢安臣、白俊成.《解放战争与东北》. 沈阳：辽宁大学出版社，1993

薛衔天.《民国时期中苏关系史》. 北京：中共党史出版社，2009

薛衔天.《中苏关系史（1945—1949）》. 成都：四川人民出版社，2003

杨奎松.《毛泽东与莫斯科的恩恩怨怨》. 南昌：江西人民出版社，1999

杨奎松.《失去的机会？——抗战前后国共谈判实录》. 桂林：广西师范大学出版社，1992

杨奎松.《中共与莫斯科的关系（1920—1960）》. 台北：东大图书股份有限公司，1997

姚崧龄.《张公权先生年谱初稿》. 台北：传记文学出版社，1982

袁伟.《山海关之战》. 北京：军事科学出版社，1988

袁伟、吴殿尧.《朱德军事活动纪事》. 北京：解放军出版社，1996

张九如.《和谈覆辙在中国——知难行易在美国》. 台北：联经出版事业公司，1968

张培森.《张闻天年谱》. 北京：中共党史出版社，2000

张振江.《冷战与内战——美苏争霸与国共冲突的起源（1944—1946）》. 天津：天津古籍出版社，2005

中共吉林省委党史研究室、吉林省东北抗日联军研究基金会.《韩光党史工作文集》. 北京：中央文献出版社，1997

中共中央文献研究室.《刘少奇年谱（1898—1969）》. 北京：中央文献出版社，1996

中共中央文献研究室.《毛泽东年谱（1893—1949）》. 北京：人民出版社、中央文献出版社，1993

中共中央文献研究室.《毛泽东传（1893—1949）》. 北京：中央文献出版社，1996

中共中央文献研究室.《任弼时年谱》. 北京：人民出版社、中央文献出版社，1993

中共中央文献研究室.《周恩来年谱（1898—1949）》. 北京：人民出版社、中央文献出版社，1989

中共中央文献研究室.《朱德年谱》. 北京：人民出版社，1986

中国军事博物馆.《毛泽东军事活动纪事》. 北京：解放军出版社，1994

中国人民解放军总政治部组织部编.《中国共产党中国人民解放军组

织史资料》：第 3 卷. 北京：长征出版社，1994

中国中俄关系史研究会.《战后中苏关系走向（1945—1960）》. 北京：社会科学文献出版社，1997

朱汇森.《中华民国史事纪要》. 台北："国史馆"，1988

朱建华.《东北解放战争史》. 哈尔滨：黑龙江人民出版社，1987

四、报纸

《大公报》. 重庆，上海，天津

《东北日报》. 哈尔滨

《解放日报》. 延安

《申报》. 上海

《文汇报》. 上海

《新华日报》. 重庆

《新民报》. 重庆，上海

《中央日报》. 重庆，南京，上海

五、连续出版物

《党的文献》. 中央文献出版社，北京

《党史研究资料》. 中国革命博物馆，北京

《国民政府公报》. 重庆，南京

《"国史馆"馆刊》. "国史馆馆刊编辑委员会"，台北

《近代史研究》. 中国社会科学院近代史研究所，北京

《近代中国》.《近代中国》杂志社，台北

《抗日战争研究》. 中国抗日战争史学会，北京

《历史研究》. 中国社会科学杂志社，北京

《民国档案》. 中国第二历史档案馆，南京

《群众》.《群众》周刊社，上海

《文史资料选辑》. 全国及各省市政协文史资料委员会

《中共党史研究》. 中共党史出版社，北京

《中共党史资料》. 中共党史出版社，北京

《传记文学》. 传记文学出版社，台北

六、中文论文

毕健忠.《对四平保卫战的沉思》.《军事历史》，1996（3）

陈立义.《从东北接收检讨战时国府对接收东北之规划与部署》.《东北文献》，第31卷第1—2期

邓野.《东北问题与四平决战》.《历史研究》，2001（4）

丁晓春.《四平保卫战的评价值得重新研究》.《龙江党史》，1990（1）

杜伟伟.《抗战胜利初期国共两党围绕东北问题的斗争策略之比较》.《军事历史研究》，2003（1）

郭永学.《东北解放战争史研究综述》.《中共党史研究》，1991（2）

胡哲峰.《关于四平保卫战的一些问题》.《党史研究资料》，1996（9）

江沛.《1946年春反苏运动述评》.《江西师范大学学报》，2003（1）

金冲及.《较量：东北解放战争的最初阶段》.《近代史研究》，2006（4）

李云汉.《经国先生与战后中俄东北交涉》.《近代中国》，总63期，1988

刘存宽.《雅尔塔协定与1945年中苏条约》.《史学集刊》，1991（1）

刘信君.《东北解放战争史研究述评》.《社会科学战线》，1997（3）

刘信君.《解放战争前期的国共和谈与东北战局》.《学习与探索》，1998（5）

刘信君 《周恩来与东北军事调处》.《社会科学战线》，1998（6）

刘统.《解放战争中东北野战军武器来源探讨》.《党的文献》，2000（4）

刘喜发.《〈中苏友好同盟条约〉评析》.《社会科学战线》，1996（3）

马凤书.《战后初期苏联对华政策剖析》.《文史哲》，1999（1）

默里.《斯大林、冷战与中国的分治》.《中共党史研究》，1997（2）

宁恩承.《东北失败的总检讨》.《传记文学》，第66卷第2、3、4期

牛军.《战后初期美苏国共在中国东北地区的斗争》.《近代史研究》，1987（1）

沈志华.《苏联出兵中国东北：目标和结果》.《历史研究》，1994（5）

孙其明.《试评 1945 年中苏谈判和中苏条约》.《安徽大学学报》,1988（3）

孙堂厚.《战后国共东北之争及其对两党关系的影响》.《社会科学辑刊》,1996（1）

田雨时.《东北接收三年灾祸罪言》.《传记文学》,第 35 卷第 6 期—第 38 卷第 6 期

王国君.《抗战胜利后国民党对东北的接收》.《黑龙江社会科学》,1994（5）

王海燕.《试论战后苏联对华政策演变》.《军事历史研究》,2000（2）

王铁汉.《从东北接收到东北再沦陷》.《传记文学》,第 47 卷第 3 期

王续添.《国民党派系矛盾及其在东北统治的覆亡》.《东北地方史研究》,1992（2—3）

王永君.《抗战胜利后中共中央对东北的战略方针及其形成过程》.《中共党史研究》,2001（4）

王玉麟.《蒋经国斯大林莫斯科会谈秘辛》.《传记文学》,1999（4）

魏新生.《评 1945 年中苏条约》.《史学月刊》,1989（2）

吴焕章.《抗战胜利后接收东北的回忆》.《传记文学》,第 24 卷第 2—3 期

吴景平.《美国与 1945 年中苏会谈》.《历史研究》,1990（1）

西村成雄.《雅尔塔密约对国民政府的冲击与接收东北》.《抗日战争研究》,1997（3）

西村成雄.《中国民族主义与战后东北地区政治建构》.《史学月刊》,2007（1）

谢国富.《抗战胜利后国民政府划东北为九省述评》.《民国档案》,1990（4）

薛衔天.《苏联拆运东北机器设备述评》.《中共党史资料》,第 81 辑. 北京：中共党史出版社,2002

薛衔天.《苏联与东北革命根据地》.《中共党史研究》,2005（1）

薛衔天.《战后东北问题与中苏关系走向》.《近代史研究》,1996（1）

杨奎松.《关于解放战争中的苏联军事援助问题》.《近代史研究》,

2001（1）

杨奎松.《1946年的国共四平之战及其幕后》.《历史研究》，2004（4）

杨兆敏.《〈中苏友好同盟互助条约〉与近代中国东北问题》.《社会科学辑刊》，1995（2）

于耀洲.《苏联出兵东北对国共两党争夺东北的影响》.《史学集刊》，1996（1）

张桂华.《国民政府外交接收东北与战后美苏关系》.《民国档案》，1998（2）

张令澳.《随蒋经国赴东北工作的回忆》.《传记文学》，第55卷第1期

张严.《接收东北亲历记》.《传记文学》，2005（8—9）

张宗海.《也谈1945年苏联出兵中国东北》.《黑龙江社会科学》，1996（3）

朱新民.《战后中苏关系暨接收东北谈判鳞爪》.《中国外交史论集》（一）. 台北：中华文化出版事业委员会，1957

七、英文论著

Beal，John Robinson. *Marshall in China*，Doubleday Canada，Toronto，1970

Beloff，Max. *Soviet Policy in the Far East，1944－1951*，Oxford University Press，London，1953

Chen，Kenneth S. *Dilemma in China：America's Policy Debate，1945*，Hamden，Archon Books，1980

Cheng，Imagining China's Madrid in Manchuria：The Communist Military Strategy at the Onset of the Chinese Civil War，*Modern China*，Vol. 31，No. 1

Clubb，O. Edmund. *China & Russia，the "Great Game"*，Columbia University Press，New York，1971

The China White Paper，Originally Issued as *United States Relations With China*，With Special Reference to the Period 1944－1949，Department of State Publication 3573，Far Eastern Series 30，Stanford University Press，California，1967

Feis，Herbert. *The China Tangle—American Effort in China from Pearl Harbor to the Marshall Mission*，Princeton University Press，New Jersey，1953

Ferver，John H. *The Truman Administration and China 1945－1950：the Policy of Restrained Intervention*，Michigan University，Microfilms International，1980

Foreign Relations of the United States，*Diplomatic Papers*，*1945－1949*，The U. S. Department of State，Washington D. C.

Garver，John W. *Chinese-Soviet Relations*，*1937－1945*，Oxford University Press，New York，1988

Lee，Chong-Sik. *Revolutionary Struggle in Manchuria：Chinese Communism and Soviet Interest*，University of California Press，Berkeley，1983

Levine，Steven I. *Anvil of Victory—The Communist Revolution in Manchuria*，*1945－1948*，Columbia University Press，New York，1987

Lewis，John. *The United States and the Origins of the Cold War*，*1941－1947*，Gaddia，New York，1972

Marshall's Mission To China，*December 1945－January 1947*，The Report and Appended Documents，University Publications of America，Inc. Arlington，Virginia，1976

May，Ernest. *The Truman Administration and China*，*1945－1949*，J. B. Lippincott Corp.，Philadelphia 1975

McLane，Charles. *Soviet Policy and the Chinese Communists*，*1931－1946*，Columbia University Press，New York，1958

Melby，John F. *The Mandate of Heaven*，*Record of Civil War in China*，*1945－1949*，Doubleday and Company Inc.，New York，1971

Nikitin，Manchuria in 1946－1947，After the Withdrawal of the Soviet Troops，*Far Eastern Affairs*，No. 1，1981

North, Robert Carver. *Moscow and Chinese Communists*, Stanford University Press, California, 1963

Paddock, Paul. *China Diary: Crisis Diplomacy in Dairen*, Ames Iowa University Press, Iowa, 1977

Pepper, Suzanne. *Civil War in China—The Political Struggle, 1945–1949*, University of California Press, Berkeley, 1978

Pogue, Forrest C. *George C. Marshall—Statesman*, Viking Penguin Inc. New York, 1987

Rea, Kenneth W. and Brewer, John C. edited, *The Forgotten Ambassador: The Reports of John Leighton Sturat, 1946*, Westview Press Inc., Boulder, Colorado, 1981

Sheng, Michael. The Triumph of Internationalism: CCP-Moscow Relations before 1949, *Diplomatic History*, Vol. 21 (1997), No. 1

Tanner, Harold M. *The Battle For Manchuria And The Fate Of China: Siping, 1946*, Indiana University Press, Bloomington & Indianapolis, 2013

Truman, Harry S. *The Memoirs of Harry S. Truman*, Vol. 1, *Year of Decisions—1945*, Vol. 2, *Years of Trial and Hope—1946–1953*, Hodder and Stoughton Ltd., Suffolk, 1955, 1956.

Tsou, Tang. *America's Failure in China, 1941–1950*, The University of Chicago Press, Chicago, 1963

Van Slyke, Lyman P. *Enemies and Friends—The United Front in Chinese Communist History*, Stanford University Press, California, 1987

Vladimirov, USSR's Role in the Creation of the Bridgehead of China's Revolutionary Forces in Manchuria, *Far Eastern Affairs*, No. 1, 1986

Wedemeyer Reports, Henry Holt and Company, New York, 1958

Wei, Henry. *China and Soviet Russia*, D. Van Nostrand Company Inc., New Jersey, 1956

Westad, Odd Arne. *Cold War & Revolution: Soviet-American Ri-*

valry and the Origins of the Chinese Civil War, Columbia University Press, New York, 1993

Westad, Odd Arne. *Decisive Encounters: The Chinese Civil War, 1946–1950*, Stanford University Press, Stanford, California, 2003

Yaung, Emily Yaung. *The Impact of the Yalta Agreement on China's Domestic Politics, 1945–1946*, University Microfilms International 1983, Ann Arbor, Michigan, 1983

人名索引 *

* 本索引列入本书正文和注释中出现的所有历史人物的人名，但不包括征引文件书名号和参考文献名称中的人名，也不包括研究者的人名（研究者著述目录见参考文献）。中国人名以其汉字拼音字母顺序编排，外国人名以其译音汉字拼音字母顺序编排，并附其英文原文，俄文译名均未注原文。

Q

R

S

T

W

后　记

读者现在看到的这本书，是我在复旦大学读博期间的成果，即我的博士论文。

说来令人难忘，2003 年 3 月中旬，我自京去沪，参加复旦大学的博士研究生入学考试，并顺利通过，成为复旦大学学生队伍中的一员。当年 9 月，我来到复旦大学，和其他三位年轻学子共居北区公寓中，重新开始自己的学生生活。作为南京大学 1977 级的大学生和中国社会科学院研究生院 1981 级的硕士生，在年过四十、离开校门和学习生活将近 20 年之后，重回大学读书，别有一番滋味在心头。或许，取得博士学位是对学问人学力的终极肯定；也或许，取得博士学位是具有这样那样现实考量的产物。不过无论如何，虽然我算是在职读书，并未完全脱离学术研究，虽然这时的我已经有了一些所谓学术地位，与那些一路读到博士的年轻学子终有些差别，但能够暂时摆脱具体的研究和事务，在校园里心无旁骛地读书学习，总还是我的自觉自愿，也是我的乐趣所在。令我感到坦然、骄傲和自豪的是，在复旦期间，我从未找理由逃过一次课，哪怕其中有些课确实早已学过了，但是，三人行必有我师，无论什么样的课程，是否有所得，既在于讲授者，也在于学习者，潜心于此，总可以有所收获的。何况，这时的校园，与 20 年前已经大有区别，伙食早非当年的大锅饭，校园内外的生活丰富多彩，当年完全不可想象的如此便捷发达的网络世界已经无远弗届。最值得称赞的是，复旦的博士研究生公寓是在一套房中每人有一个单间，虽然面积不大，但毕竟是个人的独立空间，实在方便于学习。这与我最初体验的十人一间、除了床和桌几无立足之地的大学生公寓相比，又何止以道里计！这一年的学习生活，真正是丰富的、生动的、有趣的、值得珍藏和回忆的！

不过，惭愧的是，毕竟年纪大、杂事多，在一年的课程学习结束后，博士论文的写作却没能按期在余下的两年内完成，最终用了五年的时间才写成，并在2009年的12月24日完成答辩。拖了几年，虽然可以有这样那样的理由开脱，但总还是值得反省的，未必都是因为事多，而是因为自己的懈怠吧。

博士论文选择战后国民党的东北决策作为研究主题，来自我个人的兴趣。早在读博之前十年，即1993年起，我开始写作《中华民国史》的国共内战卷，其中便有专章讨论战后的东北问题。在战后中国政治军事格局的演变和转换中，在国共两党角逐战后中国主导权的斗争中，东北确实起到了至关重要的作用。或者也可以说，东北定而中国定，国民党在东北的失败，中共在东北的胜利，为两党竞争的最终落幕，为中国命运的转折及其大结局，画下了浓墨重彩的一笔。其间局势之大开大阖，颇具戏剧性色彩的张力和演变，国共两党之成败得失，两党统帅部的运思筹划，两党人物之个性张扬与发挥，为历史学者提供了一张画布，使学者可以挥洒自己的才思，展示自己的见识，既可追求学术之真谛，对现实种种亦不无参照与启示意义。惜乎本人的才力有限，虽着力搜求史料、平实以论，欲还原历史的现场，而求真理于万一，然仍有种种欠缺，而未全达目的，只能留待后人研究之不断拓展与深入。

在复旦读博期间，我的导师金冲及先生悉心指教，为我的学习提高、论文选题及写作修改而不惮时间与精力，使我收获良多！金先生为学界大家，对近代中国的研究既广且深，对战后中国和东北问题，他不仅是研究者，更是亲历者，所以对问题的把握及见解，更为贴切独到。尤其是金先生的研究态度，于认真执着、平实大气中更显一份特别的细心，对我的论文，不仅在大的方面进行指导，甚至改出若干错别字，令我受益匪浅，实在是值得我好好学习，并当时常牢记及衷心感谢者！当然，文中所有可能的错误，自当由我本人完全负责。

我在复旦读博期间，得到复旦诸位师长和师友以及上海诸校师友的关心指教，如复旦的姜义华、吴景平、朱荫贵、戴鞍钢、金光耀、章清、黄洋等教授以及外校的张纪顺、熊月之、苏智良等教授，都给过我很多的帮助及撰文意见、建议，在此应向他们表示衷心的感谢！

我在复旦读博期间，从同宿舍和同系的诸多年轻学友中学到许多，诸如网络世界和电脑运用的知识，多半是从他们那里学到的。和年轻学友们的交往，使我也变得更年轻了，其中一些学友，至今仍和我有密切的联络。我也应该向他们表示我的怀想与感谢之情！

我曾供职的中国社会科学院近代史研究所，是中国近代史研究的重镇，对学术研究一向秉持包容大度、鼓励创新的态度。在我读博期间，近代史所的领导和我工作的民国史研究室同人张海鹏、步平、王建朗、虞和平、王奇生、金以林、罗敏等研究员，也都予以很多的支持帮助，使我能够摆脱一些事务性的工作，而有更多的空闲，完成自己的学业。在此，我亦向他们表示衷心的感谢！

中国人民大学出版社是在国内素负盛名的学术出版机构，承其慨然应允，出版我的这本未必有多少销量的学术著作，我应该向人大社的领导和具体负责本书出版工作的李文、王琬莹等编辑表示我的衷心感谢！

书既出版，其好与不好，评判就全在读者，而与我本人无关了。我当接受读者和学界同人的批评指教，如果以后还有机会的话，将之改得更好，也在今后的学术研究事业中，争取能有更多的收获！

汪朝光

2016 年 9 月 8 日

于东厂胡同一号

图书在版编目（CIP）数据

和与战的抉择：战后国民党的东北决策/汪朝光著．—北京：中国人民大学出版社，2016.10
（中华史学丛书）
ISBN 978-7-300-23449-6

Ⅰ．①和… Ⅱ．①汪… Ⅲ．①中国共产党-党史-研究-东北地区②中国国民党-党史-研究-东北地区 Ⅳ．①D231②D693.74

中国版本图书馆 CIP 数据核字（2016）第 231173 号

中华史学丛书
和与战的抉择：战后国民党的东北决策
汪朝光 著
He yu Zhan de Jueze

出版发行	中国人民大学出版社		
社　　址	北京中关村大街 31 号	**邮政编码**	100080
电　　话	010－62511242（总编室）		010－62511770（质管部）
	010－82501766（邮购部）		010－62514148（门市部）
	010－62515195（发行公司）		010－62515275（盗版举报）
网　　址	http://www.crup.com.cn		
经　　销	新华书店		
印　　刷	天津中印联印务有限公司		
规　　格	160 mm×230 mm　16 开本	**版　　次**	2016 年 10 月第 1 版
印　　张	15.75 插页 2	**印　　次**	2024 年 9 月第 6 次印刷
字　　数	230 000	**定　　价**	78.00 元